M+T easy
Photoshop 7.0

**Unser Online-Tipp
für noch mehr Wissen ...**

... aktuelles Fachwissen rund
um die Uhr – zum Probelesen,
Downloaden oder auch auf Papier.

www.InformIT.de

Tobias Hauser
Christian Wenz

M+T easy

Photoshop 7.0

Markt+Technik Verlag

Bibliografische Information Der Deutschen Bibliothek
Die Deutsche Bibliothek verzeichnet diese Publikation in der
Deutschen Nationalbibliografie; detaillierte bibliografische Daten
sind im Internet über http://dnb.ddb.de abrufbar.

Die Informationen in diesem Produkt werden ohne Rücksicht auf einen
eventuellen Patentschutz veröffentlicht.
Warennamen werden ohne Gewährleistung der freien Verwendbarkeit benutzt.
Bei der Zusammenstellung von Texten und Abbildungen wurde mit größter
Sorgfalt vorgegangen.
Trotzdem können Fehler nicht vollständig ausgeschlossen werden.
Verlag, Herausgeber und Autoren können für fehlerhafte Angaben
und deren Folgen weder eine juristische Verantwortung noch
irgendeine Haftung übernehmen.
Für Verbesserungsvorschläge und Hinweise auf Fehler sind Verlag und
Herausgeber dankbar.

Alle Rechte vorbehalten, auch die der fotomechanischen Wiedergabe und der
Speicherung in elektronischen Medien.
Die gewerbliche Nutzung der in diesem Produkt gezeigten Modelle und Arbeiten
ist nicht zulässig.

Fast alle Hardware- und Softwarebezeichnungen, die in diesem Buch erwähnt werden,
sind gleichzeitig auch eingetragene Warenzeichen oder sollten als solche betrachtet werden.

Umwelthinweis:
Dieses Buch wurde auf chlorfrei gebleichtem Papier gedruckt.

10 9 8 7 6 5 4 3 2 1

07 06 05 04 03

ISBN 3-8272-6565-7

© 2003 by Markt+Technik Verlag,
ein Imprint der Pearson Education Deutschland GmbH,
Martin-Kollar-Straße 10–12, D-81829 München/Germany
Alle Rechte vorbehalten
Coverkonzept: independent Medien-Design, Widenmayerstraße 16, 80538 München
Coverlayout: Sabine Krohberger
Lektorat: Veronika Gerstacker, vgerstacker@pearson.de
Herstellung: Elisabeth Egger, eegger@pearson.de
Korrektorat: Marita Boehm, Marita.Boehm@t-online.de
Satz: Ulrich Borstelmann, Dortmund
Druck und Verarbeitung: Kösel, Kempten (www.KoeselBuch.de)
Printed in Germany

Inhaltsverzeichnis

Willkommen bei Photoshop 7.0 Easy!... 11

Einführung in Photoshop — 12
Unterschiede zu Vorgängerversionen... 14
Unterschiedliche Plattformen... 15
Hardware-Voraussetzungen.. 16
Die Oberfläche von Photoshop.. 17
Werkzeugleiste... 26
    Die Werkzeuge... 28
    Weitere Funktionen in der Werkzeugleiste.. 35
Nützliche Funktionen 40
    Tastenkürzel 40
    Kontextmenü 40
    Hilfe 40

Kapitel 1: Grundlagen der Bildbearbeitung — 42
Umgang mit Dateien.. 44
    Eine neue Datei erstellen 44
Dateibrowser 48
Eine Datei speichern 50
    Speichern unter.. 51
    Speichern.. 53
    Für Web speichern... 53
Eine Datei öffnen 54
Dateien importieren/einscannen 56
Dateiformate... 58
Bildgröße und Auflösung ändern... 65
    Grundlagen... 65
    Das Dialogfenster Bildgröße 66
    Die Arbeitsfläche ändern 71

Kapitel 2: Farbmodi und Digitalisieren — 78
Farbmodi 80
    Welche Farbmodi gibt es?... 81
    RGB.. 82
    CMYK... 83
    Lab... 86

Bitmap 86
Graustufen 89
Indizierte Farben 90
Duplex 94
Mehrkanal 97
Digitalisieren 97

Kapitel 3: Farbeinstellungen 100

Helligkeit und Kontrast eines Bildes ändern 102
Gradationskurven 103
Automatismen und die drei Pipetten 108
Tonwertkorrektur 109
Absoften 113
Farben ändern 116
Farbbalance 116
Variationen 117
Farbton/Sättigung 118
Ein Bild einfärben 119
Andere Funktionen zur Farbveränderung 120
Sättigung verringern 120
Farbe ersetzen 120
Selektive Farbkorrektur 121
Kanalmixer 122
Verlaufsumsetzung 122
Umkehren 124
Tonwertangleichung 124
Schwellenwert 124
Tontrennung 125

Kapitel 4: Malen und Bearbeiten 126

Malen 128
Verschiedene Malwerkzeuge 128
Werkzeugspitzen 130
Protokoll-Pinsel 137
Füllen 138
Verschiedene Füllmethoden 138
Muster 140
Verläufe 142
Retuschieren 144
Radiergummi 145
Stempel 147
Reparatur-Pinsel und Ausbessern-Werkzeug 149

Helligkeit und Sättigung ändern 151
Wischfinger 152
Scharf- und Weichzeichnen... 152
Werkzeugvoreinstellungen... 152

Kapitel 5: Auswahlen   154

Farbbereiche auswählen 156
   Der Zauberstab.. 156
   Farbbereich auswählen 163
Formen auswählen... 166
   Feste Formen 167
   Freiformen 169
Auswahlen verschieben und transformieren... 172
   Auswahlinhalt verschieben 172
   Die Auswahl verschieben 174
   Die Auswahl transformieren... 174
   Eine Auswahl verkleinern oder vergrößern.................................... 175
   Einen Rand für die Auswahl erstellen... 175

Kapitel 6: Ebenen   176

Die Ebenenpalette.. 178
Arten von Ebenen 180
   Hintergrundebene.. 180
   Zeichenebene.. 180
   Textebene.. 182
   Füllebene... 183
   Formebene.. 185
   Einstellungsebene 186
Ebenensätze 188
Mit Ebenen arbeiten... 190
   Ebenen fixieren.. 190
   Ebenen bewegen und transformieren 191
   Objekte an Hilfslinien ausrichten.. 193
   Ebenen zwischen Dokumenten austauschen 195
   Ebenen auf eine reduzieren.. 195
Fülloptionen und Ebeneneffekte... 196
   Stile 197
   Fülloptionen 199
   Ebeneneffekte 199
Ebenenmodi... 201
Ebenen gruppieren 207
Ebenenmasken und Beschneidungspfade 208

Ebenenmasken 208
Vektormaske 213

Kapitel 7: Masken und Pfade — 216
Auswahlen malen – Maskierungsmodus 218
Vektorformen erstellen 221
    Unterschiedliche Vektorformen 222
Pfade erstellen 223
Pfade verwalten 229
    Operationen mit Pfaden 230

Kapitel 8: Text — 232
Motivation 234
Text erstellen 235
    Text hinzufügen 235
    Textelemente auswählen 237
Mit Text arbeiten 238
    Text formatieren 238
    Text ausrichten 242
    Text rotieren 244
    Absätze ausrichten 245
    Absätze noch weiter ausrichten 246
Text krümmen 247
Text rastern 250

Kapitel 9: Filter und Aktionen — 252
Filter 254
    Filterkategorien 254
    Beispiel: Weichzeichner und Verzerrungsfilter 256
    Beispiel: Staub & Kratzer entfernen 259
    Beispiel: Beleuchtungseffekte 261
Aktionen 262
    Aktionen aufzeichnen 263
    Aktionen anwenden 265
    Stapelverarbeitung 266

Kapitel 10: Photoshop und das Web — 268
Fünf Goldene Regeln 270
    Dateigröße 270
    Auflösung 271
    Bildschirmgröße 272

Falsche Farben 273
Falsches Format 274
Für das Web speichern 275
   GIF 276
   JPEG 284
   PNG 287
   WBMP 291
   HTML erzeugen 291

Kapitel 11: Mit ImageReady ins Web   294

Grafiken zerschneiden 296
   Slices erstellen 297
   Einstellungen für Slices 298
Imagemaps 301
   Rechtecke 303
   Kreise 303
   Polygone 304
   Bereiche verlinken 305
Rollover-Effekte 307
   Ganze Grafiken 307
   Rechteckige Bereiche 309
   Beliebige Bereiche 311

Stichwortverzeichnis 315

Willkommen bei Photoshop 7.0 Easy!

Was können Sie von einem so preisgünstigen Buch erwarten, das ein Programm für über 1.000,-- € behandelt? Vor allem klar verständliche Inhalte, nützliche Tipps und leicht nachvollziehbare Beispiele. Es soll allerdings auch nicht verschwiegen werden, dass Sie hier nicht alle Funktionen von Photoshop finden können. Dies wäre nicht sinnvoll, denn der schiere Umfang würde Sie erschlagen. Unser Ziel ist erreicht, wenn wir es Ihnen ermöglichen können, mit Photoshop vernünftige Resultate zu erzielen.

Dieses Buch beginnt mit einem Einstiegskapitel, das Sie an das Thema Photoshop heranführt. Danach folgen elf Arbeitskapitel, die Photoshop umfassend behandeln.

Unter http://www.hauser-wenz.de/support/ finden Sie zusätzliches Material zu diesem Buch, unter anderem einige Beispieldateien, die wir in den Lektionen verwenden, und ein kleines Lexikon mit Fachbegriffen.

Dank

Wir möchten an dieser Stelle einigen Personen danken, die mit Rat und Tat zur Seite stehen standen: Vielen Dank an Ingrid Hafeneder, von der einige Fotos und Beispiele aus diesem Buch stammen. Und an unsere Lektorin Veronika Gerstacker.

Tobias Hauser & Christian Wenz, Juni 2002

Über Feedback zum Buch freuen sich die Autoren und der Verlag unter den Mailadressen th@hauser-wenz.de und chw@hauser-wenz.de.

Einführung in Photoshop

> In diesem Kapitel entführen wir Sie direkt ins Herz von Photoshop. Zuerst erfahren Sie einige Grundlagen. Dann lernen Sie die Oberfläche kennen. Wir zeigen Ihnen die wichtigsten Methoden zum Arbeiten mit Photoshop.

Ihr Erfolgsbarometer

Das lernen Sie neu:

Unterschiede zu Vorgängerversionen	14
Unterschiedliche Plattformen	15
Hardware-Voraussetzungen	16
Die Oberfläche von Photoshop	17
Werkzeugleiste	26
Die Werkzeuge	28
Nützliche Funktionen	40

Unterschiede zu Vorgängerversionen

Photoshop bietet in Version 7 einige Neuerungen gegenüber der Vorgängerversion 6. Die wichtigsten finden Sie hier aufgelistet:

- Der Dateibrowser bietet einen schnellen Überblick über die Dateien in einem Ordner. Sie können Vorschaubilder von mehreren Dateien anzeigen lassen und die Dateien sortieren.
- Die Malwerkzeuge wurden vollständig überarbeitet. Hier finden sich einige neue Möglichkeiten.
- Es sind zwei neue Werkzeuge dazugekommen: der Reparatur-Pinsel und das Ausbessern-Werkzeug. Beide dienen dazu, Flecken und Fehler in einem Bild zu korrigieren.
- Der Mustergenerator erlaubt Ihnen, auch aus kleinen Bildausschnitten komplexe Muster zu generieren.
- Sie können Werkzeuge mit Ihren Einstellungen in einer eigenen Palette sichern und jederzeit wieder darauf zugreifen.
- Das Text-Werkzeug wurde etwas erweitert. Es gibt nun auch eine Rechtschreibkorrektur.
- Die Versionsnummer von ImageReady wurde angeglichen. Das Bedienfeld für Rollover-Effekte ist eigenständig und enthält neue Funktionen.

> **Hinweis**
>
> *ImageReady ist ein Bildbearbeitungsprogramm, das speziell auf die Webanforderungen ausgerichtet ist. Sie können aus Photoshop direkt zu ImageReady wechseln.*

Zusätzlich gibt es folgende Neuerungen von Version 6 und 7 zu Version 5.5:

- Neues Text-Werkzeug. Text wird direkt auf der Arbeitsfläche eingegeben. Außerdem können Sie Textkästen aufziehen. Text in Textkästen heißt Absatztext.
- Formen zum Verbiegen von Schrift.
- Vektorfunktionen und eine eigene Ebene für Vektorobjekte. Außerdem einige Werkzeuge, um einfache Vektorformen anzulegen.

> **Hinweis**
>
> *Photoshop ist ein Bildbearbeitungsprogramm. Es verwendet Pixel. Pixel sind einzelne Bildpunkte. Jeder dieser Bildpunkte hat eine Farbe. Ein Bild wird aus hunderten, tausenden oder mehr Bildpunkten zusammengesetzt. Um eine rote Linie zu zeichnen, benötigen Sie also eine Menge an einander gereihter Pixel mit der Farbe Rot. Vektorgrafikprogramme (Adobe Illustrator, Macromedia Freehand, Corel DRAW) arbeiten dagegen vektorbasiert. Ein Vektor besteht aus den Koordinaten der Eckpunkte und der Farbinformation von Kontur und Füllung. Eine blaue Linie lässt sich mit drei Informationen anlegen: den Eckpunkten und der Farbe Blau. Im Allgemeinen gilt, dass Vektorgrafiken wesentlich weniger speicherintensiv und leichter änderbar sind als Pixelgrafiken. Diese können dagegen detailliertere Bereiche und feine Farbtöne um einiges besser darstellen.*

- Die Funktionalität der Pfade wurde ausgeweitet. Pfade können dazu verwendet werden, Ebenen zu beschneiden.
- Die Ebenenfunktionen von Photoshop, beispielsweise das Ebenenmanagement mit Ebenensets, wurden wesentlich verbessert. Auch verschiedene Ebeneneffekte wurden an zentraler Stelle gesammelt. Außerdem können Sie mittlerweile mehr als 99 Ebenen erstellen.
- Die Speichern-Dialogfenster wurden neu gestaltet. KOPIE SPEICHERN UNTER wurde in das Dialogfenster SPEICHERN UNTER integriert.

Unterschiedliche Plattformen

Photoshop gibt es nicht nur für Windows, sondern auch für Mac OS von Apple Macintosh. Einer der Hauptgründe für Photoshop 7 war, dass Photoshop auf das neue Betriebssystem von Apple Mac OS X und dessen Oberfläche Aqua angepasst werden musste. Dies hat auch, wie wir finden, hervorragend funktioniert.

Dieses Buch berücksichtigt beide Versionen. Die meisten Abbildungen wurden unter Windows erstellt, allerdings sehen fast alle Funktionen und Dialogfenster am Mac genauso aus. Wo es wichtige Unterschiede gibt, weisen wir Sie darauf hin.

Die Tastenkürzel sind im Windows-Format dargestellt. Die Entsprechungen am Macintosh finden Sie in der folgenden Liste:

- Die [Strg]-Taste entspricht am Macintosh der [⌘] (Apfel-Taste). Wenn Sie also [Strg] sehen, wissen Sie, dass Sie die [⌘] drücken müssen.
- Die [Alt]-Taste entspricht am Macintosh der [⌥].
- Am Macintosh gibt es nur eine Maustaste. Alle Befehle wie Kontextmenüs, die Sie unter Windows mit der rechten Maustaste erreichen, erhalten Sie am Macintosh, indem Sie die [Ctrl]-Taste drücken und an die gewünschte Stelle mit der Maus klicken.
- Die [Entf]-Taste gibt es am Mac nur bei erweiterter Tastatur. Hier arbeiten Sie stattdessen nur mit [Backspace]. Erweiterte Tastaturen sind auf Grund von Kundenwünschen wieder bei den neuesten Macs zu finden.

Hardware-Voraussetzungen

Photoshop hat einen besonders hohen Bedarf an Arbeitsspeicher. Deshalb sollte Ihr Rechner über viel RAM verfügen. Der Bedarf wird umso größer, je größer die Bilder sind, die Sie bearbeiten möchten. Wenn Sie für den professionellen Druck produzieren, werden die Dateigrößen im Arbeitsspeicher besonders groß.

> **Hinweis**
>
> *Die Zuweisung für den Arbeitsspeicher steuern Sie in Photoshop in den Voreinstellungen unter ARBEITSSPEICHER UND BILDCACHE (siehe Abbildung E.1). Dazu dient das Pulldown-Menü VERWENDET VON PHOTOSHOP, wo Sie den Prozentsatz des von Photoshop genutzten Arbeitsspeichers festlegen. Am Mac können Sie nur von Seiten des Betriebssystems Speicher zuweisen. Verwenden Sie dazu im Finder-Dialog INFORMATION das Kontrollfeld SPEICHER.*

Abbildung E.1: Das Dialogfeld ARBEITSSPEICHER UND BILDCACHE aus den Voreinstellungen

Neben dem Arbeitsspeicher sind Monitor und Grafikkarte besonders wichtig für die Bildbearbeitung. Hier sollten Sie auf keinen Fall sparen und einen möglichst großen Monitor nehmen, eventuell sogar zwei. Als untere Grenze gilt heutzutage ein 17-Zöller, 19 Zoll sind aber allemal besser. Die Grafikkarte sollte eine Farbtiefe von 16 Bit unterstützen und eine Mindestauflösung von möglichst 1024 x 768 Pixel bieten.

Für die tägliche Arbeit ist zudem die Qualität der Eingabegeräte von großer Bedeutung. Beim professionellen Einsatz ist manchmal zusätzlich zu einer Maus auch die Verwendung eines Grafik-Tabletts sinnvoll, das die Bewegungen eines über das Tablett geführten Stifts in Mausbewegungen umsetzt.

Es gibt Grafik-Tabletts, die drucksensitiv sind. Das Tablett kann also die Stärke des Stiftandrucks messen. Bei den Mal- und Retuschewerkzeugen in Photoshop haben Sie über die Werkzeugspitzen-Palette die Möglichkeit, Stärke, Größe und Deckkraft der Werkzeugspitze von diesem Stiftandruck abhängig zu machen. Dies führt beim Zeichnen und Retuschieren zu wesentlich präziseren Ergebnissen als mit der Maus. Vor allem die Pinselwerkzeuge wurden in Photoshop 7 sehr stark verbessert und verlangen geradezu nach einem Grafik-Tablett.

Die Oberfläche von Photoshop

Starten Sie Photoshop und werfen Sie einen ersten Blick auf das Arbeitswerkzeug, das wir Ihnen in diesem Buch erklären.

Abbildung E.2: Die Oberfläche von Photoshop

Sie finden folgende Elemente auf der Oberfläche von Photoshop:

- Die Titelleiste entspricht dem Windows-Standard. Mit den Symbolen auf der rechten Seite haben Sie folgende Möglichkeiten:
  - Das linke Symbol minimiert das Fenster. Photoshop ist nur noch in der Taskleiste vorhanden.
  - Das zweite Symbol stellt die vorherige Fenstergröße wieder her. Wenn das Fenster nicht als Vollbild dargestellt ist, erreichen Sie dies durch einen Klick auf diese Schaltfläche.
  - Mit dem Kreuz schließen Sie das Fenster. Wenn Sie eine – noch nicht gespeicherte – Datei geöffnet haben, wird diese wieder geschlossen.

Abbildung E.3: Die Funktionen in der Titelleiste

Die Oberfläche von Photoshop

> **Tipp**
>
> *Wenn Sie auf das Photoshop-Symbol links in der Titelleiste einmal klicken, erhalten Sie eine Übersicht über die verschiedenen Funktionen für das Programmfenster. Wenn Sie es doppelt anklicken, wird Photoshop geschlossen.*

- Die Menüleiste enthält Menüs mit wichtigen Befehlen. Es gibt folgende Menüs:
    - DATEI enthält alle Funktionen zur Arbeit mit Dateien. Außerdem können Sie hier eine Datei ausdrucken.
    - BEARBEITEN bietet Ihnen eine bunte Mischung aus nützlichen Arbeitswerkzeugen. Vom Widerrufen übers Kopieren bis zum Füllen finden Sie hier viele wichtige Funktionen. Zudem haben sich in diesem Menü die Voreinstellungen versteckt.
    - BILD beinhaltet alle Befehle für Farbmodi und Farbkorrekturen. Besonders hervorzuheben sind die Oberkategorien EINSTELLEN und MODUS. Außerdem lassen sich hier Bildgröße und Arbeitsfläche ändern.
    - Das Menü EBENE enthält alle Funktionen für die Arbeit mit Ebenen.
    - Im Menü AUSWAHL finden Sie Befehle für Auswahlen und Alphakanäle.
    - FILTER bietet eine Menge Filter. Filter sind kleine Unterprogramme, die komplexe Funktionen vereinigen. Zudem sind hier noch Zusatzfunktionen wie Verflüssigen oder der Mustergenerator verborgen.
    - Das Menü ANSICHT steuert, welche Elemente auf der Ober- und Arbeitsfläche von Photoshop sichtbar sind.
    - FENSTER erlaubt Ihnen, eine Menge Paletten ein- und auszublenden.
    - Im Menü HILFE haben Sie Zugriff auf die Online-Hilfe.

> **Hinweis**
>
> *Eine Oberkategorie in einem Menü ist mit einem schwarzen Dreieck gekennzeichnet. Wenn Sie auf die Oberkategorie klicken, erhalten Sie die verschiedenen Menübefehle oder weitere Oberkategorien.*

- Die Werkzeugleiste enthält alle wichtigen Werkzeuge von Photoshop. Lesen Sie mehr dazu im gleichnamigen Abschnitt.
- In den Werkzeug-Optionen finden Sie für jedes Werkzeug aus der Werkzeugleiste eine Menge Optionen.
- Die Statusleiste (siehe Abbildung E.4) am unteren Bildrand enthält Informationen wie Zoomfaktor, Dateigröße und einiges mehr. Sie blenden sie ein mit dem Menübefehl FENSTER/STATUSLEISTE. Klicken Sie auf die Statusleiste, um eine Seitenansicht des aktuellen Bildes im Verhältnis zur Größe der Druckseite zu erhalten (diese ändern Sie mit dem Menübefehl DATEI/SEITE EINRICHTEN).

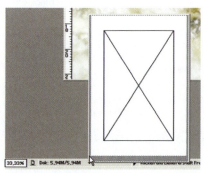

Abbildung E.4: Das aktuelle Bild im Größenvergleich mit der Druckseite

> **Hinweis**
>
> Bei dem schwarzen Dreieck in der Statusleiste stellen Sie ein, welche Informationen in der Statusleiste sichtbar sind.

Abbildung E.5: Die Optionen in der Infoleiste

Die Oberfläche von Photoshop

> **Tipp**
>
> *Wenn Sie mit gedrückter* [Alt]*-Taste auf die Infoleiste klicken, erhalten Sie zusätzliche Informationen über das Bild (siehe Abbildung E.7).*

Abbildung E.6: Zusätzliche Informationen in der Infoleiste

- In der Titelleiste des Dokuments erhalten Sie Informationen über Farbmodus, Zoomfaktor und den Namen des Dokuments. Außerdem können Sie mit den Standard-Windows-Symbolen das Dokument minimieren, im Vollbild anzeigen oder schließen.

Abbildung E.7: Die Titelleiste eines Dokuments unter Mac OS X

- Auf der Arbeitsfläche bearbeiten Sie das Bild. Um eine Arbeitsfläche zu erhalten, müssen Sie vorher ein neues Bilddokument erstellen.
  Dies geschieht mit dem Befehl Datei/Neu oder mit dem Tastenkürzel [Strg] + [N].

> **Tipp**
>
> *Wenn Sie mit der rechten Maustaste (Mac: Klick mit gedrückter* [CTRL]*-Taste) auf die Arbeitsfläche klicken, erhalten Sie eine Liste mit den Ebenen unter der Maustaste, die an der angeklickten Stelle eine Füllung aufweisen oder Objekte enthalten.*

- Die Paletten sind kleine Dialogfelder, die unterschiedliche Funktionen enthalten. Sie blenden sie über das Menü FENSTER unter ihrem jeweiligen Namen ein.

> **Hinweis**
>
> *Alle Paletten haben rechts oben ein schwarzes Dreieck. Dahinter verbergen sich die Paletten-Optionen. Das sind nützliche Funktionen, die je nach Art der Palette variieren.*

Die wichtigsten Paletten stellen wir Ihnen kurz vor:

- Die Ebenen-Palette enthält die verschiedenen Ebenen des Bildes.
- Die Pfad-Palette enthält Arbeitspfade und erlaubt Ihnen, normale Pfade zu sichern. Pfade sind Linien, die aus Anfasserpunkten bestehen.

> **Hinweis**
>
> *Anfasserpunkte definieren den Lauf einer Linie. Sie haben so genannte Anfasser, die die Krümmung einer Kurve simulieren.*

- Die Protokoll-Palette speichert alle Arbeitsschritte. Sie können beliebige davon wieder zurücknehmen. Klicken Sie dazu einfach auf den gewünschten Arbeitsschritt und ziehen Sie ihn auf das Mülleimer-Symbol rechts unten in der Palette.

Abbildung E.8: Die Protokoll-Palette

Die Oberfläche von Photoshop

- Die Kanäle-Palette enthält die Farbkanäle des Bildes. Außerdem sind dort die Alphakanäle zu finden.

- Der Navigator erlaubt Ihnen, mit dem roten Rechteck den sichtbaren Bereich des Bildes auf der Arbeitsfläche zu verschieben. Mit dem Schieberegler darunter zoomen Sie in oder aus dem Bild. Zoomen heißt, Sie vergrößern oder verkleinern den sichtbaren Bildausschnitt.

Abbildung E.9: Der Navigator

- Die Info-Palette (FENSTER/INFORMATIONEN)enthält einige wichtige Informationen zu Position und Farbwert des Punkts, der sich gerade unter dem Mauscursor befindet. Mit verschiedenen Messwerkzeugen lassen sich noch weitere Informationen angeben.

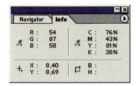

Abbildung E.10: Die Info-Palette

> **Hinweis**
>
> *Die Maßeinheiten und Farbmodi in der Info-Palette ändern Sie, wenn Sie auf die kleinen schwarzen Dreiecke neben den kleinen Symbolen klicken (siehe Abbildung E.11).*

Abbildung E.11: Hier ändern Sie das Farbsystem für eine Anzeige in der Info-Palette.

- Die Werkzeugvoreinstellungen enthalten fertige Werkzeuge mit deren Einstellungen, so dass Sie Einstellungen nicht zweimal machen müssen. Die Werkzeugvoreinstellungen zeigen immer die Voreinstellungen für das gerade in der Werkzeugleiste aktivierte Werkzeug.

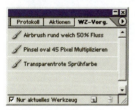

Abbildung E.12: Die Werkzeugvoreinstellungen

- Im Farbregler können Sie eine beliebige Vorder- bzw. Hintergrundfarbe wählen, je nachdem, welches der beiden Symbole links oben in der Palette aktiv ist (das obere steht für die Vordergrundfarbe, das untere für die Hintergrundfarbe). Dabei stehen Ihnen unterschiedliche Farbmodi zur Verfügung, die Sie über die Paletten-Optionen wechseln. Neben den Schiebereglern mit den verschiedenen Farben haben Sie unten noch eine Farbleiste zur Verfügung.

Abbildung E.13: Die Farbregler-Palette

- Die Farbfelder-Palette bietet eine Farbpalette, aus der Sie sich eine Farbe auswählen können. Außerdem können Sie in den Paletten-Optionen die aktive Farbpalette speichern oder durch eine andere ersetzen. Auch neue Farben lassen sich hinzufügen.

Abbildung E.14: Die Farbfelder-Palette

- Die Stile-Palette enthält vordefinierte Stile, die Sie Ebenen oder Vektorformen zuweisen können. Stile sind eine Sammlung von Ebeneneffekten. Sie können später im Dialogfenster Ebenenstile auch eigene Stile erstellen. Mehr dazu im Kapitel *Ebenen*.

Abbildung E.15: Die Stile-Palette

- Die Zeichen-Palette enthält Einstellmöglichkeiten für Text, beispielsweise den Abstand zwischen Buchstaben.
- Die Absatz-Palette steuert das Verhalten von Textabsätzen. Dies ist vor allem bei Textkästen mit mehreren Absätzen sinnvoll.

Werkzeugleiste

Zur Werkzeugleiste haben wir Ihnen noch ein wenig ausführlichere Informationen versprochen. Dies wollen wir jetzt einlösen.

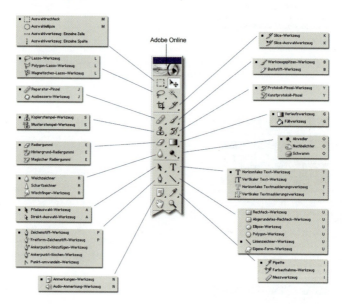

Abbildung E.16: Die Werkzeugleiste

Werkzeugleiste

Die Werkzeugleiste enthält Ihr tägliches Handwerkszeug. Sie aktivieren ein Werkzeug, indem Sie einmal darauf klicken. Wenn Sie ein Werkzeug doppelt anklicken, blenden Sie die Werkzeug-Optionen für das Werkzeug ein, falls diese nicht schon auf dem Bildschirm sichtbar sind. Sonst reicht der einfache Klick, um die Werkzeug-Optionen für das aktive Werkzeug anzuzeigen.

Eine Gruppe von Werkzeugen erkennen Sie an dem kleinen schwarzen Dreieck. Wenn Sie auf das Symbol klicken und die Maustaste gedrückt halten oder die rechte Maustaste verwenden, klappt eine Liste mit den einzelnen Werkzeugen der Gruppe aus.

Die meisten Werkzeuge lassen sich auch über Tastenkürzel aufrufen. Sie erfahren es aus dem Hilfetext, wenn Sie mit dem Mauscursor über das Symbol fahren und einen Moment verweilen.

> **Hinweis**
>
> *Dies funktioniert nur, wenn in den allgemeinen Voreinstellungen (Menübefehl BEARBEITEN/VOREINSTELLUNGEN/ALLGEMEINE oder Tastenkürzel* `Strg` *+* `K` *) die Option Werkzeug-Tipps anzeigen aktiviert ist.*

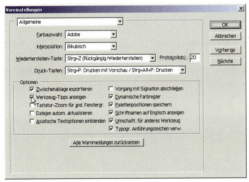

Abbildung E.17: In den allgemeinen Voreinstellungen legen Sie fest, ob die Werkzeug-Tipps zu sehen sind.

Bei einer Werkzeug-Gruppe sind die Tastenkürzel für mehrere Werkzeuge in der Gruppe gültig. Aufgerufen wird aber immer das Werkzeug, das zuoberst in der Werkzeugleiste sichtbar ist. Um die Werkzeuge einer Werkzeug-Gruppe durchzuschalten, betätigen Sie das Tastenkürzel und dazu die

⇧-Taste, also beispielsweise ⇧ + M, um zwischen Auswahlrechteck und -ellipse zu wechseln.

> **Tipp**
>
> *Eine andere Methode, zwischen Werkzeugen einer Gruppe zu wechseln, ist ein Klick auf das Symbol in der Werkzeugleiste bei gleichzeitig gedrückter Alt -Taste.*

Die Werkzeuge

In diesem Abschnitt geben wir Ihnen eine kurze Übersicht über die Werkzeug-Gruppen in der Werkzeugleiste.

Formauswahlen

Die Formauswahlen bieten Ihnen verschiedene Formen wie Rechteck und Ellipse, mit denen Sie Bereiche eines Bildes auswählen.

Verschieben-Werkzeug

Dieses Werkzeug bewegt Ebenen und Auswahlen. Sie gelangen aus jedem anderen Werkzeug kurzfristig zum Verschieben-Werkzeug, wenn Sie die Strg -Taste drücken.

Freihand-Auswahlwerkzeuge

Die Freihand-Auswahlwerkzeuge dienen dazu, eine Auswahl zu zeichnen oder mittels durch Linien verbundener Punkte zu setzen. Damit wählen Sie komplexere und detailliertere Bereiche aus.

Zauberstab

Der Zauberstab wählt Bereiche mit ähnlichen Farben aus. Welche Farben noch als ähnlich gelten, regelt die Toleranz.

Freisteller

Das Freisteller-Werkzeug wählt einen Bildbereich aus, den Sie dann mit ↵ oder einem Doppelklick auf das Symbol freistellen. Freistellen heißt, dass die Bereiche um das Freisteller-Rechteck abgeschnitten werden. Das Rechteck lässt sich vor dem Freistellen auch noch in der Größe verändern (skalieren).

Slice-Werkzeuge

Mit den Slice-Werkzeugen unterteilen Sie ein Bild in Bereiche und können diese dann verändern. Die Bereiche lassen sich als eigene Bilddateien exportieren. Dieses Werkzeug findet meist im Internetbereich Anwendung. Man kann sie dafür beispielsweise in einer HTML-Datei mit einer HTML-Tabelle wieder zusammenfügen lassen.

Reparaturwerkzeuge

Diese Werkzeuge sind neu in Photoshop 7. Der Reparatur-Pinsel übermalt Stellen eines Bildes mit anderen, im Gegensatz zum Stempel berücksichtigt er aber die Helligkeit der Stellen, die er übermalt.

Das Ausbessern-Werkzeug ersetzt eine Stelle durch eine andere Stelle, die gerade ausgewählt ist. Dabei berücksichtigt Photoshop die Helligkeit der Stelle, die Sie ersetzen.

Malwerkzeuge

Der Pinsel ist eines der Standardmalwerkzeuge. Für ihn stehen verschiedene Werkzeugspitzen zur Verfügung, die Sie über die Werkzeug-Optionen aufrufen können. Außerdem können Sie hier als Malmodus den Airbrush wählen. Damit wurde der Airbrush aus Photoshop 6 ersetzt.

Der Buntstift funktioniert wie der Pinsel, nur ohne geglättete (weiche) Kanten.

Stempel

Mit den Stempeln kopieren Sie einzelne Bildbereiche (Kopierstempel), indem Sie sie mit anderen Stellen übermalen, oder tragen ein Muster auf das Bild auf (Musterstempel).

Protokoll-Pinsel

Die Protokoll-Pinsel malen mit einer früheren Version des Bildes (ein so genannter Schnappschuss). Die Version definieren Sie in der Protokoll-Palette. Standardmäßig ist dort die erste Version des Bildes nach dem Öffnen festgelegt. Um eine andere auszuwählen, bestimmen Sie in den Paletten-Optionen einen neuen Schnappschuss. Der Kunstprotokoll-Pinsel funktioniert wie der Protokoll-Pinsel, verwendet aber einen künstlerischen Effekt.

Radiergummi

Die verschiedenen Radiergummi dienen dazu, Bildbereiche zu entfernen.

Füllen

Mit dem Füllwerkzeug füllen Sie Bildbereiche mit der Vordergrundfarbe. Wie der Zauberstab hat auch das Füllwerkzeug eine Toleranz und kann nur angrenzende oder alle Pixel ähnlicher Farbe füllen.

Das Verlaufswerkzeug füllt hingegen mit einem Verlauf, dessen Aussehen Sie in den Werkzeug-Optionen bestimmen.

Retusche-Werkzeuge Teil I

Die ersten drei Werkzeuge für die Retusche sind Weichzeichner, Scharfzeichner und Wischfinger. Alle drei arbeiten mit Werkzeugspitzen.

Der Weichzeichner macht die übermalten Bereiche weicher, indem er Kontrast entfernt. Der Scharfzeichner fügt Kontrast hinzu und schärft damit. Der Wischfinger verwischt die Farben eines Bildes in die Richtung, in die Sie mit der Maus ziehen.

Retusche-Werkzeuge Teil II

Der zweite Teil der Retusche-Werkzeuge besteht aus Abwedler, Nachbelichter und Schwamm.

Die Begriffe dieser drei Werkzeuge kommen aus der klassischen Fotografie und sind deshalb für Laien etwas ungewohnt.

Der Abwedler hellt Bildbereiche auf, die er mit einer Werkzeugspitze übermalt. Der Nachbelichter dunkelt sie ab. Der Schwamm verringert oder erhöht die Sättigung von übermalten Bildbereichen.

> **Hinweis**
>
> *Die Sättigung ist die Leuchtkraft einer Farbe im Bild. Eine ungesättigte Farbe ist beispielsweise ein Grau.*

Pfad-Auswahl-Werkzeuge

Mit den Pfad-Auswahl-Werkzeugen bearbeiten Sie einen Pfad oder eine Vektorform. Mit dem Pfadkomponenten-Auswahl-Werkzeug wählen Sie komplette Pfade und Vektorformen aus, mit dem Direkt-Auswahl-Werkzeug einen Teil eines Pfads wie beispielsweise einen oder mehrere Anfasserpunkte.

Text-Werkzeuge

Die Text-Werkzeuge erlauben Ihnen, Text einzugeben. In den Werkzeug-Optionen wählen Sie Schriftart, -größe, - schnitt und vieles mehr.

Wenn Sie mit dem Text-Werkzeug auf die Arbeitsfläche klicken, können Sie direkt Text eingeben. Wenn Sie klicken und einen Kasten aufziehen, erzeugen Sie einen Textkasten, in den Sie Text mit mehreren Absätzen eingeben können.

Die Textmaskierungswerkzeuge erzeugen Text als Maske. Aus der Maske entsteht dann eine Auswahl. Sie verwenden dies, wenn Sie beispielsweise Text aus einem Hintergrund ausschneiden möchten.

Pfad-Werkzeuge

Die Pfad-Werkzeuge dienen dazu, einen Pfad zu erstellen oder einen bestehenden zu ändern. Pfade erlauben Ihnen, Objekte einfach auszuwählen oder einfache Formen zu erstellen.

Vektorform-Werkzeuge

Mit den Vektorform-Werkzeugen erzeugen Sie unterschiedliche Vektorformen. In den Werkzeug-Optionen können Sie weitere Einstellungen vornehmen.

Anmerkungen

Die Anmerkungen-Werkzeuge kommen hauptsächlich in Arbeitsgruppen zum Einsatz. Sie können damit Ihre Photoshop-Datei mit geschriebenen (Anmerkung) oder gesprochenen (Audio-Anmerkung) Notizen versehen, die Photoshop im PSD-Dateiformat mit speichert. Klicken Sie dazu einfach die Stelle an, wo Sie eine Anmerkung einfügen möchten.

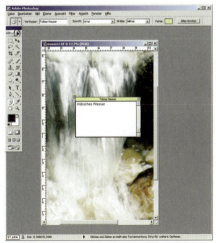

Abbildung E.18: Eine Anmerkung eingeben

> **Hinweis**
>
> *In den Werkzeug-Optionen bestimmen Sie das Aussehen der Anmerkung bzw. bei Audio-Anmerkungen nur Farbe und Verfasser. Mit der Schaltfläche ALLES LÖSCHEN entfernen Sie alle Anmerkungen aus dem Bild.*

Messwerkzeuge

Die Messwerkzeuge helfen Ihnen, Informationen über das Bild und über Bereiche davon zu erhalten.

Mit der Pipette können Sie eine beliebige Farbe aus dem Bild als Vordergrundfarbe definieren, indem Sie sie anklicken. Wenn Sie die [Alt]-Taste dazu gedrückt halten, übernimmt Photoshop die Farbe als Hintergrundfarbe.

Der Farbaufnehmer erlaubt Ihnen, bis zu vier Punkten im Bild als Messpunkte zu definieren. Die Farbwerte der vier Messpunkte sehen Sie dann in der Info-Palette (siehe Abbildung E.19). Wenn Sie das Werkzeug wechseln, sind die Messpunkte nicht mehr zu sehen. Sobald Sie aber zurück in den Farbaufnehmer wechseln, werden sie wieder angezeigt.

Abbildung E.19: Vier Messpunkte und die jeweiligen Farbwerte in der Info-Palette

Sie können den Messpunkt auch nachträglich verschieben, indem Sie ihn anklicken, die Maustaste gedrückt halten und ziehen. Zum Löschen ziehen Sie ihn aus der Arbeitsfläche. In welchem Farbmodus die Farbwerte der Messpunkte zu sehen sind, lässt sich in der Info-Palette mit Klick auf die kleinen schwarzen Dreiecke bei dem jeweiligen Pipettensymbol einstellen.

Das letzte Messwerkzeug heißt auch Messwerkzeug und ist eigentlich ein Lineal, mit dem sich Entfernungen und Winkel messen lassen. Klicken Sie in die Arbeitsfläche, halten Sie die Maustaste gedrückt und ziehen Sie das Messwerkzeug auf. Die Informationen sind in der Info-Palette und in den Werkzeug-Optionen zu sehen (siehe Abbildung E.20).

Abbildung E.20: Das Messwerkzeug aufziehen

Tipp

Anfangs- und Endpunkt des Messwerkzeugs lassen sich auch nachträglich noch verschieben, indem Sie darauf klicken und ziehen. Wenn Sie beim Aufziehen die ⇧-Taste gedrückt halten, ziehen Sie das Messwerkzeug immer in einem 45°-Winkel auf.

Hand-Werkzeug

Das Hand-Werkzeug erlaubt Ihnen per Klick auf die Arbeitsfläche und Ziehen bei gedrückter Maustaste den sichtbaren Bildausschnitt zu verschieben. Dies funktioniert nur, wenn nicht das gesamte Bild auf dem Bildschirm dargestellt wird, also wenn Sie beispielsweise näher herangezoomt sind.

Mit der [Leertaste] rufen Sie das Hand-Werkzeug aus jedem anderen Werkzeug auf.

In den Werkzeug-Optionen des Hand-Werkzeugs gibt es noch drei nützliche Schaltflächen für die Darstellungsgröße des Bildes am Bildschirm:

- Tatsächliche Pixel (Tastenkürzel [Alt] + [Strg] + [0]) stellt jeden Pixel des Bildes auch als Bildschirmpixel dar. Dies entspricht der Zoomstufe 100 %.

- Ganzes Bild (Tastenkürzel [Strg] + [0]) passt die Zoomstufe so an, dass das gesamte Bild auf dem Bildschirm sichtbar ist.

- AUSGABEGRÖSSE simuliert die Größe des Druckerzeugnisses.

Lupe

Mit der Lupe vergrößern oder verkleinern Sie den sichtbaren Bildausschnitt, wenn Sie auf die Arbeitsfläche klicken. Den Zoomgrad sehen Sie in der Titelleiste des Bildes.

Standardmäßig zoomt die Lupe näher heran, wenn Sie in die Arbeitsfläche klicken. Sie zeigt dazu ein Plus-Symbol. Wenn Sie aber beim Klicken die [Alt]-Taste gedrückt halten, verwandelt sich das Plus in ein Minus und Sie zoomen aus dem Bild heraus.

Sie können auch die Tastenkürzel [Strg] + [+] (Heranzoomen) oder [Strg] + [-] (Herauszoomen) verwenden. Hier lässt sich außerdem in den allgemeinen Voreinstellungen (Befehl BEARBEITEN/VOREINSTELLUNGEN/ALLGEMEINE oder Kürzel [Strg] + [K]) einstellen, ob beim Zoomen die Fenstergröße mit angepasst werden soll.

Wenn Sie gerade ein anderes Werkzeug aktiviert haben, gelangen Sie mit [Strg] + [Leertaste] kurzzeitig auf die Lupe zum Heranzoomen, mit [Alt] + [Leertaste] dagegen auf die Lupe zum Wegzoomen.

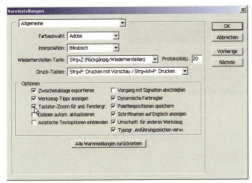

Abbildung E.21: Wenn die Option TASTATUR-ZOOM FÜR AND. FENSTERGR. aktiviert ist, ändert sich die Fenstergröße bei einem Zoom per Tastatur automatisch.

Weitere Funktionen in der Werkzeugleiste

Neben den Werkzeugen gibt es noch einige andere Funktionen in der Werkzeugleiste.

Adobe-Online

Wenn Sie oben auf das Auge klicken, können Sie auf Adobe Online zugreifen und Photoshop mit Bugfixes und Patches aktualisieren. Sie sollten von Zeit zu Zeit nachsehen, ob es etwas Neues gibt.

Abbildung E.22: Hier haben Sie Zugriff auf Adobe Online und können Produktaktualisierungen durchführen …

Abbildung E.23: … und den Zugang konfigurieren.

Vorder- und Hintergrundfarbe

Unter den Werkzeugen finden Sie zwei Farbfelder. Das obere ist die Vordergrundfarbe, das untere die Hintergrundfarbe. Die beiden Farben werden für die Mal- und Füllwerkzeuge verwendet und kommen auch sonst oft zum Einsatz. Mit dem Pfeil rechts oben an den Feldern vertauschen Sie die Vorder- mit der Hintergrundfarbe (alternativ betätigen Sie das Tastenkürzel [X]). Mit dem Miniatursymbol links unter den Feldern stellen Sie Vorder- und Hintergrundfarbe wieder auf die Standardfarben ein. Standardmäßig sind das Schwarz und Weiß (alternativ betätigen Sie das Tastenkürzel [D]).

Sie ändern Vorder- und Hintergrundfarbe, indem Sie auf das jeweilige Farbfeld klicken. Daraufhin öffnet sich der FARBWÄHLER.

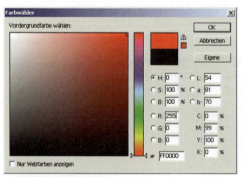

Abbildung E.24: Der FARBWÄHLER

Werkzeugleiste

Hier haben Sie viele Möglichkeiten, eine Farbe einzustellen:

- Im großen Farbfeld wählen Sie durch Klick Farbabstufungen des aktuell gewählten Farbtons.
- Im Balken rechts davon ändern Sie den Farbton.
- Das Feld rechts oben zeigt die aktuell ausgewählte Farbe und die vorige. Daneben ist die Farbumfang-Warnung. Diese bedeutet, dass die Farbe nicht in das Farbspektrum des CMYK-Farbmodus passt. Mehr zum CMYK-Farbmodus erfahren Sie in *Kapitel 2*.
- In den Textfeldern können Sie die Werte in verschiedenen Farbmodi angeben. Ohne hier näher auf die Farbmodi einzugehen, stellen wir Ihnen die Möglichkeiten kurz vor:
  - Bei HSB geben Sie Werte für Farbton (H), Sättigung (S) und Helligkeit (B) an.
  - Lab erlaubt Ihnen die Eingabe der Lab-Werte. L steht für die Helligkeit, a und b für zwei Lab-Farben.
  - Bei RGB geben Sie die Farbwerte für die einzelnen Farbkanäle des RGB-Farbmodus an, nämlich Rot (R), Grün (G) und Blau (B).
  - CMYK gestattet Ihnen die Eingabe eines Farbwerts für den CMYK-Farbmodus mit den einzelnen Werten für Cyan (C), Magenta (M), Gelb (Y für Yellow) und Schwarz (K für Key).
  - Beim # geben Sie den RGB-Farbwert in hexadezimaler Notation ein. Dies ist die Notation von HTML, der Seitenbeschreibungssprache des Internets.
- Wenn das Kontrollkästchen NUR WEBFARBEN aktiviert ist, zeigt der Farbwähler nur websichere Farben.

Websichere Farben sind alle Farben einer 216 Farben umfassenden Farbpalette, die ursprünglich von Netscape festgelegt wurde. Die websicheren Farben können sowohl unter Windows wie auch am Mac dargestellt werden, wenn die Auflösung des Bildschirms nur 256 Farben unterstützt. Sie werden allerdings heute nur noch selten verwendet.

- Die Schaltfläche EIGENE im FARBWÄHLER führt zu einem Dialogfenster mit Sonderfarben aus verschiedenen Sammlungen wie Pantone und HKS. Sonderfarben werden im Druckbereich eingesetzt, wenn Sie ein Bild beispielsweise mit zwei Sonderfarben drucken lassen.

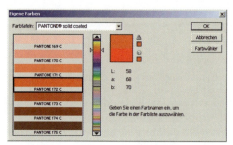

Abbildung E.25: Wählen Sie eine Sonderfarbe.

- Mit der Schaltfläche OK im FARBWÄHLER übernehmen Sie die geänderte Farbe als Vordergrund- oder Hintergrundfarbe. Mit ABBRECHEN verlassen Sie den FARBWÄHLER, ohne die Änderungen zu übernehmen.

Nachdem Sie den Photoshop-FARBWÄHLER kennen gelernt haben, zeigen wir Ihnen noch kurz den Windows-Farbwähler als Alternative. Sie stellen ihn in den allgemeinen Voreinstellungen (Befehl BEARBEITEN/VOREINSTELLUNGEN/ALLGEMEINE oder Kürzel [Strg] + [K]) ein, indem Sie im Pulldown-Menü Farbauswahl die Option Windows aussuchen.

Abbildung E.26: Die FARBAUSWAHL in den allgemeinen Voreinstellungen ändern

Der Windows-FARBWÄHLER ist meist nicht sinnvoll, da er nur wenige Funktionen bietet. Höchstens wenn Sie für Windows eine Multimediaproduktion vornehmen, kann es sinnvoll sein, die Windows-Palette im FARBWÄHLER zu haben.

Abbildung E.27: Der Windows-FARBWÄHLER

Maskierungsmodus

Mit den zwei Symbolen unter Vorder- und Hintergrundfarbe schalten Sie zwischen normalem und Maskierungsmodus um. Das rechte Symbol steht dabei für den Maskierungsmodus (Tastenkürzel [Q]). Im Maskierungsmodus stellt Photoshop Masken in einer Farbe dar. Wenn Sie auf das Symbol doppelklicken, können Sie diese Farbe und die Deckkraft der Maske ändern. Mehr zu Masken erfahren Sie in *Kapitel 7*.

Bildschirmansichten

Unter dem Maskierungsmodus finden Sie drei Symbole:

- Im Standardmodus sind Titel- und Menüleiste vorhanden. Zudem lassen sich mehrere Bilder nebeneinander darstellen.

- Der Vollschirm(-modus) mit Menüleiste kommt ohne Titelleiste aus. Außerdem bleibt nur ein Bild eingeblendet. Dafür gewinnen Sie Platz, was vor allem bei geringen Bildschirmauflösungen und großen Bildern von Bedeutung ist. Um das Bild herum ist eine neutrale Graufläche. Vor diesem Hintergrund können Sie Farbstiche im Bild gut erkennen.

- Der Vollschirmmodus ohne Menüleiste verwendet einen schwarzen Hintergrund. Die Menüleiste ist oben nicht mehr vorhanden, sondern am PC in der Werkzeugleiste integriert. Auch die Taskleiste unten verschindet. Diesen Modus benutzen Sie, wenn Sie wirklich viel Raum brauchen. Auch für Präsentationen ist dieser Modus gut geeignet.

Mit dem Tastenkürzel [⇥] blenden Sie alle aktiven Paletten aus. Dies ist sinnvoll, wenn Sie optischen Platz auf dem Bildschirm benötigen.

Zu ImageReady wechseln

Das Symbol ganz unten in der Werkzeugleiste wechselt mit dem aktuellen Bild in ImageReady. Sie erreichen es auch mit dem Tastenkürzel [Strg] + [⇧] + [M]. Der Wechsel erfolgt dabei ohne Speichern des Bildes.

Nützliche Funktionen

Zum Abschluss dieses Kapitels möchten wir Ihnen noch einige nützliche Funktionen für die tägliche Arbeit mit Photoshop vorstellen.

Tastenkürzel

Prinzipiell gilt: Tastenkürzel machen die Arbeit wesentlich schneller, deshalb sollten Sie zumindest die Tastenkürzel für Funktionen lernen, mit denen Sie täglich arbeiten. Sie finden eine Sammlung mit den wichtigsten Tastenkürzeln auf den Innenseiten des Buchumschlags ganz vorn und ganz hinten.

Kontextmenü

Das Kontextmenü unter Windows erreichen Sie mit einem Klick mittels der rechten Maustaste. Unter Mac OS klicken Sie mit der Maus und [Ctrl]. Je nach ausgewähltem Werkzeug sieht das Kontextmenü beispielsweise immer anders aus, wenn Sie auf die Arbeitsfläche klicken.

Hilfe

Die Hilfe von Photoshop erreichen Sie über den Menübefehl HILFE/INHALT oder unter Windows über das Tastenkürzel [F1]. Sie ist mittlerweile rein webbasiert und besteht aus HTML-Dateien.

Nützliche Funktionen

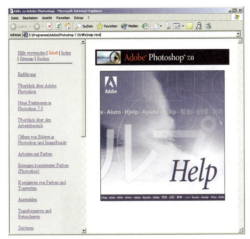

Abbildung E.28: Die Hilfe von Photoshop

Die Hilfe teilt sich in fünf Bereiche:

- HILFE VERWENDEN gibt eine Hilfestellung zur Hilfe. Hört sich komisch an, ist aber für Einsteiger zu empfehlen, da Sie so genau wissen, wo Sie was suchen.
- Über INHALT können Sie verschiedene Themen durchgehen.
- INDEX bietet ein Stichwortverzeichnis, das alphabetisch geordnet ist.
- SITEMAP gibt eine Übersicht über alle anderen Hilfe-Bereiche.
- Hinter SUCHEN verbirgt sich eine Suchmaschine, die alle Hilfe-Dokumente durchsucht.

Innerhalb der verschiedenen Beiträge können Sie mit ZURÜCK und WEITER hin und her schalten.

Kapitel 1

Grundlagen der Bildbearbeitung

> In diesem Kapitel zeigen wir Ihnen, wie Sie eine neue Datei erstellen und speichern. Außerdem lernen Sie, eine Datei zu öffnen und ihre Größe und Auflösung zu ändern.

Das können Sie schon:

Unterschiede zu Vorgängerversionen	14
Die Oberfläche von Photoshop	17
Werkzeugleiste	26
Die Werkzeuge	28
Nützliche Funktionen	40

Das lernen Sie neu:

Umgang mit Dateien	44
Dateibrowser	48
Eine Datei speichern	50
Eine Datei öffnen	54
Dateien importieren/einscannen	56
Dateiformate	58
Bildgröße und Auflösung ändern	65

Umgang mit Dateien

Dieser Abschnitt behandelt die Grundlagen zum Umgang mit Dateien. Wenn Sie schon viel Erfahrung mit Anwendungsprogrammen haben, wird Ihnen einiges sehr bekannt vorkommen. Nichtsdestotrotz hoffen wir, auch den erfahrenen Nutzern noch einige neue Tricks zeigen zu können.

Eine neue Datei erstellen

Um eine neue Datei zu erstellen, gibt es zwei Wege: den Menübefehl DATEI/ NEU und das Tastenkürzel [Strg] + [N]. Die Eigenschaften der neuen Datei regeln Sie im sich daraufhin öffnenden Dialogfenster NEU.

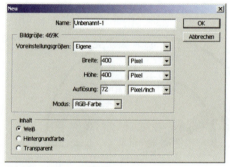

Abbildung 1.1: Das Dialogfenster NEU

Sie müssen folgende Einstellungen des Dialogfensters NEU vornehmen, um eine neue Datei zu erstellen:

1 Im Textfeld NAME vergeben Sie einen Namen für die Datei. Er wird beim Speichern als erster Vorschlag genommen. Wenn Sie keinen Namen eingeben, verwendet Photoshop den vorgegebenen.

2 In der Auswahlliste VOREINSTELLUNGSGRÖSSEN wählen Sie einige Standardgrößen für bestimmte Ausgabeformate.

3 Als Nächstes müssen Sie Breite und Höhe für die neue Datei festlegen. Dazu stehen zwei Textfelder zur Verfügung.

> **Hinweis**
>
> *Wenn Sie vorher einen Bereich, eine Auswahl oder Ähnliches kopiert haben, stellt Photoshop die Werte für Breite und Höhe der neuen Datei auf die Werte des kopierten Bereichs in der Zwischenablage.*

4 Neben den zwei Textfeldern finden Sie die Maßeinheit für die Breite und Höhe. Folgende Maßeinheiten stehen bereit:

- PIXEL sind Bildpunkte. Wer für den Bildschirm produziert, gibt eine Dateigröße meist in Bildpunkten an. Im Druck sind dagegen hauptsächlich die Längenmaße Zentimeter und Millimeter üblich.
- INCH ist eine englische Maßeinheit. Ein Inch entspricht 2,54 cm.
- CM erlaubt Ihnen, die Größe der Datei in Zentimetern anzugeben.
- MM gibt die Größe in Millimetern an.
- PUNKT ist eine Maßeinheit für Schrift. Es gibt die Größe TRADITIONELL, bei der 72,27 Punkt auf einen Inch kommen, und POSTSCRIPT mit 72 Punkt pro Inch. Sie wechseln zwischen beiden in den Voreinstellungen MAßEINHEITEN & LINEALE (Menübefehl BEARBEITEN/VOREINSTELLUNGEN/MAßEINHEITEN & LINEALE). Standard ist PostScript; dabei sollten Sie es belassen.
- PICA ist eine Maßeinheit, die hauptsächlich im amerikanischen Sprachraum für Spalten und Ähnliches eingesetzt wird. Ein Pica entspricht 0,42 cm.
- SPALTEN steht nur bei der Breite zur Verfügung. Hier geben Sie an, wie viele Spalten die Datei breit sein soll. Dies ist im Zusammenspiel mit Layoutprogrammen sinnvoll, die mit Spalten arbeiten. Die Breite der Spalten ändern Sie in den Voreinstellungen MAßEINHEITEN & LINEALE (Menübefehl BEARBEITEN/VOREINSTELLUNGEN/MAßEINHEITEN & LINEALE). Dort finden Sie noch weitere Einstellungen, vor allem die Maßeinheiten.

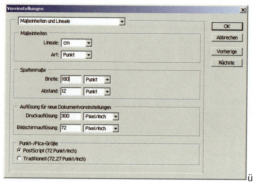

Abbildung 1.2: Die Breite von Spalten im Feld BREITE ändern

5 Im Textfeld AUFLÖSUNG legen Sie die Auflösung des Bildes fest. Die Auflösung bestimmt, wie viele Bildpunkte auf einer bestimmten Länge vorhanden sind. 72 ppi heißt beispielsweise, dass 72 Pixel pro Inch vorhanden sind. Dies entspricht der Bildschirmauflösung. Für den Offsetdruck sind dagegen in den meisten Fällen mindestens 150 bis 300 dpi notwendig (d steht für Dot, das ist ein Druckpunkt).

> **Tipp**
>
> *Wenn Sie die Größe und Auflösung eines bestehenden Bildes übernehmen möchten, muss dieses in Photoshop geöffnet sein, wenn Sie sich im Dialogfenster NEU befinden. Sie können nun im Menü FENSTER/DOKUMENTE den Namen der geöffneten Datei auswählen. Die Größen- und Auflösungswerte sehen Sie daraufhin im Dialogfenster übertragen (siehe Abbildung 1.3: Die Maße und Angaben einer geöffneten Datei übernimmt Photoshop für die neue ins Dialogfenster NEU.).*

Umgang mit Dateien

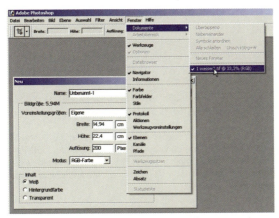

Abbildung 1.3: Die Maße und Angaben einer geöffneten Datei übernimmt Photoshop für die neue ins Dialogfenster NEU.

6 Im nächsten Schritt legen Sie beim Pulldown-Menü Modus den Farbmodus für die neue Datei fest. Mehr zu den Farbmodi erfahren Sie in Kapitel 2, *Farbmodi und Digitalisieren*. Trotzdem fassen wir hier kurz die Optionen zusammen.

- BITMAP erzeugt ein Bild, dessen einzige Farben Schwarz und Weiß sind.

> **Hinweis**
>
> *Schwarz und Weiß sind eigentlich keine Farben. Dennoch werden wir sie hier so bezeichnen, da dies in der Arbeit mit Photoshop keinen praktischen, sondern höchstens einen akademischen Unterschied macht.*

- GRAUSTUFEN hält die neue Datei in 256 Graustufen. Eine Farbe steht dann nicht zur Wahl.
- RGB-FARBE sorgt für ein Bild, das den Farbmodus RGB besitzt.
- CMYK-FARBE erstellt ein Bild im Druckfarbraum CMYK.
- LAB-FARBE erzeugt ein Bild mit dem Farbmodus Lab.

> **Hinweis**
>
> *Ohne an dieser Stelle zu viel vorwegzunehmen: In der Oberkategorie BILD/MODUS können Sie den Farbmodus eines Bildes ebenfalls jederzeit ändern.*

Wir arbeiten in diesem Buch hauptsächlich im RGB-Farbmodus. Wenn Sie dann eine Datei für den Druck vorbereiten, können Sie sie am Ende der Arbeit in CMYK umwandeln. Diese Umwandlung heißt Farbseparation. Warum sollten Sie eine Farbseparation immer am Ende der Arbeit vornehmen? Der RGB-Farbraum unterscheidet sich vom CMYK-Farbraum. Der RGB-Farbraum ist außerdem ein wenig umfangreicher. Bei jeder Umwandlung gehen Farben verloren, deshalb sollten Sie sich auf eine Umwandlung am Ende des Arbeitsprozesses beschränken.

7 Bei INHALT wählen Sie eine Hintergrundfarbe für die neue Datei. Hier haben Sie die Wahl zwischen WEIß, der HINTERGRUNDFARBE und TRANSPARENT.

> **Hinweis**
>
> *Wenn Sie TRANSPARENT wählen, erzeugt Photoshop das Bild nicht mit einer Hintergrundebene, sondern mit einer normalen Ebene. Den Unterschied erfahren Sie in Kapitel 6.*

Dateibrowser

Der Dateibrowser ist neu in Photoshop 7 und – hört man auf die Anwenderforderungen – auch überfällig. Viele Konkurrenten haben bereits einen ähnlichen Browser.

Der Dateibrowser ist standardmäßig rechts oben in Photoshop verankert. Diesen Bereich nennt man auch Palettenraum oder Dock. Sie können ihn aber nicht nur durch Klick auf das Register im Palettenraum einblenden, sondern auch mit den Menübefehlen FENSTER/DATEIBROWSER und DATEI/DURCHSUCHEN (Tastenkürzel [Strg] + [⇧] + [O]).

Dateibrowser

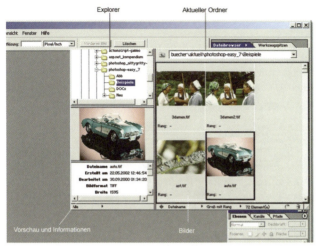

Abbildung 1.4: Der Dateibrowser

Der Dateibrowser ist in mehrere Bereiche unterteilt:

- Links oben sehen Sie die Ordnerhierarchie auf Ihrem Laufwerk. Sie ist auch optisch an den Explorer angelehnt. Dort suchen Sie den Ordner aus, dessen Bilder Sie anzeigen möchten.

- Der aktuelle Ordner steht rechts oben im Dateibrowser. Dort haben Sie auch den Direktzugriff auf vorher geöffnete Ordner und können mit dem Symbol links um einen Ordner nach oben wechseln.

- Die Vorschau enthält alle Bilder des aktuellen Ordners. Ein Doppelklick auf die Datei öffnet sie. Wenn Sie einen neuen Ordner im Dateibrowser aufrufen, müssen zuerst die Bilder für die Vorschau in den Cache geladen werden. Dieser ist vom Photoshop-Cache getrennt, beeinflusst diesen also nicht, hat aber natürlich Auswirkungen auf die Performance des Gesamtsystems.

- Die Darstellung der Elemente in der Vorschau bestimmen Sie über die Optionen in der Leiste unter dem Vorschaufenster. Sie können hier auch ein Sortierkriterium angeben, nach dem die Bilder im aktuellen Ordner zu sehen sein sollen. Außerdem lässt sich hier ein Bild mit dem Mülleimer-Symbol löschen oder mit dem Symbol daneben um 90° drehen.

Gegen den Uhrzeigersinn drehen Sie mit gedrückter [Alt]-Taste. Das Drehen ist vor allem sinnvoll, wenn Sie ein Bild gescannt oder aus der Digitalkamera geladen haben und es falsch herum liegt.

- Den Bereich auf der linken Seite des Dateibrowsers können Sie ein- und ausblenden. Links unten finden Sie Informationen zu der gerade in der Vorschau aktivierten Datei. Darüber ist noch ein etwas größeres Vorschaubild des aktiven Bildes.

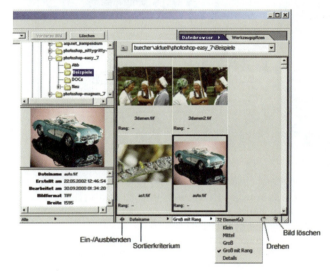

Abbildung 1.5: Die Einstellungen im Dateibrowser

Eine Datei speichern

Sie haben im letzten Abschnitt gelernt, eine neue Datei zu erstellen. Zu diesem Zeitpunkt befindet sich die Datei nur im Arbeitsspeicher, nicht aber auf der Festplatte. Um sie dort zu sichern, müssen Sie sie speichern. Beim Speichern benötigen Sie ein Dateiformat, in dem Sie die Datei auf der Festplatte ablegen. Das Photoshop-eigene Dateiformat ist .PSD. Sein großer Vorteil ist, dass es alle Photoshop-Elemente wie Ebenen, Pfade, Alphakanäle und Ähnliches mit speichern kann. Andere Dateiformate lernen Sie im entsprechenden Abschnitt kennen.

Speichern unter

Wenn Sie eine Datei zum ersten Mal sichern, wählen Sie den Befehl DATEI/ SPEICHERN UNTER. Er entspricht dem Tastenkürzel [Strg] + [⇧] + [S]. Daraufhin erscheint das Dialogfenster Speichern unter.

> **Hinweis**
>
> *Wenn Sie in der Datei schon etwas geändert haben, die Datei aber noch nicht gesichert haben, ruft der Befehl DATEI/SPEICHERN und [Strg] + [S] ebenfalls das Dialogfenster Speichern unter auf.*

Abbildung 1.6: Das Dialogfenster SPEICHERN UNTER

In den nächsten Schritten zeigen wir Ihnen, wie Sie eine Datei sichern. Wir stellen dabei die Elemente heraus, die von den normalen Konventionen bei Anwendungsprogrammen abweichen:

1 Oben im Dialogfenster sehen Sie die bekannte Explorer-Struktur, in der Sie einen Ordner suchen müssen, in dem Sie die Datei ablegen möchten.

2 Anschließend vergeben Sie einen Dateinamen und wählen bei FORMAT ein Dateiformat. Wenn Sie eine Arbeitsdatei sichern möchten, wird das in den meisten Fällen das Photoshop-Format .PSD sein. Andere Dateiformate lernen Sie im gleichnamigen Abschnitt kennen.

3 Bei OPTIONEN FÜR SPEICHERN legen Sie fest, was alles mit gespeichert werden soll. Wenn einzelne Optionen nicht aktiv sind, sind sie in der Datei nicht vorhanden.

> **Hinweis**
>
> *Die Option ALS KOPIE entspricht dem alten Photoshop-Befehl KOPIE SPEICHERN UNTER (Photoshop 5.5 und früher). Damit wird die aktuelle Datei offen und unberührt gelassen und eine Kopie in einem beliebigen Dateiformat gesichert. Diese Option bietet sich an, wenn Sie während der Arbeit an einer Photoshop-Datei Zwischenstände in einem anderen Dateiformat wie TIFF oder JPEG ausgeben möchten.*

4 Unter ICC-PROFIL können Sie ein Farbmanagement-Profil für die Datei mitspeichern.

5 Wenn Sie MINIATUR aktivieren, speichern Sie eine Miniatur-Ansicht für die Datei mit. Sie verwendet dann beispielsweise der Windows Explorer zur Darstellung der Datei. Dies ist allerdings nur möglich, wenn Sie vorher in den Voreinstellungen DATEIEN VERARBEITEN (Befehl BEARBEITEN/VOREINSTELLUNGEN/DATEIEN VERARBEITEN) eingestellt haben. Dort gibt es folgende Optionen bei BILDÜBERSICHTEN SPEICHERN:

- NIE gestattet Ihnen nicht, Miniaturen mitzuspeichern.
- IMMER ist der Standard und speichert immer eine Miniatur mit, wenn es das Dateiformat erlaubt.
- BEIM SPEICHERN WÄHLEN lässt Ihnen im Dialogfenster SPEICHERN UNTER beim Kontrollkästchen MINIATUR die Wahl, ob Sie mit oder ohne Miniatur speichern wollen.

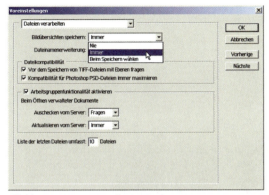

Abbildung 1.7: Die Voreinstellungen DATEIEN SPEICHERN

Speichern

Wenn Sie eine Datei bereits unter einem Namen gespeichert haben, wäre es sehr umständlich, wenn Sie jedes Mal SPEICHERN UNTER verwenden müssten, um die Datei zwischenzuspeichern. Dafür gibt es den Befehl DATEI/SPEICHERN beziehungsweise das Tastenkürzel [Strg] + [S]. Hier wird das Bild einfach in dem schon definierten Dateiformat mit den eingestellten Optionen gespeichert.

Achtung

Wenn Sie eine Datei noch nicht gespeichert haben oder noch nichts geändert wurde, sind der Befehl DATEI/SPEICHERN und das Tastenkürzel nicht aktiviert.

Für Web speichern

Der Menübefehl DATEI/FÜR WEB SPEICHERN (Tastenkürzel [Strg] + [Alt] + [⇧] + [S]) öffnet ein Dialogfenster, in dem Sie eine Datei speziell für das Web in den einschlägigen Webformaten GIF, JPEG und PNG sichern können. Dieses Dialogfenster besprechen wir in Kapitel 10, *Photoshop und das Web*.

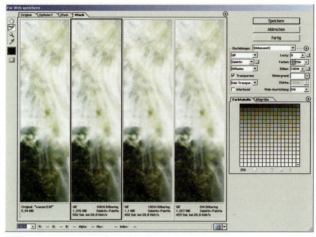

Abbildung 1.8: Das Dialogfenster FÜR WEB SPEICHERN

Eine Datei öffnen

Wenn Sie mit Photoshop arbeiten, wird Ihnen auffallen, dass Sie meist keine neuen Dateien erstellen, sondern bestehende öffnen. Meist arbeiten Sie als Vorlage mit einem Foto oder einer eingescannten Zeichnung. Die Photoshop-Werkzeuge werden weniger oft dazu verwendet, neue Dateien und Objekte zu schaffen.

Um eine Datei zu öffnen, gibt es ebenfalls mehrere Möglichkeiten, die wir Ihnen hier kurz vorstellen möchten:

- Der Menübefehl Datei/Öffnen und das zugehörige Kürzel [Strg] + [O]: Beide führen zum Dialogfenster Öffnen. Hier wählen Sie in Ihrer Ordnerstruktur eine Datei aus. Bei Dateityp können Sie zudem ein Format auswählen, so dass Sie nur noch Dateien dieses Formats sehen.

Abbildung 1.9: Das Dialogfenster ÖFFNEN

> **Tipp**
>
> *Unter Windows erhalten Sie dieses Dialogfenster auch, wenn Sie auf die graue Hintergrundfläche von Photoshop doppelklicken.*

- Der Befehl DATEI/ÖFFNEN ALS empfiehlt sich, wenn Sie eine Datei vorliegen haben, die keine Dateiendung hat. Dieser Befehl ist Windows-spezifisch und kommt beispielsweise zum Einsatz, wenn eine TIFF-Datei am Macintosh ohne Dateiendung gesichert wurde. Diese können Sie dann mit ÖFFNEN ALS als TIFF deklarieren.

- Drag&Drop unter Windows: Sie ziehen eine Datei aus dem Explorer oder der Ordnerstruktur in Photoshop. Wenn ein Dateiformat mit Photoshop verknüpft ist, reicht unter Windows und am Mac auch ein Doppelklick auf die jeweilige Datei, um sie direkt zu öffnen. Wenn Photoshop noch nicht offen ist, wird es sogar gestartet.

- Der Befehl LETZTE DATEIEN ÖFFNEN erlaubt Ihnen den Zugriff auf die zuletzt geöffneten Dateien. Dies ist im Arbeitsalltag sehr praktisch.

Abbildung 1.10: Die zuletzt geöffneten Dateien

> **Tipp**
>
> Sie können in den Voreinstellungen DATEIEN VERARBEITEN (Befehl BEAR-
> BEITEN/VOREINSTELLUNGEN/DATEIEN VERARBEITEN) festlegen, wie viele
> Dateien bei DATEI/LETZTE DATEIEN ÖFFNEN erscheinen. Dazu dient das
> Textfeld LISTE DER LETZTEN DATEIEN UMFASST X DATEIEN.

Abbildung 1.11: In den Voreinstellungen DATEIEN VERARBEITEN legen Sie die Zahl der Dateien fest, die unter LETZTE DATEIEN ÖFFNEN zur Verfügung stehen.

Dateien importieren/einscannen

Wie Sie im letzten Abschnitt gehört haben, werden die meisten Bilder, die Sie in Photoshop erzeugen, nicht komplett in Photoshop erstellt. Woher kommen aber die Vorlagen? Meist werden sie eingescannt oder mit Digitalkameras aufgenommen. Diese Vorgänge fasst man unter dem Oberbegriff *Digitalisieren* zusammen.

> **Hinweis**
>
> *Mehr Infos zum Umgang mit Fotos und zum Digitalisieren mit Digitalkameras finden Sie in Kapitel 2.*

Sie rufen die jeweiligen Scanprogramme über die Oberkategorie DATEI/IMPORTIEREN auf.

Abbildung 1.12: Hier ist der Scanner HP PSC 50 mit seiner Scansoftware zu finden.

Die Scansoftware selbst unterscheidet sich von Scanner zu Scanner. Deshalb hat es keinen Sinn, an dieser Stelle näher darauf einzugehen.

Abbildung 1.13: Ein Scanprogramm für den HP DeskScan II

Bei Digital- und Webkameras gibt es zwei Möglichkeiten. Sie haben eine eigene Software oder sie legen die Bilddateien gleich in einem allgemein lesbaren Format wie TIFF oder JPEG ab.

Abbildung 1.14: Eine Webcam hat sich unter ihrem Namen Kodak DVC325 in die Oberkategorie DATEI/IMPORTIEREN eingetragen.

Dateiformate

Das Photoshop-eigene Dateiformat .PSD haben Sie bereits kennen gelernt. Hier fassen wir Ihnen die wichtigsten Dateiformate zusammen, die Photoshop unterstützt.

> **Hinweis**
>
> *Die Webdateiformate finden Sie in Kapitel 10, Photoshop im Web.*

PSD

PSD ist, wie schon erwähnt, das Photoshop-eigene Format. Damit ist es natürlich optimal für das Speichern von Ebenen, Kanälen, Pfaden und bearbeitbarem Text geeignet. Die Dateigröße von Photoshop-Dateien kann recht schnell sehr groß werden.

> **Tipp**
>
> *Speichern Sie Ihre Arbeitsdateien immer im PSD-Format, damit alle Funktionen erhalten bleiben. Erst im letzten Arbeitsschritt sollten Sie das Bild als Kopie in dem gewünschten Zielformat sichern.*

	PSD-Format
Name	Photoshop
Begründer	Adobe
Unterstützt	alle Photoshop-Funktionen
Farbtiefe	24 Bit, bei CMYK und RGB 16 Bit pro Kanal möglich (nur reduziert auf Hintergrundebene)
Komprimierung	verlustfrei
Einsatzgebiete	Zwischenspeichern und Sichern von Dateien mit allen Photoshop-Funktionen. Datenaustausch zwischen Windows und Macintosh. Lässt sich für Grafiken, Zeichnungen und Fotos einsetzen. Kann auch von vielen anderen Grafikprogrammen geöffnet und interpretiert werden, allerdings meist nicht mit allen Funktionen (z. B. Paint Shop Pro).

Tabelle 1.1: Steckbrief PSD-Format

Photoshop 7 kann alle früheren PSD-Formate öffnen. Andersherum ist es etwas schwieriger. Ältere Versionen als Photoshop 6 können manche Funktionen aus Photoshop 7 wie bearbeitbaren Text nicht öffnen. Dieser muss beispielsweise in eine Bitmap-Ebene umgewandelt werden.

> **Hinweis**
>
> *Das PDD-Dateiformat von Adobe Elements, vorher PhotoDeluxe – eine Light-Version von Photoshop –, ähnelt dem .PSD-Format sehr. Photoshop zeigt es beim Öffnen sogar als denselben DATEITYP an.*

Bitmap

Das Bitmap-Format ist originär eigentlich ein Windows- und OS/2-Dateiformat, wird aber auch von Mac OS unterstützt. Es hat die Dateiendung BMP.

> **Achtung**
>
> *Ein Bitmap-Bild ist normalerweise eine Bezeichnung für ein Pixelbild oder aber die Bezeichnung eines Farbmodus. Damit dürfen Sie das BMP-Format nicht verwechseln! Ein Beispiel: PSD-, GIF und TIFF-Dateien sind Bitmap-Bilder, BMP-Dateien hingegen sind auch im Bitmap-Dateiformat.*

BMP-Dateien sind normalerweise unkomprimiert und deshalb oft sehr groß.

> **Tipp**
>
> *BMPs lassen sich mit Komprimierprogrammen wie WinZip für den Versand sehr gut komprimieren. Gepackt wird ein BMP meist kleiner als ein komprimiertes und gepacktes TIFF.*

	BMP-Format
Name	Bitmap
Begründer	Microsoft, IBM
Unterstützt	unterschiedliche Farbtiefen

	BMP-Format
Farbtiefe	von 2 Bit bis 24 Bit
Komprimierung	nur beim Speichern als RLE (Run Length Encoding) bis zu 8 Bit Farbtiefe; verlustfrei
Einsatzgebiete	In der Anwendung hauptsächlich auf Windows und OS/2 beschränkt. Für das Betriebssystem (Bildschirmschoner etc.) und für manche Autorensysteme und Multimediaprogramme. Nicht für den professionellen Druck verwendbar.

Tabelle 1.2: Steckbrief BMP-Format

Wenn Sie ein Bild in Photoshop als BMP speichern, öffnet sich das Dialogfeld BMP OPTIONEN.

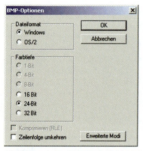

Abbildung 1.15: Das Dialogfeld BMP-OPTIONEN

Bei DATEIFORMAT wählen Sie die Plattform. Da OS/2 nahezu bedeutungslos geworden ist, ist hier im Normalfall WINDOWS ausgewählt. Darunter haben Sie die Möglichkeit, die Farbtiefe auszusuchen. Die Zahl der Möglichkeiten hängt vom Farbmodus ab. Für unser Beispiel haben wir ein Graustufenbild gewählt.

TIFF

Das TIFF-Format komprimiert verlustfrei und ist sehr flexibel im Einsatz. Es unterstützt mehrere Farbmodi und speichert Alphakanäle mit.

Sie wählen beim Speichern eines TIFFs unter BYTE-ANORDNUNG, ob es Windows- oder Mac-kompatibel sein soll.

Dateiformate

> **Achtung**
>
> Wenn Sie zwischen Mac und Windows Daten austauschen möchten, beachten Sie bitte, dass das Macintosh-TIFF-Format nicht richtig gelesen wird. Das IBM PC-TIFF-Format lässt sich dagegen am Macintosh mit Photoshop und anderen Programmen problemlos öffnen.

Abbildung 1.16: Das Dialogfeld TIFF-OPTIONEN

Im Dialogfenster TIFF-OPTIONEN können Sie zudem per Kontrollkästchen wählen, ob Sie das Bild mit dem LZW-Algorithmus (LZW nach den Entwicklern Lempel-Ziv und Welch) komprimieren wollen. Der Vorteil ist, dass das Bild um 15 bis 75 Prozent weniger Platz auf dem Speichermedium benötigt. Allerdings muss beim Öffnen der Datei in Photoshop oder anderen Programmen der LZW-Algorithmus erst im Arbeitsspeicher dekomprimiert werden. Dies nimmt etwas Zeit in Anspruch.

Hier stehen außerdem noch andere Kompressionsalgorithmen zur Verfügung. JPEG (Joint Photographic Experts Group) ist ein verlustbehafteter Komprimieralgorithmus, bei dem Sie die Qualitätsstufen wählen können. Er wird vom gleichartigen Webdateiformat JPEG abgeleitet. Die ZIP-Komprimierung ist aus dem gleichnamigen Dateiformat für gepackte Dateien bekannt. Sie wird allerdings von vielen älteren Grafikprogrammen nicht unterstützt.

	TIFF-Format
Name	Tagged Image File Format
Unterstützt	unterschiedliche Farbmodi (RGB, CMYK, Graustufen, LAB), Pfade, mehrere Alphakanäle
Farbtiefe	8 Bit, 24 Bit, 32 Bit, 16,77 Millionen Farben
Komprimierung	LZW-Algorithmus und andere Algorithmen wählbar, verlustfrei oder verlustbehaftet (JPEG)
Einsatzgebiete	Alle Arten von Grafiken. Zum Zwischenspeichern, Archivieren, Ausdrucken und zum Datenaustausch zwischen verschiedenen Programmen und Plattformen. Achten Sie aber beim Datenaustausch darauf, dass das Programm, in das Sie ein TIFF importieren wollen, auch alle Optionen wie Farbmodi etc. des jeweiligen TIFFs versteht.

Tabelle 1.3: Steckbrief TIFF-Format

> **Hinweis**
>
> *Wenn Ihr Dokument Ebenen hat, können Sie noch eine eigene EBENENKOMPRIMIERUNG wählen. Die Transparenz eines Alphakanals kann Photoshop ebenfalls speichern (MIT TRANSPARENZ).*

EPS

Das EPS-Format (gekapseltes PostScript) ist sowohl für Pixel- als auch Vektorbilder verwendbar. Außerdem erlaubt es Ihnen, Text als Vektor mit der höchstmöglichen Auflösung auszubelichten. Sein Haupteinsatzgebiet ist die Druckvorstufe. Es basiert auf dem PostScript-Standard von Adobe.

	EPS-Format
Name	Encapsulated PostScript
Unterstützt	unterschiedliche Farbmodi, Pfade, mehrere Alphakanäle
Farbtiefe	24 Bit, 16,77 Millionen Farben
Komprimierung	JPEG-Kompression wählbar
Einsatzgebiete	Druckvorstufe

Tabelle 1.4: Steckbrief EPS-Format

Dateiformate

Wenn Sie ein Bild als EPS sichern, öffnet sich das in Abbildung 1.17 sichtbare Dialogfenster.

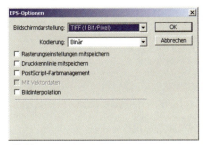

Abbildung 1.17: Die EPS-Optionen

- Das EPS-Format lässt sich nicht am Bildschirm und in Layoutprogrammen darstellen, da es ein reines Format für die Druckausgabe ist. Um dennoch eine Vorschau sehen zu können, müssen Sie bei Bildschirmdarstellung das TIFF-Dateiformat für die Vorschau wählen. Sie haben die Wahl zwischen 1 Bit und 8 Bit pro Pixel. Falls Sie Wert auf höhere Qualität legen, sollten Sie 8 Bit bevorzugen.

- Bei KODIERUNG haben Sie die Wahl zwischen ASCII, Binär oder einer Komprimierung mit dem JPEG-Verfahren in mehreren Qualitätsstufen. Die ASCII-Kodierung ist heute nicht mehr allzu gebräuchlich. Ab Windows 95 und unter Mac OS wird die Binärkodierung eingesetzt, da sie kleinere Dateigrößen mit sich bringt. Die verschiedenen JPEG-Komprimierungsgrade komprimieren verlustbehaftet, aber auch sehr effizient.

> **Achtung**
>
> *JPEG-komprimierte EPS lassen sich manchmal nicht korrekt ausbelichten. Ausbelichten heißt, dass die Datei auf einen Film übertragen wird, der dann als Grundlage für den professionellen Druck dient.*

- RASTERUNGSEINSTELLUNGEN MITSPEICHERN sichert die Rastereinstellungen von Photoshop mit. Wenn diese Option deaktiviert ist, gelten die Rasterwerte oder die Voreinstellungen des verwendeten Druckertreibers.

> **Hinweis**
>
> *Beim Drucken im Offsetdruck werden von der Druckmaschine Druckpunkte in den CMYK-Farben Cyan, Magenta, Gelb und Schwarz gesetzt (Prozessfarben). Diese Punkte sind in einem bestimmten Raster angeordnet. Sonderfarben (Volltonfarben) werden dagegen nicht aus einzelnen Farbpunkten zusammengesetzt, sondern bestehen nur aus der einen Farbe.*

- DRUCKKENNLINIE MITSPEICHERN sichert die Tonwertkorrektur aus der Druckereinrichtung in die EPS-Datei. Auch hier gilt: Sie sollten das nur aktivieren, wenn Sie wissen, ob Ihr Belichter das benötigt.

- POSTSCRIPT-FARBMANAGEMENT weist den Drucker an, die Datei in den Farbraum des Druckers, meist CMYK, umzuwandeln. Dies sollten Sie nur aktivieren, wenn das noch nicht geschehen ist und wenn Sie die Datei direkt ohne Umwege über ein Layoutprogramm ausdrucken wollen.

- MIT VEKTORDATEN speichert beispielsweise Text als Vektorobjekt. Dieser lässt sich dann mit der höchstmöglichen Auflösung des Belichters ausbelichten.

- BILDINTERPOLATION sorgt für eine Glättung niedrig auflösender Bilder beim Ausdrucken. Diese Option sollten Sie nur bei Bildern mit sehr niedriger Auflösung (Faustregel: unter 150 dpi) einsetzen.

- Haben Sie ein Bild im Farbmodus Bitmap, so gibt es noch die Option WEIß IST TRANSPARENT. Damit werden die weißen Bereiche transparent geschaltet und die schwarzen ausbelichtet.

> **Hinweis**
>
> *Es gibt noch zwei Sonderformen des EPS-Formats. Das DCS 1.0-Format (DCS=Desktop Color Separation) ermöglicht das Speichern von Farbseparationen bei CMYK- oder Mehrkanaldateien. Das DCS 2.0-Format ist beim Export von Grafiken mit Volltonfarbkanälen üblich.*

Wenn Sie ein CMYK-Bild als DCS 1.0 speichern, haben Sie die gleichen Optionen wie beim normalen EPS. Außerdem können Sie ein Composite-Bild wählen, das die einzelnen Dateien mit den Kanälen wieder in einem Bild zusammenbaut.

Bildgröße und Auflösung ändern

In diesem Abschnitt zeigen wir Ihnen, wie Sie die Bildgröße und die Auflösung eines vorhandenen Bildes ändern können.

Grundlagen

Für die Größe eines Bildes gibt es unterschiedliche Längenmaße. Hier gehen wir von einer Größe in Pixeln aus. Die übrigen Längenmaße in Photoshop finden Sie im Abschnitt *Eine neue Datei erstellen* erklärt.

Die Auflösung lässt sich ebenfalls in mehreren Maßeinheiten angeben:

- PPI (Pixel per Inch) bezeichnet die Auflösung des Bildschirms.
- DPI steht für Dots per Inch. dpi ist eigentlich wertmäßig das gleiche wie ppi. Einziger Unterschied ist, dass dpi als Bezeichnung im Druckbereich eingesetzt wird.
- LPI steht für Lines per Inch und gibt die Rasterweite an. Diese bemisst die Zahl der Druckpunkte oder Rasterzellen pro Inch, die für den Ausdruck verwendet werden. Rasterweite und Auflösung ergeben in Kombination die Qualität eines Ausdrucks.

> **Tipp**
>
> *Die Auflösung eines Bildes muss normalerweise den 1,5- bis 2-fachen Wert der Rasterweite annehmen. Die Rasterweite ist von der Belichtungsmaschine vorgegeben.*

Die Dateigröße berechnet sich aus der Auflösung und der Bildgröße und ist abhängig vom verwendeten Farbmodus. Ein einfaches Beispiel:

Sie haben eine Datei von 12,7 x 12,7 cm und einer Auflösung von 72 ppi. Zuerst müssen Sie daraus die Zahl der insgesamt im Bild vorhandenen Pixel berechnen. Diese berechnet sich aus Auflösung mal Bildmaß. Für unser Beispiel müssen Sie zuerst die Bildgröße in Zentimeter in Inch umrechnen, dazu teilen Sie 12,7 durch 2,54, da ein Inch 2,54 Zentimetern entspricht. Dies ergibt (welch Zufall!) eine runde Zahl, nämlich 5 Inch. 5 Inch enthalten bei 72 ppi Auflösung 5 x 72 = 360 Pixel. Nimmt man nun 360 x 360 Pixel, erhält man die Pixelzahl der Fläche mit 129600 Pixeln.

Für jedes Pixel muss ein Farbwert definiert werden. Wenn die Datei im RGB-Farbmodus vorliegt, benötigen Sie zur Definition eines Farbwerts pro Pixel drei Byte, eines für jeden Farbkanal (Rot, Grün, Blau). Das heißt, insgesamt benötigt Ihre Datei 388800 Byte. Dies entspricht in etwa 389 Kbyte (Kilobyte).

Das Dialogfenster Bildgröße

Die Bildgröße und die Auflösung eines Bildes ändern Sie mit dem Befehl BILD/BILDGRÖßE.

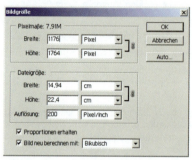

Abbildung 1.18: Das Dialogfeld BILDGRÖßE

Die wichtigste Frage beim Ändern der Bildgröße ist, ob Sie das BILD NEUBERECHNEN möchten. Diese Option heißt Interpolation. Die Interpolation rechnet neue Pixel dazu oder weg. Wenn Sie sie deaktivieren, bleibt die Zahl der Pixel unverändert. Wenn Sie beispielsweise die Größe ändern, ändert sich die Auflösung in der Gegenrichtung. Wir zeigen Ihnen dies anhand eines kleinen Beispielbildes:

Das Bild ist 1176 x 1765 Pixel groß und hat eine Auflösung von 200 ppi. Die Ausgabegröße errechnet sich daraus und beträgt 14,94 x 22,4 cm.

Zuerst wollen wir die Auflösung auf 300 ppi erhöhen, ohne neue Pixel zum Bild hinzuzurechnen. Das heißt, es wird keine Interpolation verwendet. Dazu sind folgende Schritte nötig:

1 Deaktivieren Sie im Dialogfenster BILDGRÖßE die Option BILD NEUBERECHNEN MIT. Damit wird die Interpolation ausgeschaltet. Die PIXELMAßE oben im Dialogfenster lassen sich nun natürlich nicht mehr verändern, weil dafür ja eine Interpolation (Neuberechnung) nötig wäre.

Bildgröße und Auflösung ändern

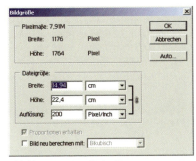

Abbildung 1.19: Die Option BILD NEUBERECHNEN MIT ist deaktiviert.

2 Ändern Sie die AUFLÖSUNG im gleichnamigen Textfeld auf 300 ppi.

> **Tipp**
>
> Im Pulldown-Menü neben der AUFLÖSUNG können Sie die Maßeinheit der Auflösung ändern. Zur Wahl stehen hier noch Pixel/cm. Die Umrechnung ist ganz einfach: 1 cm entspricht 2,54 Inch. Eine Auflösung von 200 ppi beträgt also circa 78,7 ppc (Pixel per Zentimeter).

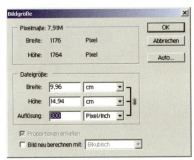

Abbildung 1.20: Die AUFLÖSUNG wurde geändert.

3 Wenn Sie die Auflösung ändern, sehen Sie, dass sich die Ausgabegröße der Datei automatisch verändert: Sie ist kleiner geworden.

Die Überlegung hinter dem Ganzen ist recht einfach. Die Pixelzahl bleibt erhalten. Nun erhöhen Sie die Auflösung um 100 Pixel pro Inch. Dadurch steht natürlich weniger Fläche zur Verfügung. In Zahlen sieht das folgendermaßen aus: Die Auflösung wurde um 1/3 erhöht, damit sinkt die Ausgabegröße um 1/3 (z. B. für die Breite: 14,94 cm x 2/3 = 9,96 cm).

> **Tipp**
>
> *In den Auswahllisten neben BREITE und HÖHE ändern Sie die Einheit für die Dateigröße. Zur Wahl stehen die bekannten Längenmaße.*

> **Hinweis**
>
> *Die Option PROPORTIONEN ERHALTEN ist natürlich standardmäßig aktiviert, wenn Sie keine Interpolation verwenden. Warum ist das so? Weil Sie beim Ändern von Proportionen zumindest in einer Richtung Pixel hinzu- oder wegrechnen müssen.*

In diesem Beispiel haben wir die Auflösung verändert. Wenn Sie die Ausgabegröße ohne Interpolation ändern, passt Photoshop die Auflösung an. Ansonsten verläuft das Verfahren in denselben Schritten.

Etwas anders ist das beim Ändern der Bildgröße oder der Auflösung mit Interpolation. Deshalb kommt aus diesem Bereich unser zweites Beispiel.

Ziel soll es nun sein, dieselbe Ausgangsdatei wie vorhin zu verändern. Und zwar soll die Auflösung auf 72 dpi gesenkt werden, die Ausgabegröße soll aber unverändert bleiben. Dazu müssen Pixel aus dem Bild weggerechnet werden. Aber der Reihe nach:

1 Die Option BILD NEUBERECHNEN MIT muss natürlich aktiviert sein. Die Methode zur Neuberechnung wählen Sie in der Auswahlliste. Diese Methode heißt auch Interpolationsmethode. Die folgende Tabelle fasst die Methoden zusammen.

Bildgröße und Auflösung ändern

Interpolationsmethode	Beschreibung
Pixelwiederholung	Wie der Name schon sagt, werden hier beim Vergrößern Pixel einfach wiederholt, beim Verkleinern hingegen einfach weggelassen. Dies geht zwar schnell, führt aber oft zu harten Kanten und zu Treppenbildung. In der Praxis anwendbar ist diese Methode nur bei geometrischen Figuren und Bildern mit harten Kanten. Andere Interpolationsmethoden führen dort zu einem Aufweichen der Kanten.
Bilinear	Ist eine Mischform aus Pixelwiederholung und Bikubisch. Es ist deshalb in Bezug auf die Umrechenzeit und Qualität ebenfalls ein Mittelweg. Berechnet fehlende Bildwerte anhand benachbarter Pixel.
Bikubisch	Berechnet neue Pixel aus den Farbübergängen mehrerer benachbarter Bildpunkte. Dadurch werden die Übergänge sauber, allerdings wird das Bild auch um einiges weicher und unschärfer.

Tabelle 1.5: Interpolationsmethoden

2 Für dieses Beispiel wählen Sie als Interpolationsmethode bitte BIKUBISCH, um die bestmögliche Qualität zu erreichen.

> **Hinweis**
>
> *Die Standardinterpolationsmethode ändern Sie in den allgemeinen Voreinstellungen (BEARBEITEN/VOREINSTELLUNGEN/ALLGEMEINE oder* Strg *+* K *). Sie wird nicht nur im Dialogfenster Bildgröße als Voreinstellung verwendet, sondern auch für das Transformieren von Ebenen und Objekten.*

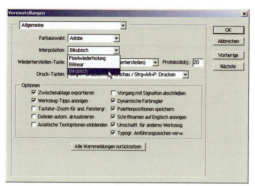

Abbildung 1.21: In den allgemeinen Voreinstellungen ändern Sie in der Auswahlliste INTERPOLATION die Standardinterpolationsmethode.

3 Als Nächstes ändern Sie die Auflösung auf 72 dpi. Sie sehen, dass die Pixelmaße sich anpassen und verkleinern.

Mit anderen Worten, Sie haben die Auflösung um 128 Pixel pro Inch reduziert. Damit sind für dieselbe Ausgabegröße wesentlich weniger Pixel notwendig.

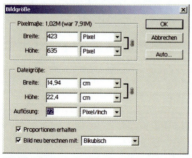

Abbildung 1.22: Indem Sie die Auflösung anpassen, ändern Sie die Pixelmaße.

Natürlich können Sie statt der Auflösung bei Dateigröße auch die Ausgabegröße ändern. Das funktioniert prinzipiell genauso.

Bildgröße und Auflösung ändern

Wenn Sie die Ausgabegröße reduzieren, sind ebenfalls weniger Pixel nötig. Wenn Sie sie erhöhen, rechnet Photoshop Pixel hinzu.

Neben Auflösung und Dateigröße können Sie auch die Pixelmaße ändern. Dies ist beispielsweise sinnvoll, wenn Sie ein Bild in der Größe für den Bildschirm anpassen möchten und schon eine Auflösung von 72 ppi voreingestellt haben.

> **Hinweis**
>
> *Die Pixelmaße lassen sich auch in Prozent eingeben. Dazu ändern Sie einfach im Pulldown-Menü neben Höhe und Breite die Einheit von Pixeln in Prozent.*

Wenn BILD NEUBERECHNEN MIT aktiviert ist, können Sie auch PROPORTIONEN ERHALTEN deaktivieren und Breite und Höhe eines Bildes unabhängig voneinander ändern. Dies erkennen Sie an den verschwundenen Verkettungssymbolen.

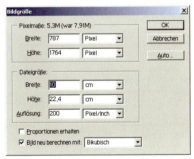

Abbildung 1.23: Die BREITE wurde unabhängig von der Höhe verändert.

Die Arbeitsfläche ändern

Die Arbeitsfläche eines Bildes ändern heißt, ein Bild zu beschneiden bzw. Teile der Arbeitsfläche hinzuzufügen. Um ein Bild zu beschneiden, gibt es zwei Möglichkeiten: das Freisteller-Werkzeug und das Dialogfenster ARBEITSFLÄCHE. Mit dem Dialogfenster können Sie zusätzlich die Arbeitsfläche erweitern.

Freistellen

Zuerst zeigen wir Ihnen die Funktionsweise des Freisteller-Werkzeugs anhand eines Beispiels. Natürlich können Sie auch ein beliebiges eigenes Beispielbild verwenden. Das Beispielbild ist eine kleine Birne, die an einem Ast hängt. Von diesem Ast mit der kleinen Birne soll nur der Bereich um die Birne das Bild bilden. Dazu sind folgende Schritte notwendig:

1 Wählen Sie in der Werkzeugleiste das Freisteller-Werkzeug.

2 Klicken Sie nun in das Bild, halten Sie die Maustaste gedrückt und ziehen Sie das Freisteller-Rechteck auf.

> **Tipp**
>
> *Wenn Sie beim Aufziehen die ⟨◊⟩-Taste gedrückt halten, wird der Freisteller als Quadrat aufgezogen. Halten Sie die ⟨Alt⟩-Taste gedrückt, wird das Rechteck statt von einer Ecke aus der Mitte heraus aufgezogen. Dies ist beispielsweise sinnvoll, wenn Sie den Mittelpunkt schon kennen, hier wäre das die Birne.*

> **Hinweis**
>
> *In den Werkzeug-Optionen zum Freisteller-Werkzeug können Sie auch eine feste Größe für das Freisteller-Werkzeug einstellen. Außerdem lässt sich eine Auflösung für das freigestellte Bild bestimmen.*

Abbildung 1.24: Die Werkzeug-Optionen des Freisteller-Werkzeugs, bevor ein Freisteller-Rechteck aufgezogen wurde.

Bildgröße und Auflösung ändern

Abbildung 1.25: Das aufgezogene Freisteller-Rechteck

3 Wenn das Freisteller-Rechteck aufgezogen ist, können Sie es noch nachträglich verändern. Klicken Sie dazu einen der acht Anfasserpunkte an, halten Sie die Maustaste gedrückt und ziehen Sie.

Wenn Sie sich mit der Maus außerhalb des Freisteller-Rechtecks befinden, ändert sich der Cursor in einen gekrümmten Pfeil. Dieser zeigt an, dass Sie das Freisteller-Rechteck drehen können, wenn Sie klicken und ziehen. Drehmittelpunkt ist der Punkt in dem Freisteller-Rechteck. Er lässt sich verschieben.

> **Tipp**
>
> *Es ist zwar toll, das Freisteller-Rechteck nachträglich beliebig ändern zu können, oft benötigt man aber zusätzlich noch Zoomfunktionen. Die Lupe funktioniert aber während des Freistellens nicht. Die beste Lösung sind die Tastenkürzel* Strg + + *und* Strg + - *zum Heran- und Wegzoomen.*

Abbildung 1.26: Das gedrehte Freisteller-Rechteck

Was hat es für einen Sinn, ein Freisteller-Rechteck zu drehen, wenn am Schluss doch ein gerades quadratisches Bild herauskommt? Nun, der gedrehte Bereich wird einfach in ein gerades Bild umgerechnet (siehe Abbildung 1.27: Die Birne wurde gedreht und freigestellt.).

Abbildung 1.27: Die Birne wurde gedreht und freigestellt.

Bildgröße und Auflösung ändern

> **Hinweis**
>
> Der Bereich um das Freisteller-Rechteck wird standardmäßig in einem dunkleren Schwarz dargestellt. Wenn ein Rechteck vorhanden ist, können Sie die Farbe und Deckkraft dieses Bereichs in den Werkzeug-Optionen ändern. Wenn Sie ABDECKEN deaktivieren, stellt Photoshop die Bereiche nicht mehr anders dar. Dies ist aber nur selten empfehlenswert.

Abbildung 1.28: Hier ändern Sie die Darstellung der freigestellten Bereiche.

4 Um den Bereich des Freisteller-Rechtecks endlich freizustellen – ob gedreht oder nicht gedreht – klicken Sie entweder doppelt auf das Freisteller-Werkzeug in der Werkzeugleiste oder die Arbeitsfläche. Alternativ betätigen Sie ⏎. Bei einem einfachen Klick auf das Symbol in der Symbolleiste erhalten Sie ein Dialogfeld, das Sie fragt, ob Sie den Bereich freistellen möchten.

Abbildung 1.29: Die Birne wurde freigestellt.

> **Hinweis**
>
> Sie können mit dem Menübefehl BILD/FREISTELLEN auch eine beliebige Auswahl freistellen. Die jeweils äußersten Punkte interpretiert Photoshop dabei als Grenzen des Freisteller-Rechtecks. Mehr zu Auswahlen finden Sie im Kapitel Masken und Pfade.

Das Dialogfenster Arbeitsfläche

Der Befehl BILD/ARBEITSFLÄCHE ruft das Dialogfenster ARBEITSFLÄCHE auf. Damit können Sie die Arbeitsfläche einfach ändern.

Abbildung 1.30: Das Dialogfenster ARBEITSFLÄCHE

Es gibt im Dialogfenster ein paar wichtige Einstellungsmöglichkeiten, mit denen sich dann alles machen lässt:

- Bei BREITE und HÖHE ändern Sie die Maße der Arbeitsfläche. In den Auswahllisten links davon wechseln Sie die Einheit.

- Bei POSITION legen Sie fest, wo das Bild abgeschnitten wird oder Teile hinzugefügt werden. Die Pfeile geben die jeweiligen Seiten an.
  Ein Beispiel: Wenn Sie das Feld links oben anklicken und Breite und Höhe vergrößern, wird beim Bild rechts und unten Arbeitsfläche hinzugefügt, die mit der aktuellen Hintergrundfarbe gefüllt ist.

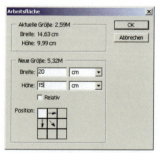

Abbildung 1.31: Aktivieren Sie das Feld links oben, vergrößert sich die Arbeitsfläche rechts und unten.

Wenn Sie die Arbeitsfläche verkleinern, wird noch einmal eine Warnmeldung ausgegeben, ob Sie wirklich Teile des Bildes abschneiden möchten. Wenn Sie die Arbeitsfläche vergrößern, wird der zusätzliche Platz auf der Hintergrundebene mit der aktuellen Hintergrundfarbe gefüllt.

Arbeitsfläche drehen

Zuletzt möchten wir Ihnen noch kurz vorstellen, wie Sie die Arbeitsfläche drehen. Dazu dient die Oberkategorie BILD/ARBEITSFLÄCHE DREHEN. Hier können Sie die Arbeitsfläche um 180° und 90° mit und gegen den Uhrzeigersinn drehen sowie an der horizontalen und vertikalen Achse spiegeln.

Wenn Sie ein Bild eingescannt haben, das nicht ganz gerade ist, könnten Sie entweder noch einmal zum Scanner laufen, die Vorlage richtig hinlegen und neu einscannen oder aber Sie verwenden einfach den Befehl BILD/ARBEITSFLÄCHE DREHEN/PER EINGABE in Photoshop.

Abbildung 1.32: Die Arbeitsfläche per Eingabe drehen

Im daraufhin erscheinenden Dialogfeld können Sie die Arbeitsfläche per Eingabe in ein Textfeld um einen bestimmten Winkel zwischen 0,01 und 359,99 Grad drehen. Natürlich haben Sie auch die Wahl, ob im oder gegen den Uhrzeigersinn.

> **Tipp**
>
> *Sie können auch negative Werte zwischen -0,01 und -359,99 Grad eingeben. Diese drehen entgegengesetzt der Einstellung, die Sie für den Uhrzeigersinn getroffen haben. Haben Sie beispielsweise IM UZS aktiviert, dreht Photoshop bei einem negativen Wert gegen den Uhrzeigersinn.*

Kapitel 2

Farbmodi und Digitalisieren

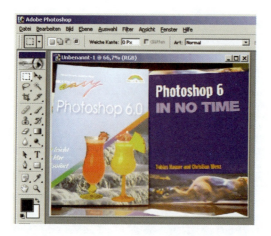

> In diesem Kapitel geht es zuerst um die verschiedenen Farbmodi, die Ihnen Photoshop bietet. Dann zeigen wir Ihnen, wie Sie Bilder einscannen.

Das können Sie schon:

Die Oberfläche von Photoshop	17
Die Werkzeugleiste	26
Nützliche Funktionen	40
Umgang mit Dateien	44
Dateibrowser	48
Eine Datei speichern	50
Dateien importieren/einscannen	56
Dateiformate	58
Bildgröße und Auflösung ändern	65

Das lernen Sie neu:

Farbmodi	80
Digitalisieren	97

Farbmodi

Es gibt verschiedene Farbmodelle bzw. Farbmodi. Was ist eigentlich ein Farbmodus? Ein Farbmodus ist ein Farbraum, innerhalb dessen Spektrum sich aus verschiedenen Farbzusammenstellungen Bilder ergeben. Ein bisschen zu theoretisch? Der Farbmodus RGB hat in seinem Farbraum 16 Millionen Farben. Ein RGB-Bild besteht aus einzelnen Pixeln. Jedes dieser Pixel hat eine Farbe aus dem RGB-Farbraum.

Die nächste Frage ist natürlich, welche Farbräume es überhaupt gibt, welche Optionen diese bieten und welcher für welchen Zweck der richtige ist? Um diese Fragen zu beantworten, müssen wir vorher ein wenig theoretisch werden und den Farbraum näher definieren:

Ein Farbraum wird aus Kanälen gebildet. Ein Kanal hat normalerweise bis zu 8 Bit (=256 Abstufungen). Es gibt allerdings auch Bilder mit 16 Bit pro Farbkanal. Solche Bilder können Sie in Photoshop importieren. Im Menü BILD/MODUS finden Sie den entsprechenden Umschalter zwischen 8 und 16 Bit pro Kanal. Wählen Sie einfach das an, was gerade nicht aktiv ist, um zu wechseln.

> **Hinweis**
>
> *Seit Version 5 kann Photoshop schon recht ordentlich mit Bildern mit 16 Bit pro Farbkanal umgehen. Es sprechen dennoch einige Gründe gegen den Einsatz solcher Bilder. Zum einen die geringe Verbreitung, zum anderen die im Vergleich zu 8 Bit pro Kanal doppelt so großen Dateien. Vorteile bieten 16 Bit, wenn Bilder schon mit so vielen Farben eingescannt werden. Dann können auch sehr detailreiche Bilder perfekt dargestellt werden. Allerdings bieten viele Werkzeuge und Filter von Photoshop noch keine Unterstützung für 16 Bit, weswegen der Einsatz in der Praxis eher nicht zu empfehlen ist.*

8 Bit pro Farbkanal bedeuten, dass der Kanal 2^8 Farben darstellen kann. Beim Farbmodus GRAUSTUFEN sind das also 256 Graustufen in einem Kanal. Minimal kann ein Kanal 1 Bit haben. Dies entspricht 2 Farben. Das Paradebeispiel ist der Farbmodus BITMAP mit Schwarz und Weiß als einzige »Farben« in einem Kanal.

> **Hinweis**
>
> *Sie können den Farbmodus in der Titelleiste des jeweiligen Bildes ablesen.*

Nun haben Sie schon gehört, dass der RGB-Farbraum 16,77 Millionen Farben umfasst (um genau zu sein: 16777216 Farben). Um so viele Farben abbilden zu können, benötigt man mehrere Kanäle. Beim RGB-Farbraum sind es genau drei: Ein Rot-, Grün-, und Blau-Kanal. Jeden dieser Kanäle können Sie sich als Graustufenbild vorstellen. Erst wenn die Werte dieser drei Kanäle zusammengefügt sind, ergibt sich daraus eine Farbe.

Durch dieses System mit mehreren Kanälen erweitern sich natürlich die Möglichkeiten. Statt bisher 2^8 haben Sie jetzt $2^8 \times 2^8 \times 2^8$. Das macht 256^3 und das sind besagte 16,77 Millionen (bzw. 16777216).

Welche Farbmodi gibt es?

Die bekanntesten Farbmodi sind RGB und CMYK. Der RGB-Farbmodus wird von Computerbildschirmen, Scannern und Digitalkameras verwendet, der CMYK-Modus dagegen von Druckern. Dies ist auch gleich eine der größten Schwierigkeiten im Zusammenhang mit Farbmodi: CMYK und RGB unterscheiden sich nämlich in den enthaltenen Farben. Der etwas größere Farbraum ist RGB. Deshalb sollten Sie ein Bild, dass für den Ausdruck in CMYK vorhanden sein muss, erst ganz am Schluss des Arbeitsprozesses umwandeln. Ein Farbmodus, der den Farbraum von RGB und CMYK umfasst, ist Lab. Sie werden fragen, warum man diesen Farbraum nicht zum Arbeiten verwendet und dann in RGB oder CMYK umwandelt? Manchmal ist das durchaus sinnvoll, meist liegen die Bilder allerdings bereits in RGB vor.

Neben den drei »großen« Farbräumen gibt es noch ein paar andere Farbmodi: Der Farbmodus GRAUSTUFEN besteht aus einem Kanal mit 256 Graustufen. INDIZIERTE FARBEN wendet dagegen eine Palette mit maximal 256 Farben auf ein Bild an. Dies entspricht den Funktionen, die Sie auch mit dem Befehl DATEI/FÜR WEB SPEICHERN bei GIF und PNG-8 finden.

Der Farbmodus BITMAP besteht nur aus Schwarz und Weiß. Ein Bild lässt sich nur in den Bitmap-Modus umwandeln, wenn es aus einem Kanal besteht oder schon in Graustufen vorliegt.

Als letzte Farbmodi bleiben DUPLEX und MEHRKANAL. Der Duplex-Modus dient für Zwei-, Drei-, und Vier-Farbeffekte mit Sonderfarben. Er erzeugt eine entsprechende Anzahl an Kanälen und damit an Filmen für den Ausdruck. Der Mehrkanal-Modus verwandelt die einzelnen Kanäle in Volltonfarbkanäle. Dies dient unter anderem dazu, Farbkanäle aus dem Duplex-Modus von Hand zu verändern. Er ist eigentlich kein Farbmodus, da die Kanäle voneinander unabhängig sind.

In der folgenden Tabelle sehen Sie, welche Dateitypen welche Farbmodi unterstützen.

	RGB	CMYK	Lab	Bitmap	Duplex	Graustufen	Indiziert
PSD	+	+	+	+	+	+	+
BMP	+	-	-	+	-	+	+
TIFF	+	+	+	+	-	+	+
EPS	+	+	+	+	+	+	+
GIF	-	-	-	+	-	+	+
JPEG	+	+	-	-	-	+	-
PNG-8	-	-	-	+	-	+	+
PNG-24	+	-	-	-	-	+	-

Tabelle 2.1: Zuordnung von Dateitypen und Farbmodi (+ = mögl.; - =nicht mögl.)

RGB

Die meisten Bilder landen im Farbmodus RGB auf Ihrem Rechner. Egal, ob eingescannt, mit der Digitalkamera fotografiert oder vom Fotoentwickler auf CD-ROM/DVD-ROM gebannt. Im RGB-Modus stehen Ihnen alle Funktionen von Photoshop zur Verfügung.

Der RGB-Farbmodus basiert auf der additiven Farbmischung. Das heißt, die Leuchtkraft der drei Grundfarben Rot, Grün und Blau addiert sich aus den einzelnen Farbkanälen. Wenn alle Farbwerte 0 betragen, erhalten Sie Schwarz, wenn alle den höchsten Wert 255 annehmen, reines Weiß. Sind alle drei Farbwerte gleich, erhalten Sie eine Graustufe.

Abbildung 2.2: Die additive Farbmischung

> **Tipp**
>
> *Testen Sie den additiven Farbmodus einfach mal. Erstellen Sie ein RGB-Bild (DATEI/NEU und unter MODUS RGB angeben). Blenden Sie dann die Palette FARBREGLER ein (FENSTER/FARBREGLER EINBLENDEN). Mit den drei Farbreglern können Sie die Grundfarben des RGB-Farbmodus verändern. Dies zeigt Ihnen das Prinzip des RGB-Farbmodus. Wenn Sie die additive Farbmischung von Photoshop ausprobieren möchten, verwenden Sie den Überblendmodus NEGATIV MULTIPLIZIEREN und legen die Grundfarben auf mehreren Ebenen übereinander (siehe Kapitel Ebenen).*

CMYK

Der Farbmodus CMYK wird wie gesagt beim Drucken verwendet, zum einen natürlich von Ihrem Drucker daheim, zum anderen vom Belichter im professionellen Druck.

> **Hinweis**
>
> *Beim Belichten werden die einzelnen Farbkanäle auf Filmen ausbelichtet, die dann die Grundlage des Drucks bilden.*

Der CMYK-Modus basiert auf der subtraktiven Farbmischung. Diese müssen Sie sich vorstellen wie das Mischen im Malkasten. Die Farben Cyan, Magenta und Gelb (Yellow) ergeben zusammen theoretisch Schwarz. In der Praxis entsteht allerdings eher ein schmutziges, dunkles Braun. Deshalb hat man beim CMYK-Modus auch noch das Schwarz (Key oder Black) hinzugefügt, um die Tiefen besser darstellen zu können.

> **Tipp**
>
> *Die subtraktive Farbmischung können Sie simulieren, wenn Sie die CMYK-Farben mit dem Überblendmodus MULTIPLIZIEREN übereinander legen.*

Abbildung 2.3: Die subtraktive Farbmischung

Der CMYK-Farbraum enthält weniger Farben als der RGB-Farbraum. Vor allem die Farben mit starker Leuchtkraft fehlen im CMYK-Farbraum, da dort die Farben zusammengemischt immer weniger Leuchtkraft erhalten. Deshalb wirken CMYK-Bilder auch oft etwas stumpfer und weniger kräftig als RGB-Bilder.

Sie sollten ein CMYK-Bild nur am Ende Ihres Arbeitsprozesses umwandeln und auch da ist es nicht immer notwendig. Wenn Sie an Ihrem heimischen Drucker ausdrucken, arbeitet dieser zwar auch in CMYK, die Drucksoftware kann allerdings ohne Probleme die Umwandlung eines RGB-Bildes für Sie übernehmen. Wenn Sie für ein Belichtungsstudio oder eine Druckerei arbeiten, müssen Sie die Umwandlung nach vorheriger Absprache allerdings meistens selbst vornehmen.

Da Sie die Umwandlung erst am Ende Ihres Arbeitsprozesses vornehmen sollen, müssen Sie sich vorher öfter die Vorschau ansehen. Mit dem Menübefehl ANSICHT/FARB-PROOF (Tastenkürzel [Strg] + [Y]) zeigen Sie die CMYK-Vorschau, wenn unter Ansicht/Proof einrichten der CMYK-Arbeitsfarbraum ausgewählt ist.

> **Hinweis**
>
> *Dass eine CMYK-Vorschau aktiv ist, erkennen Sie an dem Hinweis RGB/CMYK in der Titelleiste des Bildes.*

Farbmodi

Eine weitere Option, um eventuelle Probleme bei der Umwandlung von RGB in CMYK zu erkennen, ist der Befehl ANSICHT/FARBUMFANG-WARNUNG (Tastenkürzel Strg + ⇧ + Y). Damit kennzeichnet Photoshop alle Farben, die nicht in den CMYK-Farbraum passen.

Abbildung 2.4: Die Farbumfang-Warnung wurde aktiviert.

Eine Farbumfang-Warnung sehen Sie auch im FARBWÄHLER, wenn Sie eine Farbe auswählen. In der Info-Palette sind problematische Farben ebenfalls mit einem ! versehen.

> **Tipp**
>
> *In den Voreinstellungen TRANSPARENZ UND FARBUMFANG-WARNUNG (Befehl BEARBEITEN/VOREINSTELLUNGEN/TRANSPARENZ UND FARBUMFANG-WARNUNG) können Sie die Farbe und Deckkraft der Farbumfang-Warnung regulieren. Sie sollten diese immer an Ihrem Bild orientieren. Hat es viele helle Stellen, nehmen Sie eine dunkle Farbe und umgekehrt. Wichtig ist, dass der Kontrast groß ist.*

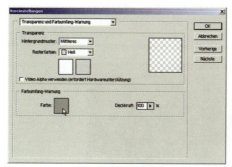

Abbildung 2.5: Hier steuern Sie Farbe und Deckkraft der Farbumfang-Warnung.

Lab

Das Lab-Farbmodell enthält den Farbraum von RGB und CMYK. Zudem ist es geräteunabhängig. Photoshop rechnet RGB-Bilder immer über Lab in CMYK um. Lab besteht aus einem Helligkeitskanal (L) und zwei Farbkanälen (a und b).

> **Tipp**
>
> *Wenn Sie in einem Bild nur die Helligkeitswerte ändern wollen, wandeln Sie es in Lab um und bearbeiten direkt den Helligkeitskanal.*

Wenn Ihr Drucker PostScript II/III unterstützt, können Sie Lab-Dateien auch direkt ausdrucken, da PostScript ab Level II intern auf Lab als Farbmodus setzt. Ansonsten kommt der Lab-Modus allerdings weniger zum Einsatz.

Bitmap

Sie können nur Bilder, die nur aus einem Kanal bestehen, in den Bitmap-Modus umwandeln. Das Paradebeispiel hierfür ist der Graustufenmodus. Alternativ haben Sie aber auch die Möglichkeit, nur einen Kanal eines Bildes mit mehreren Farbkanälen in den Bitmap-Modus zu konvertieren. Da der Bitmap-Modus nur aus Schwarz und Weiß besteht, ist dazu eine Umrechnungsmethode erforderlich. Wir zeigen Ihnen das Schritt für Schritt an einem Beispiel:

1 Zuerst wechseln Sie in die Kanäle-Palette des Bildes (FENSTER/KANÄLE, wenn noch nicht eingeblendet). In der Kanäle-Palette sehen Sie die Farbkanäle des Bildes.

2 Blenden Sie nun nur noch einen Farbkanal ein, indem Sie bei den anderen zwei (für ein RGB-Bild) auf das Auge-Symbol vor dem Namen des Kanals klicken.

Abbildung 2.6: Die anderen Kanäle wurden ausgeblendet, nur noch der Rot-Kanal ist aktiv.

3 Klicken Sie den übrig gebliebenen Kanal an. In unserem Fall ist das der Rot-Kanal. Ein einzelner Kanal besteht – wie erwähnt – aus Graustufen.

4 Konvertieren Sie nun mit BILD/MODUS/BITMAP in den Bitmap-Modus.

5 Photoshop fragt, ob es die übrigen Kanäle verwerfen soll. Bestätigen Sie mit OK.

6 Als Nächstes erhalten Sie ein Dialogfeld mit den Optionen für die Konvertierung in den Bitmap-Modus. Wählen Sie zunächst die gewünschte Auflösung für das Bitmap-Bild. Da es nur noch aus Schwarz und Weiß besteht, muss die Auflösung wesentlich höher sein als die des bestehenden Bildes, um die Details mit zwei Farben simulieren zu können.

> **Tipp**
>
> *Experimentieren Sie mit niedrigeren Auflösungen. Dann wird das Bild natürlich pixeliger und weniger detailreich, dafür manchmal künstlerisch interessant.*

Abbildung 2.7: Das Dialogfeld BITMAP (Standardeinstellung)

Abbildung 2.8: Das Dialogfeld BITMAP (geänderte Einstellung)

7 Als Nächstes müssen Sie eine METHODE wählen, die die fehlenden Farbwerte ersetzt. In der folgenden Tabelle haben wir sie Ihnen zusammengefasst.

Methode	Beschreibung
Schwellenwert 50 %	Bei dieser Methode werden alle Farbwerte, die zu den hellen 50 % zählen, zu Weiß, die anderen 50 % zu Schwarz. Einen ähnlichen Effekt erzielt der Befehl BILD/EINSTELLUNGEN/SCHWELLENWERT, allerdings können Sie hier den Wert für den Schwellenwert wählen.
Muster-Dither	Das Muster-Dithering erstellt ein Muster aus schwarzen und weißen Pixeln.
Diffusion-Dither	Diffusion-Dithering simuliert die Graustufenübergänge durch einen Zufallsalgorithmus.
Rastereinstellung	Rastert das Bild mit einem Raster, dessen Werte Sie im Dialogfenster RASTEREINSTELLUNG angeben. Als Optionen stehen RASTERWEITE, RASTERWINKEL und FORM zur Verfügung.
Eigenes Muster	Für ganz »Extreme« besteht auch noch die Möglichkeit, ein Muster zu definieren. Damit sieht das Bild außergewöhnlich aus. Neben den vorgegebenen können Sie auch eigene Muster verwenden, laden und speichern.

Tabelle 2.2: Die Dithering-Methoden bei einem Bitmap

8 Für unser Beispiel haben wir Diffusion-Dither gewählt, das beim Erzeugen von möglichst detailreichen Bitmap-Bildern meist die besten Ergebnisse bringt. Übrigens, je näher Sie heranzoomen, desto stärker sehen Sie den Bitmap-Effekt.

Abbildung 2.9: Ein Bitmap-Bild

Graustufen

Ein Graustufenbild besteht aus 256 Grauwerten von Weiß bis Schwarz. Es hat genau einen Kanal. Um ein Farbbild in Graustufen umzuwandeln, gibt es mehrere Möglichkeiten:

- Den Befehl BILD/MODUS/GRAUSTUFEN auf alle Farbkanäle anwenden. Photoshop fragt, ob Sie die Farbinformationen verwerfen möchten.

> **Achtung**
>
> Wenn Ihr Bild aus mehreren Ebenen besteht, erhalten Sie die Zwischenfrage, ob Sie es REDUZIEREN möchten. Machen Sie das nur, wenn Sie die Ebenen wirklich nicht mehr benötigen. Ansonsten wählen Sie lieber NICHT REDUZIEREN.

Abbildung 2.10: Möchten Sie das Bild auf die Hintergrundebene reduzieren?

- Den Befehl BILD/MODUS/GRAUSTUFEN auf einen oder zwei Farbkanäle anwenden. Dies funktioniert im Prinzip genauso wie das Anwenden auf alle Farbkanäle. Allerdings können Sie hier den oder die Schönsten auswählen und haben so mehr Steuerungsmöglichkeiten.

- Sie können sich auch mit dem KANALMIXER (Befehl BILD/EINSTELLUNGEN/ KANALMIXER) genau festlegen, welche Farbkanäle mit wie viel Prozent in das Graustufenbild einfließen. Dazu müssen Sie im Dialogfenster KANALMIXER nur die Option MONOCHROM aktivieren und dann mit den Schiebereglern oder Textfeldern die Anteile der Kanäle festlegen.

Abbildung 2.11: Der KANALMIXER erlaubt Ihnen, die Kanäle für den Graustufenkanal genau zu mischen.

Achtung

Wenn Sie das Kontrollkästchen MONOCHROM wieder deaktivieren, nimmt Photoshop die Umwandlung in Graustufen nicht automatisch zurück. Wenn Sie einen Farbregler betätigen, wird das Bild nur gefärbt. Drücken Sie deshalb die Alt *-Taste. Daraufhin verwandelt sich die Schaltfläche Abbrechen in Zurück. Wenn Sie darauf klicken, setzen Sie alles wieder in den Anfangszustand.*

Indizierte Farben

Ein Bild mit indizierten Farben arbeitet mit einer Farbpalette, die aus maximal 256 Farben besteht. Die indizierten Farben kommen hauptsächlich im Webbereich zum Einsatz, da das GIF-Format und das PNG-8-Format nur 256 Farben speichern können.

Die Umwandlung in indizierte Farben erfolgt meist aus einem RGB-Bild. Eine Möglichkeit ist der Befehl DATEI/FÜR WEB SPEICHERN, den wir Ihnen in Kapitel 10, *Photoshop und das Web*, vorstellen. Eine andere ist die Umwandlung über BILD/MODUS/INDIZIERTE FARBEN. Hier geht es hauptsächlich darum, welche und wie viele Farben die Farbpalette enthalten soll und wie Photoshop das Bild, das bisher meist wesentlich mehr Farben enthält, auf die Farbpalette herunterrechnet.

> **Achtung**
>
> *Bei der Umwandlung in indizierte Farben müssen alle Ebenen auf die Hintergrundebene reduziert werden. Wandeln Sie deshalb erst am Ende Ihres Arbeitsprozesses um und behalten Sie eine Kopie Ihrer Arbeitsdatei mit allen Ebenen!*

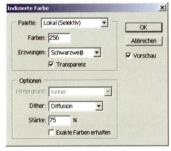

Abbildung 2.12: Das Dialogfenster INDIZIERTE FARBE

Folgende wichtige Schritte müssen Sie vornehmen:

1 Wählen Sie eine Farbpalette. Die möglichen Optionen haben wir Ihnen in der folgenden Tabelle zusammengefasst.

Palette	Berechnung	Beschreibung	Farben wählbar?
Exakt	statisch	Diese Option ist nur aktiv, wenn das Bild bereits weniger als 256 Farben hat. In diesem Fall werden alle Farben in die Palette übernommen.	nein
System (Mac OS)	statisch	Diese Palette enthält die 256 Standardfarben des Macintosh-Betriebssystems.	nein

Palette	Berechnung	Beschreibung	Farben wählbar?
System (Windows)	statisch	Diese Palette enthält die 256 Standardfarben des Windows-Betriebssystems.	nein
Web	statisch	Diese Palette enthält die 216 Farben, die sowohl in der Mac OS- als auch in der Windows-Palette vorhanden sind. Diese Farben gelten als websichere Farben, da sie auch bei einer Auflösung von 256 Farben auf beiden Plattformen optimal dargestellt werden. Wird heute allerdings nur noch selten verwendet, da man davon ausgeht, dass die meisten Nutzer einen Monitor mit mehr als 256 Farben besitzen.	nein
Gleichmäßig	statisch	Verwendet im RGB-Farbraum gleichmäßig verteilte Farben. Die Zahl ist dabei immer eine 3er Potenz (Kubikzahl), also z. B: $6^3 = 216$ Farben.	ja, möglichst in Kubikzahlen: 8, 27, 64, 125 und 216
Perzeptiv (Local und Master)	dynamisch	Dieser Algorithmus extrahiert die Farben aus dem Bild und bevorzugt Farben, auf die das menschliche Auge besonders sensibel reagiert.	ja
Selektiv (Local und Master)	dynamisch	Mit der selektiven Palette werden die häufigsten Farben des Bildes verwendet. Zweites Kriterium für die Farbwahl ist die Nähe zu den Webfarben. Diese Option erhält die Farben eines Bildes mit mehr als 256 Farben am besten und ist Standardoption.	ja
Adaptiv (Local und Master)	dynamisch	Dieser Algorithmus bevorzugt Farben aus den ein oder zwei Farbspektren, die im Bild am häufigsten vorkommen. Diese Option eignet sich vor allem für Bilder, die mit einem oder zwei Farbtönen in vielen Abstufungen auskommen.	ja

Farbmodi

Palette	Berechnung	Beschreibung	Farben wählbar?
Eigene	statisch	Hier können Sie eine eigene Farbtabelle erstellen und einzelne Farbwerte ändern. Außerdem können Sie Paletten laden oder speichern.	nein
Vorige	statisch	Verwendet die Palette aus dem vorhergegangenen Konvertiervorgang. Wenn vorher mit einem dynamischen Algorithmus konvertiert wurde, wird jetzt die Ergebnis-Palette als statische Palette auf das neue Bild angewandt.	nein

Tabelle 2.3: Die Paletten für indizierte Farben

2 Wählen Sie, falls es die Art der Palette zulässt, eine bestimmte Zahl an Farben. Grundsätzlich gilt: Je mehr Farben, desto detailreicher das Ergebnis.

3 Legen Sie bei ERZWUNGEN fest, welche Farben auf jeden Fall dabei sein müssen, und zwar unabhängig davon, ob sie überhaupt im Bild vorkommen.

4 Bestimmen Sie mit TRANSPARENZ, ob es transparente Bereiche geben soll.

> **Hinweis**
>
> *Sowohl das GIF als auch das PNG-8-Dateiformat unterstützen Transparenz. Beim PNG-Format wird die Transparenz allerdings noch nicht von älteren Browsern unterstützt. Der Befehl DATEI/FÜR WEB SPEICHERN bietet in Photoshop 7 noch eine Erweiterung für die Transparenz. Mehr dazu im Kapitel 10, Photoshop und das Web.*

5 Wenn Ihr Bild keine Hintergrundebene hat, können Sie bei HINTERGRUND eine Hintergrundfarbe aussuchen, mit der eventuell freie Bereiche gefüllt werden.

6 DITHER bestimmt die Umrechnungsmethode des bisherigen Bildes in die neue Farbpalette. Die Möglichkeiten ähneln denen beim Bitmap-Modus. Hier eine kurze Auflistung:

Methode	Beschreibung
Ohne	Es wird kein Dithering eingesetzt. Farben, die wegfallen, werden durch ähnliche ersetzt. Mit dieser Methode kann ein indiziertes Bild teilweise sehr pixelig wirken.
Diffusion	Diffusion-Dithering ist meist die richtige Wahl. Hier wird eine Farbe, die wegfällt, mit den Farben außen herum simuliert. Dadurch wirkt ein Bild weicher. Die Farbauthentizität bleibt gut erhalten.
Muster	Das Muster-Dithering rastert weggefallene Farben. Dadurch wirkt ein Bild etwas hölzern.
Störungsfilter	Beim Störungsfilter-Dithering wird vergleichbar dem Diffusion-Dithering ein Zufallsmuster angewendet, jedoch ohne das Muster über Pixel außen herum anzuwenden. Dadurch entstehen keine Nähte, die bei manchen Webanwendungen (Animationen) unter Umständen störend sind.

Listing 2.1: Umrechnungsmethoden bei der Umwandlung in indizierte Farben

7 Bei STÄRKE legen Sie eine Stärke des Ditherings in Prozent fest.

> **Hinweis**
>
> *Je stärker das Dithering, desto besser meist das Ergebnis hinsichtlich Detailreichtum und Ähnlichkeit zum Original. Dafür steigt aber auch die Dateigröße, da es weniger zusammenhängende Farbflächen gibt, die sich beim Speichern als GIF gut komprimieren lassen.*

8 EXAKTE FARBEN ERHALTEN bildet, wenn es aktiv ist, keine Zwischenfarben aus den Bildfarben des Originals, sondern versucht, die Farben zu erhalten.

Duplex

Im Duplex-Modus wird das Bild mit einer oder mehreren Volltonfarben eingefärbt. Sie gelangen nur über den Graustufenmodus in den Duplex-Modus.

> **Tipp**
>
> *Mit dem Duplex-Modus lassen sich tolle Effekte erzielen. Gerade wenn zum Vierfarbdruck (CMYK) nicht genug Budget vorhanden ist, bieten zwei Sonderfarben oft auch eine Menge Möglichkeiten.*

Farbmodi

Die Umwandlung von Graustufenbildern in Duplex ist sehr einfach; folgende Schritte sind dazu nötig:

1 Sie benötigen ein Graustufenbild. Wählen Sie dann den Befehl BILD/MODUS/DUPLEX.

Abbildung 2.13: Die DUPLEX-OPTIONEN

2 Nun geht die Arbeit aber erst richtig los. In den Duplex-Optionen legen Sie die verschiedenen Volltonfarben fest, die für das Duplex-Bild verwendet werden. Oben bei BILDART ist zuerst einmal die Zahl der Farbe zu bestimmen. Sie können eine bis vier Sonderfarben verwenden. Für unser Beispiel wählen Sie bitte zwei (DUPLEX).

Abbildung 2.14: Legen Sie die Zahl der Farben fest.

3 Die erste Farbe sollte für unser Beispiel Schwarz bleiben, da das Bild so Tiefe erhält. Die zweite Farbe suchen Sie aus, indem Sie auf das Farbfeld klicken. Wir haben ein dunkles Blau (Pantone 2738 CVC) gewählt. Tippen Sie einfach die Zahlenkombination mit den Zifferntasten, um die Farbe aufzurufen.

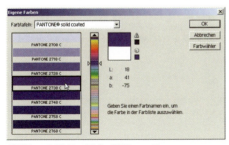

Abbildung 2.15: Das Dialogfeld EIGENE FARBEN

> **Tipp**
>
> *Den Einsatz von Sonderfarben müssen Sie mit der Druckerei abklären. In Europa gibt es zwei Systeme, die als Standard gelten: HKS und Pantone. Mit Farbfächern können Sie Sonderfarben aussuchen und beurteilen, da dies am Bildschirm erfahrungsgemäß nur annähernd möglich ist.*

4 Das Schwarz kommt in den Mitteltönen noch etwas zu dunkel heraus. Deshalb möchten wir es ein wenig aufhellen. Dazu dient die Gradationskurve im Dialogfenster. Klicken Sie die Kurve links neben dem schwarzen Farbfeld an.

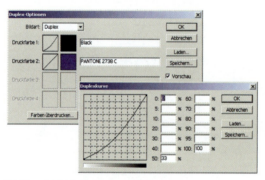

Abbildung 2.16: Die Duplexkurve für Schwarz

5 Die Duplexkurve funktioniert nach folgendem Prinzip: Auf der horizontalen Achse ist der Eingabewert (Helligkeitswert), auf der vertikalen Achse der Ausgabewert abgetragen. Für unser Beispiel haben wir den Eingabewert von 50 % (mittlere Helligkeit) auf 33 % Ausgabewert gesenkt. Das heißt, die Mitteltöne sind heller. Diese Änderungen können Sie durch Ziehen direkt an der Kurve oder mit Texteingabe in die 13 Textfelder vornehmen.

> **Hinweis**
>
> *Um die DUPLEX-OPTIONEN wieder aufzurufen, betätigen Sie einfach wieder den Befehl BILD/MODUS/DUPLEX.*

Mehrkanal

Der Mehrkanal-Modus ist ein Verwandter des Duplex-Modus, allerdings mit komplett getrennten Kanälen. Jeder Kanal ist ein eigener Volltonfarbkanal. RGB-Dateien, die Sie in den Mehrkanal-Modus umwandeln, bestehen zwar nach wie vor aus drei Kanälen, diese sind allerdings C (Cyan), M (Magenta), und Y (Yellow), damit sie für den Druck bereit sind.

Zum Einsatz kommt der Mehrkanal-Modus hauptsächlich, wenn Sie Farbkanäle aus dem Duplex-Modus einzeln bearbeiten möchten. Sichern lässt sich der Mehrkanal-Modus nur im Photoshop- und im DCS-2-Format des EPS.

Digitalisieren

Digitalkameras werden immer besser und gleichzeitig erschwinglicher. Immer mehr Leute verzichten auf die herkömmliche Kombination Kamera und Film. Das hat einige Vorteile, so können Sie beispielsweise schon vor der Erstellung von Abzügen missratene Schnappschüsse aussortieren. Auch Scanner finden immer größere Verbreitung.

Der Vorgang, der sowohl bei Digitalkameras als auch bei Scannern stattfindet, wird als *Digitalisierung* bezeichnet. Das Digitalisieren bringt Bilddaten in digitale Form.

Den Kameras und Scannern liegt Software bei, die die Daten von dem Gerät in den Rechner überträgt. Diese Dateien können Sie dann in Photoshop öffnen und weiterbearbeiten (etwa um eine unglückliche Frisur etwas zu korrigieren). Was hat dies mit Photoshop zu tun?

Die meisten Kameras und Scanner unterstützen die so genannte TWAIN-Schnittstelle. Dieses Kürzel steht übrigens für *Tool Without An Interesting Name*, Werkzeug ohne interessanten Namen.

Über diese Schnittstelle können die verschiedensten Geräte über eine einheitliche Programmierungsschnittstelle angesprochen werden. Für den Endnutzer ist das nicht sichtbar, da sich alles unter der Oberfläche des Programms abspielt. Für Programmierer jedoch ist das ein großer Vorteil: Dasselbe Stück Programmcode funktioniert mit allen TWAIN-Geräten. Auch die Programmierer von Photoshop haben sich dies zunutze gemacht und eine Unterstützung für TWAIN-Geräte eingebaut.

> **Achtung**
>
> Je nach TWAIN-Gerät sieht die Ansteuerung des externen Geräts ein wenig anders aus.

Sie benötigen also für die folgenden Schritte ein TWAIN-fähiges Gerät, das korrekt installiert worden ist. Wir verwenden eine handelsübliche Webcam, aber wie gesagt: Das Gerät muss lediglich TWAIN unterstützen.

1 Öffnen Sie das Menü DATEI/IMPORTIEREN. Wenn ein TWAIN-fähiges Gerät installiert worden ist, finden Sie dessen Namen hier aufgeführt (in unserem Beispiel: KODAK DVC325 DIGITAL VIDEO CAMERA).

Abbildung 2.17: Der Menüeintrag für das TWAIN-Gerät

2 Es öffnet sich nun ein Fenster zur Bildauswahl. Je nach Gerät sieht das anders aus. In unserem Beispiel, der Webcam, sehen Sie das aktuelle Bild, das die Kamera empfängt. Bei einem Scanner sehen Sie möglicherweise einen Dialog, in dem Sie den Scanvorgang starten können.

Digitalisieren

Abbildung 2.18: Die Oberfläche der Webcam

3 Übertragen Sie nun die Daten vom TWAIN-Gerät zu Ihrem Rechner. Wie gesagt, je nach Gerät und Software sieht das ein wenig anders aus.

4 Die Daten werden nun auf Ihren Rechner übertragen. Auf magische Art und Weise landen sie jedoch nicht irgendwo auf Ihrer Festplatte, sondern werden direkt in Photoshop geöffnet und können dort weiterbearbeitet werden.

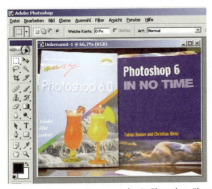

Abbildung 2.19: Die Daten wurden in Photoshop übertragen.

Beachten Sie, dass die Datei nicht auf der Festplatte liegt; wenn Sie also Photoshop beenden, sind die Daten verloren. Sie sollten also auf jeden Fall die Daten möglichst bald speichern.

Sobald die Daten in Photoshop vorliegen, können Sie die mannigfaltigen Bearbeitungsfunktionen des Programms anwenden. In den nächsten Kapiteln finden Sie viele Beispiele und Anregungen.

Kapitel 3

Farbeinstellungen

> Wenn ein Bild von der Digitalkamera oder aus dem Scanner kommt und im RGB-Farbmodus vorliegt, sieht es oftmals noch nicht so aus, wie Sie es gern hätten. Manchmal ist es zu flau, zu dunkel, zu hell oder hat einen Farbstich. Eine der großen Stärken von Photoshop ist es, solche Fehler zu korrigieren.

Das können Sie schon:

Die Oberfläche von Photoshop	17
Werkzeugleiste	26
Dateien importieren/einscannen	56
Dateiformate	58
Bildgröße und Auflösung ändern	65
Farbmodi	80
Digitalisieren	97

Das lernen Sie neu:

Helligkeit und Kontrast eines Bildes ändern	102
Farben ändern	116
Andere Funktionen zur Farbveränderung	120

In der Oberkategorie BILD/EINSTELLUNGEN finden Sie lauter Funktionen, die sich nur um die Themen Farbe, Helligkeit und Kontrast kümmern. Die wichtigsten greifen wir in diesem Kapitel heraus und zeigen sie Ihnen anhand von Anwendungsbeispielen.

> **Hinweis**
>
> Für die Beispiele aus diesem Kapitel verwenden wir als Grundlage immer ein RGB-Bild, da es für Sie empfehlenswert ist, mit einem RGB-Bild zu arbeiten und erst am Schluss in CMYK umzuwandeln.

> **Tipp**
>
> Die hier vorgestellten Befehle und Funktionen lassen sich nicht nur auf ein ganzes Bild, sondern auch auf einzelne Ebenen oder eine Auswahl anwenden. Wie Sie Ebenen und Auswahlen erstellen, erfahren Sie in Kapitel 5, Auswahlen, und Kapitel 6, Ebenen.

Helligkeit und Kontrast eines Bildes ändern

In der Oberkategorie BILD/EINSTELLUNGEN gibt es die Funktion HELLIGKEIT/KONTRAST. Mit diesem Dialogfeld haben Sie eine einfache Möglichkeit, Helligkeit und Kontrast eines Bildes einzustellen. Per Schieberegler fügen Sie Helligkeit und Kontrast hinzu bzw. nehmen sie weg.

Abbildung 3.1: Das Dialogfeld HELLIGKEIT/KONTRAST

> **Tipp**
>
> Wenn Sie das Kontrollkästchen VORSCHAU aktiviert haben, sehen Sie im Originalbild jede Änderung in Echtzeit. Dies ist praktisch zum Beurteilen der Effekte, kostet allerdings auch ein wenig Rechenleistung.

Der Befehl HELLIGKEIT/KONTRAST ist also einfach zu handhaben. Trotzdem wird er nur wenig verwendet, da er sehr unpräzise ist. Damit heben oder senken Sie Helligkeit und Kontrast für das gesamte Bild. Wenn Sie beispielsweise ein Bild aufhellen, hellen Sie auch die dunklen Bereiche des Bildes (Schatten) auf. Dadurch wirkt das Bild wesentlich flauer.

Bessere Ergebnisse liefern die Gradationskurven, die sich hinter dem Menübefehl BILD/EINSTELLUNGEN/GRADATIONSKURVEN (Tastenkürzel [Strg] + [M]) verbergen.

Gradationskurven

Die Gradationskurven lassen sich für jeden Farbkanal einzeln einstellen. Suchen Sie unter KANAL einfach den entsprechenden Farbkanal aus. Wenn Sie RGB – die Standardeinstellung – wählen, ändern Sie alle Farbkanäle zusammen.

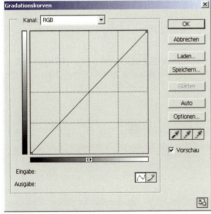

Abbildung 3.2: Das Dialogfenster GRADATIONSKURVEN

Das Prinzip der Gradationskurven ist sehr einfach: Auf den Achsen sind die Helligkeitswerte von 0 (Schwarz) bis 255 (Weiß) abgetragen.

Die horizontale Achse gibt den Eingabewert wieder, die vertikale den Ausgabewert. Wenn die Achse von links unten nach rechts oben verläuft, entspricht der Eingabewert dem Ausgabewert. Wenn Sie nun einen Punkt auf der Achse anklicken und diesen verschieben, definieren Sie für den jeweiligen Eingabewert einen neuen Ausgabewert. Die Helligkeitswerte in der Umgebung werden allerdings auch beeinflusst, da die Kurve sich ja krümmt.

> **Hinweis**
>
> *Wenn Sie auf das kleine Pfeil-Symbol in der unteren Achse klicken, tauschen Sie Schwarz und Weiß. Dann sind alle Einstellungen spiegelverkehrt.*

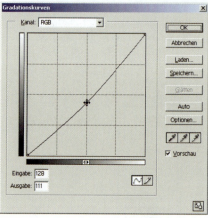

Abbildung 3.3: Hier haben wir die Gradationskurve angeklickt und ein Punkt aus der Mitte nach unten verschoben.

Im Beispiel aus Abbildung 3.3 haben wir die Mitteltöne eines Bildes abgedunkelt, indem wir einen Punkt aus der Mitte der Gradationskurve angeklickt und nach unten verschoben haben. In den Textfeldern unter der Kurve erkennen Sie, dass der Eingabewert des Punkts 128 (also mittlere Helligkeit, da 128 von 256 Helligkeitsstufen) betrug. In der AUSGABE haben wir ihn auf 111 abgedunkelt.

Helligkeit und Kontrast eines Bildes ändern

> **Hinweis**
>
> Klicken Sie mit der gedrückten [Alt]-Taste auf die Fläche bei der Gradationskurve, um sich ein genaueres Gitternetz in 10er-Schritten einzublenden. Dann sehen Sie die Abstufung noch besser.

Abbildung 3.4: In einem Beispielbild haben wir die Mitteltöne aufgehellt.

Die Gradationskurven eignen sich sehr gut für sanfte Korrekturen mit sauberen Übergängen. In Abbildung 3.4 sehen Sie, wie wir durch das Verschieben der Gradationskurve nach oben ein recht dunkles Bild in den Mitteltönen aufgehellt haben.

Neben solch sanften Korrekturen, wie Sie sie eben kennen gelernt haben, eignen sich die Gradationskurven auch für heftigere Effekte. Dies möchten wir Ihnen anhand eines Beispiels zeigen:

Wenn Sie das Zeichenstift-Symbol rechts unter der Gradationskurve anklicken, können Sie der Gradationskurve nicht nur eigene Punkte hinzufügen, sondern sie komplett selbst zeichnen. Hierfür geben wir Ihnen ein kleines Beispiel:

Ausgangspunkt ist ein Bild von einem Ruderboot am Steg.

Abbildung 3.5: Ein Ruderboot am Steg

Dieses Bild wollen wir mit Hilfe der Gradationskurven verfremden. Dafür sind folgende Schritte notwendig:

1 Rufen Sie mit Bild/Einstellungen/Gradationskurven oder [Strg] + [M] das Dialogfenster Gradationskurven auf.

2 Wechseln Sie in den Zeichenstift-Modus (mit Klick auf das Symbol) und malen Sie Ihre eigene Gradationskurve. Es ist durchaus beabsichtigt, dass Tonwertsprünge vorhanden sind.

Abbildung 3.6: Die Gradationskurven mit Tonwertsprüngen; von Hand gezeichnet

Helligkeit und Kontrast eines Bildes ändern

> **Tipp**
>
> Für die Abbildungen im Beispiel verwenden wir eine kleinere Ansicht des Dialogfensters GRADATIONSKURVEN. Dazu verkleinern wir das Dialogfeld mit dem Symbol rechts unten. Dieses Symbol vergrößert das Dialogfeld später wieder.

3 Noch gefällt uns die selbst gezeichnete Gradationskurve nicht wirklich. Wir wollen die wilden Sprünge entfernen. Dazu dient die Schaltfläche GLÄTTEN.

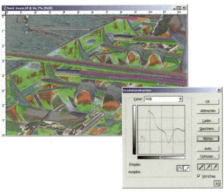

Abbildung 3.7: Die selbst gezeichnete Gradationskurve wurde geglättet.

> **Tipp**
>
> Wenn Sie die Schaltfläche GLÄTTEN mehrmals hintereinander anklicken, modelliert Photoshop die Gradationskurve immer weicher und sauberer. Dafür gehen aber auch Details der Kurvenbiegung verloren. Wenn Sie sehr oft GLÄTTEN anklicken, wird die Kurve zu einer geraden Linie.

4 Wechseln Sie wieder in den normalen Modus, um die Kurvenpunkte zu bearbeiten. Sie sehen, dass das Glätten zusätzliche Punkte eingefügt hat.

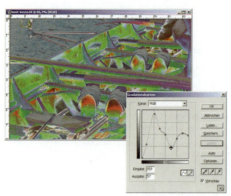

Abbildung 3.8: Die Kurvenpunkte bearbeiten wir ein wenig nach.

> **Hinweis**
>
> *Wenn Sie eigene Gradationskurven erstellen, können Sie diese mit der Schaltfläche SPEICHERN auch in einem Photoshop-eigenen Format sichern und dann später jederzeit wieder über LADEN im entsprechenden Dialogfenster aufrufen.*

Automatismen und die drei Pipetten

Sie haben einen guten Scan mit kleinen Fehlern und wollen weder selbst Hand anlegen noch komplexe Effekte anwenden.

Dazu steht Ihnen beispielsweise die Auto-Tonwertkorrektur zur Verfügung. Sie finden Sie im Dialogfenster GRADATIONSKURVEN hinter der Schaltfläche AUTO. Es gibt allerdings einen direkten Zugriff auf die Auto-Tonwertkorrektur mit dem Befehl BILD/EINSTELLUNGEN/AUTO-TONWERTKORREKTUR oder dem Tastenkürzel Strg + ⇧ + L. Die Auto-Tonwertkorrektur berechnet mit einem Algorithmus die optimale Tonwertverteilung.

Neben der Auto-Tonwertkorrektur gibt es die Funktion AUTO-KONTRAST. Sie funktioniert ähnlich, allerdings ohne die Farbbalance des Bildes zu ändern (Farbbalance ist das Verhältnis der Farben aus den einzelnen Farbkanälen zueinander). Sie ändert lediglich den Kontrast. Sie rufen es auch noch über den Befehl BILD/EINSTELLUNGEN/AUTO-KONTRAST (Tastenkürzel Strg +

Helligkeit und Kontrast eines Bildes ändern

[Alt] + [⇧] + [L]) auf. Dieser Befehl lässt die Farbbalance unangetastet und arbeitet stattdessen nur am Tonwertumfang.

Neu in Photoshop 7 hinzugekommen ist AUTO-FARBE. Dieser Automatismus ändert Farbe und Kontrast, passt die Mitteltöne an (neutralisiert sie) und entfernt recht wirksam Farbstiche. Der Befehl dafür lautet BILD/EINSTELLUNGEN/ AUTO-FARBE (Tastenkürzel: [Strg] + [⇧] + [B]). Bei den meisten Bildern liefert Auto-Farbe gute Ergebnisse, manchmal schießt diese Funktion allerdings übers Ziel hinaus und betont einzelne Farben zu stark.

Einen halben Automatismus bieten die drei Pipetten im Dialogfenster GRADATIONSKURVEN. Mit ihnen suchen Sie aus dem Bild den Farbwert heraus, der der hellste und der dunkelste werden soll (mit der weißen und der schwarzen Pipette). Alle Farbwerte, die heller bzw. dunkler sind, machen Sie damit zu Weiß bzw. Schwarz. Die mittlere Pipette ist grau und definiert das mittlere Grau (50% Grau) des Bildes.

Tonwertkorrektur

Das zweite mächtige Werkzeug neben den Gradationskurven ist die Tonwertkorrektur. Sie rufen sie über den Befehl BILD/EINSTELLUNGEN/TONWERTKORREKTUR oder mit [Strg] + [L] auf.

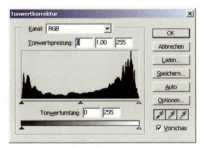

Abbildung 3.9: Das Dialogfenster TONWERTKORREKTUR

Der Kern der Tonwertkorrektur ist das Histogramm. Es zeigt an, wie viele Pixel eines bestimmten Tonwerts im Bild vorhanden sind.

> **Tipp**
>
> *Wenn Sie das Histogramm eines Bildes sehen möchten, ohne die Tonwertkorrektur aufzurufen, betätigen Sie den Befehl BILD/HISTOGRAMM. Hier finden Sie auch zusätzliche Informationen.*

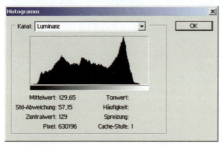

Abbildung 3.10: Das Dialogfeld HISTOGRAMM

Sie können die Tonwertkorrektur auf jeden Farbkanal des Bildes anwenden. Wechseln Sie dazu im Rollup-Menü KANAL den aktiven Farbkanal.

Unter dem Histogramm in der Tonwertkorrektur bestimmen Sie mit zwei äußeren Schiebereglern den dunkelsten und den hellsten Bereich des Bildes. Alle Tonwerte, die dunkler bzw. heller sind, werden zu Schwarz bzw. Weiß. Der mittlere Schieberegler regelt, welcher Tonwert als mittleres Grau dargestellt wird. In den Textfeldern über dem Histogramm können Sie die Werte für die drei Schieberegler eingeben. Standardeinstellung für den linken ist 0 (das bedeutet, Schwarz ist Schwarz), der mittlere ist der so genannte Gamma-Wert, ein Wert, der angibt, wie das mittlere Grau dargestellt wird. Ist er größer als 1,0, wird das mittlere Grau dunkler, ist er kleiner 1,0, wird es heller. Der rechte hat den Wert 255 und besagt, dass Weiß auch Weiß ist.

> **Hinweis**
>
> *Statt die Schieberegler zu verschieben, können Sie die drei Pipetten einsetzen, um im Bild den dunkelsten und hellsten Bereich sowie das mittlere Grau zu definieren. Sie funktionieren genauso wie im Dialogfenster GRADATIONSKURVEN (siehe voriger Abschnitt).*

Helligkeit und Kontrast eines Bildes ändern

Wir zeigen Ihnen das anhand eines Beispiels. Das Beispielbild ist sehr flau.

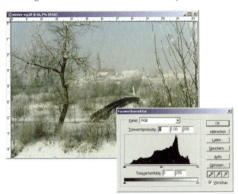

Abbildung 3.11: Ein flaues Beispielbild

Folgende Schritte sind nötig, um es aufzupeppen:

1 Sie erkennen im Histogramm der Tonwertkorrektur (siehe Abbildung 3.11), dass die dunkelsten und hellsten Tonwerte im Bild kaum oder gar nicht vertreten sind. Dies ist der Grund, weswegen das Bild so flau wirkt.

2 Zuerst wollen wir die hellen Bereiche stärken. Dazu verschieben Sie den rechten Schieberegler in Richtung Mitte. Der Wert im rechten Textfeld verringert sich (bis auf 230). Das heißt, alle Pixel, die einen höheren Helligkeitswert als 230 haben, machen Sie zu Weiß.

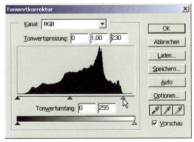

Abbildung 3.12: Der weiße Schieberegler unter dem Histogramm wurde Richtung Mitte verschoben.

111

3 Nun verschieben Sie den linken Schieberegler Richtung Mitte. Damit machen Sie alle Pixel zu Schwarz, die dunklere Helligkeitswerte haben. Der genaue Wert für den linken Schieberegler ist für unser Beispiel 14.

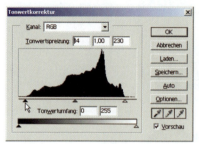

Abbildung 3.13: Der linke Schieberegler wurde verschoben.

4 So, fertig ist die Korrektur. Bestätigen Sie mit OK, um sie anzuwenden.

> **Hinweis**
>
> *Mit der Schaltfläche SPEICHERN können Sie die Einstellungen aus dem Dialogfenster sichern und später mit LADEN wieder anwenden. Gespeichert werden die Einstellungen in einem Photoshop-eigenen Format. Hinter der Schaltfläche OPTIONEN verbergen sich Einstellungen für die verschiedenen Automatismen.*

5 Das Bild sieht nun wesentlich besser aus. Wenn Sie die Tonwertkorrektur mit dem Befehl Bild/Einstellungen/Tonwertkorrektur (Kürzel [Strg] + [L]) wieder aufrufen, erkennen Sie, dass die Tonwerte jetzt von 0 bis 255 reichen. Die Tonwertverteilung hat sich entsprechend angepasst. Allerdings treten auch kleine Tonwertlöcher (auch: Tonwertlücken) auf, da die Helligkeitswerte auf einen größeren Tonwertbereich verteilt sind.

Helligkeit und Kontrast eines Bildes ändern

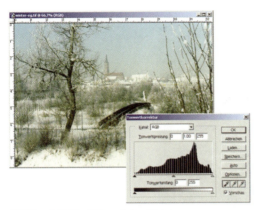

Abbildung 3.14: Das Bild wurde korrigiert.

> **Hinweis**
>
> Die Tonwertlöcher, die sich durch eine Tonwertkorrektur, egal, ob mit dem Befehl TONWERTKORREKTUR oder mit GRADATIONSKURVEN, ergeben, sind nicht von Nachteil für das Bild. Erst wenn solche Löcher in einem Bild überhand nehmen, kann man das optisch erkennen. Dann hilft meist ein Weich- und wieder Scharfzeichnen mit den entsprechenden Filtern. Dies führt allerdings zu einem Qualitätsverlust. Bei Bildern in einem niedrigeren Farbmodus (8-Bit, indizierte Farben) hilft allerdings auch ein Wechsel in den RGB-Modus (16 Bit) und dort eine Helligkeits- oder Farbkorrektur, da diese Zwischenwerte einrechnet.

Absoften

Bisher völlig ignoriert haben wir den TONWERTUMFANG unten im Dialogfenster TONWERTKORREKTUR. Mit ihm entfernen Sie Tonwertbereiche aus einem Bild. Dies senkt den Kontrast und ist ideal, um ein Bild abzusoften, es also weicher zu machen. Hier ein kurzes Beispiel:

Ausgangspunkt ist das Bild einer Heckenrose. Wir wollen es so absoften, dass es sich im Hintergrund einer Website gut machen würde.

Abbildung 3.15: Eine Heckenrose

1 Rufen Sie die Tonwertkorrektur auf (Befehl Bild/Einstellungen/Tonwertkorrektur oder Kürzel [Strg] + [L]).

2 Verschieben Sie beim Tonwertumfang den schwarzen Schieberegler nach rechts (siehe Abbildung 3.16). Der Wert für das Textfeld beträgt 200. Damit entfernen Sie dunkle Tonwerte aus dem Tonwertumfang des Bildes.

Helligkeit und Kontrast eines Bildes ändern

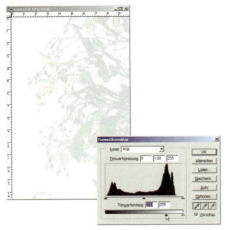

Abbildung 3.16: Ohne dunkle Tonwerte ist das Bild weicher und kontrastärmer.

3 Wenn Sie die Änderung mit OK bestätigen, wirkt das ganze Bild weicher und kontrastärmer.

4 Werfen Sie noch einmal einen Blick in die Tonwertkorrektur oder das Histogramm und Sie werden sehen, dass sich die gesamten Tonwerte des Bildes auf den hellen Bereich beschränken.

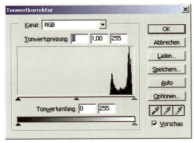

Abbildung 3.17: Die Tonwerte sind nur noch im hellen Bereich vorhanden.

Farben ändern

In diesem Abschnitt zeigen wir Ihnen, wie Sie das Verhältnis zwischen den Farben eines Bildes ändern.

Die Farbbalance bestimmt das Verhältnis der Farben eines Bildes zueinander. Hat eine Farbe ein ungewolltes Übergewicht, so spricht man von einem Farbstich.

Die Farbbalance in einem Bild können Sie auf verschiedene Arten ändern:

- Mit der Farbbalance (Befehl Bild/Einstellungen/Farbbalance oder Strg + B) ändern Sie direkt das Verhältnis der Grundfarben (Rot, Grün, Blau) zu den Komplementärfarben (Cyan, Magenta, Yellow).
- Mit den Variationen (Befehl BILD/EINSTELLUNGEN/VARIATIONEN) können Sie komfortabel Farbanteile erhöhen bzw. senken.
- Mit Farbton/Sättigung (Befehl Bild/Einstellungen/Farbton/Sättigung oder Strg + U) steuern Sie den Farbton, die Helligkeit und die Sättigung der einzelnen Farbtöne (Rottöne, Grüntöne etc.).

Im Folgenden stellen wir Ihnen diese drei Möglichkeiten vor.

Farbbalance

Das Dialogfenster FARBBALANCE regelt die Balance zwischen den Grundfarben und ihren Komplementärfarben. Dabei können Sie unter der Kategorie FARBTONBALANCE steuern, für welche Töne des Bildes die Farbbalance geändert wird. Wenn Sie TIEFEN aktiviert haben, ändert sich nur die Farbbalance in den dunklen Bereichen des Bildes.

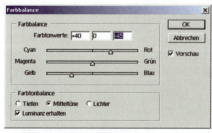

Abbildung 3.18: Das Dialogfenster FARBBALANCE

Die Schieberegler für die einzelnen Farben sind mit den Textfeldern bei FARBTONWERTE gekoppelt.

Farben ändern

Ein Beispiel: Wenn Sie den ersten Schieberegler Richtung ROT verschieben, erhält das Bild einen höheren Rot-Anteil. Gleichzeitig wird der Cyan-Anteil zurückgefahren.

Variationen

VARIATIONEN sind ein Dialogfenster, mit dem Sie sehr einfach die Farbanteile und die Helligkeit eines Bildes ändern können.

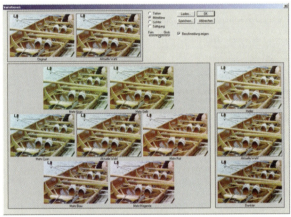

Abbildung 3.19: Das Dialogfenster VARIATIONEN

Oben sehen Sie das ORIGINAL und im Vergleich dazu das aktuelle Bild (AKTUELLE WAHL). Rechts davon steuern Sie, welche Helligkeitsbereiche des Bildes Sie ändern wollen. Als Besonderheit können Sie auch die SÄTTIGUNG ändern. Der Schieberegler von FEIN nach GROB steuert die Stärke des Effekts.

> **Tipp**
> *Bei der Stärke des Effekts empfehlen wir Ihnen, möglichst FEIN zu arbeiten, da die Änderung sonst meist zu stark ist.*

Um nun irgendeinen Effekt auszuführen, klicken Sie einfach auf das entsprechende Vorschaubild. Wenn Sie also beispielsweise auf MEHR ROT klicken, versieht Photoshop das Bild AKTUELLE WAHL mit mehr Rot.

Farbton/Sättigung

Das Dialogfenster FARBTON/SÄTTIGUNG enthält drei Schieberegler, mit denen Sie einzeln den Farbton, die Sättigung und die Helligkeit ändern können. Der Farbton erhält Werte auf dem Farbkreis von -180 bis +180. Sättigung und Helligkeit geben Sie jeweils in Prozent an.

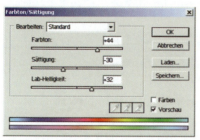

Abbildung 3.20: Das Dialogfenster FARBTON/SÄTTIGUNG

Im Pulldown-Menü BEARBEITEN wählen Sie, auf welche Bereiche die Änderungen angewendet werden. Die Auswahl STANDARD wendet sie auf alle Farbbereiche an.

Wenn Sie einen Farbbereich ausgewählt haben, erscheint dieser zwischen den Farblinien unten im Dialogfenster. Wenn Sie etwas ändern, sehen Sie die Änderung des Farbbereichs in der oberen der beiden Farbleisten.

Abbildung 3.21: Unten im Dialogfenster sehen Sie den Farbbereich, auf den die Änderungen angewendet werden.

> **Tipp**
>
> Sie können den Bereich, auf den die Änderungen angewendet werden, auch von Hand ändern. Eine Möglichkeit ist, mit den Pipetten auf Farben im Bild zu klicken, um diese Bereiche zu verwenden, hinzuzufügen oder wegzunehmen (von links nach rechts). Die zweite ist, die Regler unten zwischen den Leisten zu ziehen. Die dunkelgrauen Bereiche stehen dabei für Farben, auf die die Änderung zu 100 Prozent wirkt. Auf die hellgrauen werden sie nur teilweise angewandt, um einen sanften Farbübergang zu gewährleisten.

Ein Bild einfärben

Vielleicht haben Sie im Dialogfenster FARBTON/SÄTTIGUNG die Option FÄRBEN bemerkt? Wenn Sie sie aktivieren, können Sie damit das komplette Bild in einem Farbton einfärben.

Abbildung 3.22: Mit der Option FÄRBEN ein Bild einfärben

Sie sehen in Abbildung 3.22, dass Sie keinen Farbbereich mehr auswählen können, denn beim Färben wird das gesamte Bild eingefärbt.

> **Tipp**
>
> *Das Färben ist gut geeignet für Schaltflächen oder Graustufenbilder, die koloriert werden sollen. Es kann aber auch sehr ansprechende Oldy-Looks oder technische Designs ergeben. Abhängig ist die Wirkung hauptsächlich von der verwendeten Farbe.*

Andere Funktionen zur Farbveränderung

In diesem Abschnitt erklären wir Ihnen bisher noch nicht berücksichtigte Funktionen aus der Oberkategorie BILD/EINSTELLUNGEN.

Sättigung verringern

Entfernt die Sättigung aus dem Bild und entfärbt es damit. Sie finden den Befehl unter BILD/EINSTELLUNGEN/SÄTTIGUNG VERRINGERN (Tastenkürzel [Strg] + [⇧] + [U]). Dies ist eine weitere, aber etwas unpräzise Methode, ein Bild in Graustufen umzuwandeln.

Farbe ersetzen

Der Befehl BILD/EINSTELLUNGEN/FARBE ERSETZEN ruft ein Dialogfenster auf, in dem Sie mittels eines Vorschaubildes einen Farbbereich im Bild wählen und die Farben ändern.

Andere Funktionen zur Farbveränderung

Abbildung 3.23: Lustiger Farbentausch mit dem Dialogfenster FARBE ERSETZEN

Für das Vorschaubild gibt es zwei Ansichten: AUSWAHL und BILD. Bei BILD sehen Sie das Bild selbst, womit Sie die Details auswählen. Unter AUSWAHL sehen Sie dann eine Schwarz-Weiß-Ansicht, in der die ausgewählten Bereiche weiß erscheinen. Mit den drei Pipetten wählen Sie einen Bereich aus, fügen einen hinzu oder entfernen ihn.

Die TOLERANZ oben steuert, welche Farbbereiche noch zur Auswahl gehören.

Die drei Schieberegler unten sind dieselben wie bei FARBTON/SÄTTIGUNG. Mit ihnen ändern Sie den FARBTON, die SÄTTIGUNG und die HELLIGKEIT für den Farbbereich.

Selektive Farbkorrektur

Die selektive Farbkorrektur finden Sie unter BILD/EINSTELLUNGEN/SELEKTIVE FARBKORREKTUR. Sie ähnelt der Farbbalance. Sie ändern die einzelnen CMYK-Farbanteile für verschiedene Farbton-Bereiche.

Abbildung 3.24: Das Dialogfenster SELEKTIVE FARBKORREKTUR

Bei METHODE wählen Sie aus, wie Sie die Änderungen vornehmen: RELATIV führt zu einer Änderung, die vom bisherigen Farbwert abhängig ist. Heben Sie beispielsweise Magenta um 20 % an und haben bisher einen Magenta-Wert für einen Farbton von 10 %, so wird aus diesem 12 %. ABSOLUT hebt denselben Farbton mit 10 % Magenta auf 30 % an. Das heißt, die Änderung führt Photoshop mit dem kompletten Prozentsatz durch.

> **Achtung**
> *Es sind nicht mehr oder weniger als 100 % bzw. 0 % möglich.*

Kanalmixer

Den Kanalmixer (Befehl BILD/EINSTELLUNGEN/KANALMIXER) haben Sie schon beim Farbmodus Graustufen kennen gelernt. Mit seiner Option MONOCHROM erlaubt er die genaue Umwandlung von Farbbildern in Graustufen, denn Sie können alle Kanäle beliebig hinzumixen.

Ohne die Option MONOCHROM mischen Sie die verschiedenen Kanäle in einem der bestehenden Farbkanäle als AUSGABEKANAL. Mit der Option KONSTANTE steuern Sie die Helligkeit des Ausgabekanals (Ergebniskanals).

Verlaufsumsetzung

Die Verlaufsumsetzung versieht die aktuelle Ebene inklusive deren Details mit einem Verlauf, der sich an den Graustufen im Bild orientiert. Die Tiefen füllen Sie beispielsweise mit der einen Verlaufsfarbe, die Lichter mit der anderen. Ein Verlauf ist also der Übergang von einer oder mehreren Farben ineinander. Anfangspunkt sind die Tiefen, Endpunkt die Höhen.

Andere Funktionen zur Farbveränderung

Abbildung 3.25: Ein Verlauf mit dem Dialogfeld VERLAUFSUMSETZUNG

> **Hinweis**
>
> *Die Option DITHER aktiviert ein Störungsmuster, um keine Farbstreifen zu erzeugen. UMKEHREN ändert die Richtung des Verlaufs.*

Wenn Sie auf das schwarze Dreieck rechts neben dem Verlauf klicken, öffnet sich eine Palette mit vorgefertigten Verläufen. Klicken Sie auf den Verlauf selbst, erhalten Sie ein eigenes Dialogfenster, in dem Sie neben den vorgefertigten Verläufen auch eigene Verläufe bearbeiten.

Im Dialogfenster VERLÄUFE BEARBEITEN finden Sie die vorgefertigten Verläufe, die Sie auch verändern können. Der Verlauf unten im Dialogfenster hat am oberen Rand Markierungen, die die Transparenz der jeweiligen Stellen angeben. Die Markierungen am unteren Rand vergeben eine Farbe. Um eine Farbe oder die Deckkraft zu ändern, klicken Sie die entsprechende Markierung an und verwenden dann die Felder und Regler unten. Dort können Sie auch die Position der Markierung ändern oder löschen. Um eine neue Markierung hinzuzufügen, klicken Sie entweder ober- (Deckkraft) oder unterhalb (Farbe) des Verlaufs.

Umkehren

Der Befehl BILD/EINSTELLUNGEN/UMKEHREN (Kürzel `Strg` + `I`) invertiert ein Bild. Bisher weiße Bereiche sind schwarz und umgekehrt.

> **Hinweis**
>
> *Dieser Befehl entspricht einer Gradationskurve, die von links oben nach rechts unten verläuft.*

Abbildung 3.26: Dieses Bild wurde umgekehrt.

Tonwertangleichung

Die Tonwertangleichung verteilt die hellen und dunklen Bildbereiche gleichmäßiger. Dazu findet Photoshop den hellsten und den dunkelsten Farbton des Bildes heraus und macht diesen zu Weiß oder Schwarz. Sie finden sie unter BILD/EINSTELLUNGEN/TONWERTANGLEICHUNG.

Schwellenwert

Den Befehl BILD/EINSTELLUNGEN/SCHWELLENWERT haben Sie schon beim Bitmap-Modus kurz kennen gelernt.

Sie wählen mit dem Schieberegler einen Schwellenwert. Alle Farben mit einem Helligkeitswert darunter werden zu Schwarz, die anderen zu Weiß.

> **Achtung**
>
> *Beim Schwellenwert ist kein Dithering möglich wie bei der Umwandlung in den Bitmap-Modus. Daher eignet sich diese Option nicht für sehr detailreiche Bilder.*

Tontrennung

Der Befehl BILD/EINSTELLUNGEN/TONTRENNUNG ruft ein kleines Dialogfeld auf, in dem Sie die Zahl der STUFEN eingeben. Die Stufen sind die Zahl der Farben pro Farbkanal, die noch eingesetzt werden.

Ein Beispiel für die Tontrennung: Wenn Sie 4 Stufen wählen, setzt Photoshop bei einem RGB-Bild pro Farbkanal noch 4 Farben ein. Das heißt, das Bild wird auf 12 Farbwerte heruntergerechnet: 4 Rot-Werte, 4 Grün-Werte und 4 Gelb-Werte.

Abbildung 3.27: Das Bild wurde per TONTRENNUNG auf insgesamt zwölf Farben heruntergerechnet.

Kapitel 4

Malen und Bearbeiten

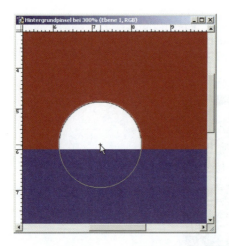

In diesem Kapitel lernen Sie Werkzeuge zum Malen und Bearbeiten von Bildern und Bildbereichen kennen. Wenn Sie an Malen denken, fällt Ihnen sicherlich meist ein Malkasten und ein Pinsel ein. Ähnliche Funktionen gibt es auch bei Photoshop. Allerdings sind in der Praxis andere Werkzeuge wie der Stempel ebenso gebräuchlich.

Das können Sie schon:

Dateien importieren/einscannen	56
Bildgröße und Auflösung ändern	65
Farbmodi	80
Digitalisieren	97
Helligkeit und Kontrast eines Bildes ändern	102
Farben ändern	116
Andere Funktionen zur Farbveränderung	120

Das lernen Sie neu:

Malen	128
Füllen	138
Retuschieren	144
Werkzeugvoreinstellungen	152

Malen

In diesem Abschnitt zeigen wir Ihnen, welche Malwerkzeuge es gibt und für welchen Zweck man sie einsetzt. Anschließend erfahren Sie noch einiges zu den verschiedenen Werkzeugspitzen.

Verschiedene Malwerkzeuge

Photoshop bietet mehrere Malwerkzeuge, die unterschiedlichen Zwecken dienen. Im Einzelnen sind das:

- Der Pinsel (Tastenkürzel [B]) ist das Standardmalwerkzeug. Mit ihm malen Sie Pinselstriche mit der Vordergrundfarbe. Klicken Sie dazu auf die Arbeitsfläche, halten Sie die Maustaste gedrückt und ziehen Sie den Mauszeiger über die Arbeitsfläche. Wenn Sie mehrmals mit gedrückter [⇧]-Taste klicken, verbindet Photoshop die angeklickten Punkte mit geraden Pinselstrichen. Wenn Sie mit der [⇧]-Taste bei gedrückter Maustaste ziehen, verläuft der Pinselstrich im 45°-Winkel.

> **Tipp**
>
> *Die [⇧]-Taste beim Ziehen führt bei den meisten in diesem Kapitel beschriebenen Werkzeugen zu Strichen oder Linien im 45°-Winkel. Probieren Sie es aus!*

Abbildung 4.1: Die Werkzeug-Optionen des Pinsels

In den Werkzeug-Optionen des Pinsels können Sie neben der Werkzeugspitze (siehe Abschnitt *Werkzeugspitzen*) die DECKKRAFT und den MODUS des Pinselstrichs ändern. Die Option FLUSS bestimmt, wie schnell Photoshop die Farbe aufträgt.

> **Hinweis**
>
> *Der MODUS des Pinselstrichs ist ein so genannter Malmodus. Sie haben hier beispielsweise mit dem Modus FARBE die Option, nur die Farbe der aktuellen Vordergrundfarbe aufzumalen, ohne die Helligkeit und damit die Kontraste der übermalten Stellen zu verändern. Die Malmodi gleichen den Ebenenmodi. Eine ausführliche Tabelle finden Sie in Kapitel 6, Ebenen.*

- Der Airbrush ist in Photoshop 7 in den Pinsel integriert. Sie wählen ihn über das Airbrush-Symbol in den Werkzeug-Optionen des Pinsels. Für den Airbrush ist entscheidend, wie lange Sie die Maustaste auf einer Stelle gedrückt halten. Je länger, desto mehr Farbe wird »aufgesprüht«. Damit simuliert Photoshop eine Sprühpistole.

Tipp

Den Effekt des Airbrush merken Sie am besten bei einem niedrigen DECKKRAFT-Wert.

Hinweis

Den Airbrush kann man sehr schön zum Ausmalen und Kolorieren von Graustufenbildern, aber auch zum Setzen von Lichtern oder Schatten verwenden, da die Übergänge durch das verschieden starke Auftragen der Farben sehr sauber wirken.

- Der Buntstift (Tastenkürzel [B] bzw. [⇧] + [B], um vom Pinsel darauf zu wechseln) funktioniert im Prinzip genauso wie der Pinsel. Allerdings verwendet er keine geglätteten Kanten. Dadurch eignet er sich für Linien und harte Pinselstriche.

Achtung

Alle Werkzeugspitzen, die Sie mit dem Pinsel einsetzen, werden ohne geglättete Kanten angewandt. Dies gilt auch für eigene Motive und besondere Werkzeugspitzen.

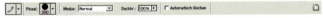

Abbildung 4.2: Die Werkzeug-Optionen des Buntstifts

In den Werkzeug-Optionen des Buntstifts gibt es eine Besonderheit: Die etwas missverständlich benannte Option AUTOMATISCH LÖSCHEN. Sie übermalt eine Stelle immer dann mit der Hintergrundfarbe, wenn an dieser Stelle bereits die Vordergrundfarbe aufgetragen ist.

> **Achtung**
>
> Die Option AUTOMATISCH LÖSCHEN nimmt keine Rücksicht auf die Größe der Werkzeugspitze oder auf die Größe des Bereichs mit der Vordergrundfarbe. Klicken Sie zuerst einen Bereich mit der Vordergrundfarbe an, wird durchgehend mit der Hintergrundfarbe gemalt.

Werkzeugspitzen

Das eigentliche Aussehen eines gemalten Strichs hängt von der verwendeten Werkzeugspitze ab. Die Werkzeugspitzen finden Sie links in den Werkzeug-Optionen des jeweiligen Werkzeugs. Wenn Sie darauf klicken, erhalten Sie eine Auswahl aller vorhandenen Werkzeugspitzen.

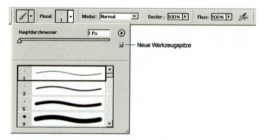

Abbildung 4.3: Die Werkzeugspitzen in den Werkzeug-Optionen

> **Hinweis**
>
> Die Werkzeugspitzen hat Adobe in Photoshop 7 neu organisiert. Die zentrale Verwaltungsstelle ist die Werkzeugspitzen-Palette. Sie befindet sich im Palettenraum (Dock).

Die vorhandenen Werkzeugspitzen sind die Vorgaben. Mit der Werkzeugspitzen ändern Sie die Werkzeugspitzen für einzelne Malwerkzeuge. Sie können allerdings sowohl in der Werkzeugliste in den Werkzeug-Optionen als auch in den Werkzeugspitzenvoreinstellungen in der Werkzeugspitzen-Palette neue Werkzeugspitzen anlegen, bestehende umbenennen und löschen.

Um eine neue Werkzeugspitze zu erstellen, klicken Sie auf das Symbol in der Liste mit den Werkzeugspitzen oder mit der rechten Maustaste (Macintosh: Ctrl + Klick) auf eine bestehende Werkzeugspitze.

Werkzeugspitzen-Palette

Die Werkzeugspitzen-Palette erreichen Sie am einfachsten über den Palettenraum. Alternativ können Sie auch das Symbol ganz rechts in den Werkzeug-Optionen des Pinsels oder Stifts oder den Menübefehl FENSTER/ WERKZEUGSPITZEN verwenden.

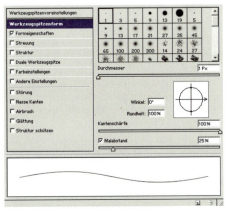

Abbildung 4.4: Die Werkzeugspitzen-Palette

Die Werkzeugspitzen-Palette besteht aus mehreren Bereichen:

- Im Bereich WERKZEUGSPITZENFORM können Sie eine der Vorgabe-Werkzeugspitzen wählen und diese in Form und Aussehen verändern. Folgende Einstellungen stehen für die Form zur Verfügung:

  - Den DURCHMESSER der Werkzeugspitze in Pixel bestimmen Sie über einen Schieberegler.

  - Die KANTENSCHÄRFE gibt an, wie hart oder weich die Kante der Werkzeugspitze ist. Je höher der Prozentwert, desto schärfer (härter) ist die Kante.

  - Der MALABSTAND gibt an, nach wie viel Prozent des Umfangs einer Werkzeugspitze die nächste gesetzt wird. Wenn das Kontrollkästchen deaktiviert ist, wählt Photoshop einen zufälligen Wert.

> **Tipp**
>
> *Mit einer Erhöhung des Malabstands können Sie beispielsweise gestrichelte oder gepunktete Linien zeichnen.*

Abbildung 4.5: Ein Malabstand von 200 % bringt die einzelnen Malpunkte weiter auseinander.

- Mit dem WINKEL ändern Sie den Winkel der Werkzeugspitze. Dies ist aber nur sichtbar, wenn Sie gleichzeitig die RUNDUNG ändern. Eine Rundung von 100 % entspricht einem Kreis. Bei geringeren Werten wandelt sich die Werkzeugspitze zu einer Ellipse.

> **Achtung**
>
> *Für manche Werkzeugspitzen sind nicht alle diese Einstellungen möglich.*

- In den WERKZEUGSPITZENVOREINSTELLUNGEN verwalten Sie die vorgegebenen Werkzeugspitzen. Sie können hier neue Werkzeugspitzen erstellen, bestehende umbenennen und nicht mehr benötigte löschen.

- Auf der linken Seite der Werkzeugspitzen-Palette finden Sie die Einstellungen, die Sie für eine Werkzeugspitze treffen können. Auf der rechten Seite tauchen dann die Einstellungsmöglichkeiten auf. Beispielhaft sehen Sie in Abbildung 4.8 die Formeigenschaften. Die meisten Einstellungen für Werkzeugspitzen sollen dynamische, zufallsgesteuerte Effekte erzeugen. Dafür gibt es zum einen den JITTER. Bei 0 % wendet Photoshop die jeweilige dynamische Änderung im Pinselstrich nicht an, bei 100 % ist die Änderung des Pinselstrichs komplett zufallsgesteuert. Unter STEUERUNG können Sie für die jeweilige Einstellung wählen, was den Pinselstrich bestimmt. Hier stehen beispielsweise AUS (Nichts), VERBLASSEN (Der Pinselstrich wird immer schwächer) über ZEICHENSTIFT-DRUCK bis zu ZEICHENSTIFT-SCHRÄGSTELLUNG, die für die Arbeit mit einem Grafik-Tablett dienen.

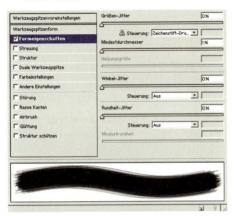

Abbildung 4.6: Die Formeigenschaften

> **Hinweis**
>
> Vor allem zusammen mit einem Grafik-Tablett sind die neuen Pinselspitzen ein hervorragendes Werkzeug. In diesem Buch ist leider nicht genug Raum, um alle Funktionen detaillierter zu behandeln.

Werkzeugspitzen zentral verwalten

An zentraler Stelle sind die Werkzeugspitzen im Vorgaben-Manager abgelegt. Diesen blenden Sie über den Menübefehl BEARBEITEN/VORGABEN-MANAGER ein.

Sie können dort mehrere Werkzeugspitzen zu einem Satz zusammenfassen, indem Sie sie mit gedrückter ⇧-Taste markieren und dann als Satz speichern.

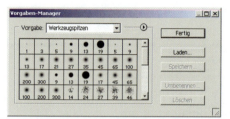

Abbildung 4.7: Der Vorgaben-Manager für die Werkzeugspitzen

Neben diesen Optionen stehen Ihnen auch noch hinter dem kleinen schwarzen Dreieck rechts oben die Paletten-Optionen zur Verfügung. Hier können Sie Werkzeugspitzen speichern, laden und löschen.

Im Vorgaben-Manager lassen sich neben den Werkzeugspitzen andere Standardvorgaben wie Muster und Stile verwalten.

Abbildung 4.8: Im Vorgaben-Manager verwalten Sie verschiedene Standardvorgaben.

> **Tipp**
>
> *Im Photoshop-Hauptverzeichnis befinden sich im Ordner Vorgaben/ Werkzeugspitzen noch weitere Sets mit zusätzlichen Werkzeugspitzen. Vor allem die quadratischen Spitzen sollten Sie laden, da man sie oft brauchen kann.*

Malen

Abbildung 4.9: Quadratische Werkzeugspitzen laden

Auswahl als Werkzeugspitze

Mit dem Menübefehl BEARBEITEN/WERKZEUGSPITZE FESTLEGEN können Sie ein beliebiges Bild oder eine Auswahl als Werkzeugspitze festlegen. Wir zeigen Ihnen das anhand eines Beispiels:

1 Nehmen Sie die Ente (ENTE.TIF) aus dem Ordner BEISPIELE im Photoshop-Hauptverzeichnis.

2 Verkleinern Sie die Ente mit dem Befehl BILD/BILDGRÖßE auf 100 x 109 Pixel. Verwenden Sie zum Neuberechnen die Methode BIKUBISCH.

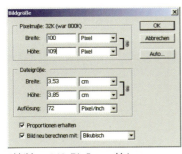

Abbildung 4.10: Die Ente verkleinern

3 Betätigen Sie den Menübefehl BEARBEITEN/WERKZEUGSPITZE FESTLEGEN, um das Bild mit der Ente zu einer Werkzeugspitze zu machen.

4 Die Werkzeugspitze erscheint nun in den Werkzeug-Optionen als Pinselspitze. In der Werkzeugspitzen-Palette können wir unter WERKZEUGSPITZENFORM den MAL-ABSTAND auf 100 % anheben.

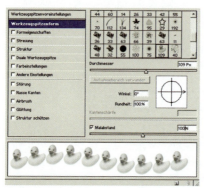

Abbildung 4.11: Die Ente in der Werkzeugspitzen-Palette

5 Nun haben wir die Werkzeugspitze in einer 400 x 400 Pixel großen Datei ausprobiert.

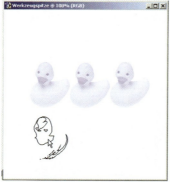

Abbildung 4.12: Die neue Werkzeugspitze im Einsatz

Protokoll-Pinsel

Der Protokoll-Pinsel (Tastenkürzel [Y]) malt wie ein normaler Pinsel, nur statt mit der Vordergrundfarbe mit dem aktuellen Protokoll-Status aus der Protokoll-Palette. Diesen erkennen Sie am Protokoll-Pinsel-Symbol.

Abbildung 4.13: Der Protokoll-Status ist am Protokoll-Pinsel-Symbol erkennbar.

Um den aktuellen Protokoll-Status zu ändern, klicken Sie ins Feld vor einem Arbeitsschritt. Sie können aber auch in den Paletten-Optionen der Protokoll-Palette mit dem Befehl NEUER SCHNAPPSCHUSS oder mit dem Kamerasymbol unten in der Palette einen neuen Schnappschuss anlegen. Wenn Sie in das Feld davor klicken, wählen Sie den aktuellen Protokoll-Status, mit dem der Protokoll-Pinsel malt.

Abbildung 4.14: Ein neuer Schnappschuss wurde als Protokoll-Status ausgewählt.

Der Kunstprotokoll-Pinsel bietet in den Werkzeug-Optionen noch einige Einstellungen, mit denen Sie einen Protokoll-Status in künstlerischer Optik auftragen können.

Abbildung 4.15: Die Werkzeug-Optionen des Kunstprotokoll-Pinsels

Beispielsweise können Sie den STIL des Malens wählen.

> **Hinweis**
>
> *Der Kunstprotokoll-Pinsel kommt recht selten zum Einsatz.*

Füllen

Eine größere Fläche auszumalen kann sehr schnell in Arbeit ausarten. Deshalb gibt es mehrere Möglichkeiten, eine Fläche einfach zu füllen. Neben den Füllmethoden können Sie ein Bild, eine Ebene oder eine Auswahl auch mit einem Verlauf füllen. Ein Verlauf ist der Übergang von einer oder mehreren Farben ineinander.

Verschiedene Füllmethoden

Photoshop bietet mehrere Möglichkeiten, ein Objekt zu füllen. Im Folgenden eine kurze Zusammenfassung der wichtigsten:

- Das Füllwerkzeug (Tastenkürzel [G]) füllt einen Bereich oder mehrere Bereiche. Es funktioniert ähnlich wie der Zauberstab bei der Auswahl und arbeitet mit Toleranz. Das heißt, das Füllwerkzeug füllt alle Bereiche, die innerhalb der Toleranzgrenzen eine ähnliche Farbe haben wie die angeklickte.

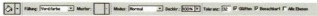

Abbildung 4.16: Die Werkzeug-Optionen des Füllwerkzeugs

In den Werkzeug-Optionen des Füllwerkzeugs steuern Sie neben der Toleranz noch DECKKRAFT und MODUS (Füllmodus siehe Ebenenmodi in Kapitel 6, *Ebenen*). Außerdem können Sie angeben, ob Photoshop die Kanten der Füllung glätten soll. Mit BENACHBART geben Sie an, dass nur die Pixel ähnlicher Farben gefüllt werden, die an den angeklickten anschließen. ALLE EBENEN nimmt alle sichtbaren Ebenen als Grundlage für das Aussehen der Füllung. Ein Beispiel für die Wirkung dieses Befehls sehen Sie in Abbildung 4.17.

Füllen

Abbildung 4.17: Die aktive (und vorher leere) Ebene wurde gefüllt. Beim Füllen wurden aber dank der Option ALLE EBENEN die Farbbereiche aus allen Ebenen berücksichtigt.

> **Hinweis**
>
> *Bei FÜLLUNG wählen Sie, ob Photoshop den Bereich mit der Vordergrundfarbe oder einem Muster füllt. Mehr zu Mustern im gleichnamigen Abschnitt.*

- Der Befehl BEARBEITEN/FLÄCHE füllen füllt eine Fläche oder Auswahl komplett mit der gewünschten Farbe und dem Füllmodus. Der Füllmodus bestimmt, wie die aufgetragene mit der bestehenden Farbe wirkt. Die Füllmodi entsprechen den Ebenenmodi. Eine umfangreiche Liste finden Sie in *Kapitel 6* über Ebenen.

> **Tipp**
>
> *Neben den Standardoptionen für die Füllung wie Vorder-, Hintergrundfarbe, Muster, Schwarz und Weiß gibt es im Dialogfenster FLÄCHE FÜLLEN die Option PROTOKOLL. Damit füllen Sie das Bild oder die Auswahl mit dem aktuellen Protokoll-Status (der Schnappschuss oder Arbeitsschritt mit dem Pinsel davor) aus der Protokoll-Palette.*

> **Hinweis**
>
> *Der Befehl BEARBEITEN/KONTUR FÜLLEN funktioniert wie FLÄCHE FÜLLEN, nur dass ein Bereich um die Objekte einer Ebene oder um eine Auswahl herum gefüllt wird. Sie können angeben, wie groß dieser Bereich ist und ob er innerhalb, mittig oder außerhalb der Objekte bzw. Auswahl liegen soll. So lassen sich einfach Rahmen erzeugen.*

- Die Tastenkürzel [Strg] + [Rückschritt] und [Alt] + [Rückschritt] füllen die aktuelle Ebene oder Auswahl mit der Hinter- oder Vordergrundfarbe.
- Mit einer Füllebene können Sie auf einer eigenen Ebene das Bild mit einer Farbe, einem Verlauf oder einem Muster füllen. Wenn Sie die Füllebene mit darunter liegenden gruppieren, werden unter Umständen auch nur spezielle Bereiche gefüllt. Mehr zu den Füllebenen erfahren Sie in *Kapitel 6* über Ebenen.

Muster

Wenn Sie beim Füllwerkzeug oder beim Befehl FLÄCHE FÜLLEN unter der Option FÜLLUNG ein Muster gewählt haben, verwendet Photoshop dieses als Füllung.

Abbildung 4.18: Ein Muster als FÜLLUNG auswählen

Füllen

Die Muster verwalten Sie in der Muster-Palette ebenso einfach wie die Werkzeugspitzen. In den Paletten-Optionen finden Sie außerdem noch einige Befehle, um Muster zu speichern, zu laden, umzubenennen und zu löschen.

> **Hinweis**
>
> *Wie Sie vorhin schon gehört haben, finden sich die Muster auch im Vorgaben-Manager (BEARBEITEN/VORGABEN-MANAGER). Im Ordner Vorgaben/Muster des Photoshop-Hauptverzeichnisses finden Sie weitere Mustersets zum Hereinladen.*

Sie können auch ein Bild oder eine Auswahl als Muster festlegen. Dazu dient der Befehl BEARBEITEN/MUSTER FESTLEGEN. Dies funktioniert analog dem Festlegen einer Werkzeugspitze. Hier ein kurzes Beispiel:

1 Nehmen Sie wieder die Ente zur Hand. Sie finden sie im Hauptverzeichnis von Photoshop im Ordner BEISPIELE/ENTE.TIF.

2 Verkleinern Sie sie mit BILD/BILDGRÖSSE auf 100 x 109 Pixel (analog zum Vorgehen beim Definieren einer Werkzeugspitze).

3 Betätigen Sie den Befehl BEARBEITEN/MUSTER FESTLEGEN und vergeben Sie einen beliebigen Namen.

4 Die Ente ist nun in der Muster-Palette an letzter Stelle abgelegt.

Abbildung 4.19: Die Ente in der Muster-Palette

5 Nun können Sie eine Datei oder einen Bereich mit der Ente füllen. Wir haben als Beispiel eine 400 x 400 Pixel große Datei erzeugt und diese mit dem Befehl BEARBEITEN/FLÄCHE FÜLLEN mit der Ente als MUSTER gefüllt.

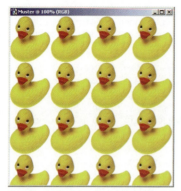

Abbildung 4.20: Wir haben eine Datei mit der Ente als Muster gefüllt.

> **Tipp**
>
> Ein Webbrowser wiederholt ein Hintergrundbild, das zu klein für eine Internetseite ist. Dieser Effekt lässt sich mit einem selbst erstellten Muster gut testen.

Verläufe

Verläufe sind die Übergänge von einer oder mehreren Farben ineinander. Ein Beispiel wäre ein Regenbogen.

Mit dem Verlaufs-Werkzeug ziehen Sie einen Verlauf auf. Sie klicken auf die Arbeitsfläche, um den Startpunkt festzulegen. Dann ziehen Sie mit der Maus und klicken schließlich noch einmal für den Endpunkt. Wenn Sie beim Ziehen die ⇧-Taste gedrückt halten, ziehen Sie den Verlauf in einem 45°-Winkel auf.

In den Werkzeug-Optionen des Verlaufswerkzeugs können Sie Aussehen und Art des Verlaufs wählen.

Abbildung 4.21: Die Werkzeug-Optionen des Verlaufs-Werkzeugs

Auf der linken Seite der Werkzeug-Optionen wählen Sie einen der vorgefertigten Verläufe. Wenn Sie auf das schwarze Dreieck klicken, erhalten Sie die Verläufe-Palette.

Abbildung 4.22: Die Verläufe-Palette

In der Verläufe-Palette finden Sie vorgefertigte und selbst gespeicherte Verläufe. Die Arbeit mit der Verläufe-Palette gleicht der mit den Werkzeugspitzen oder Mustern. In den Paletten-Optionen finden Sie weitere Befehle.

Wenn Sie auf den Verlauf selbst klicken, erscheint das Dialogfenster VERLÄUFE BEARBEITEN. Dort können Sie bestehende Verläufe ändern oder neue erstellen. Sie kennen dieses Dialogfenster bereits aus Kapitel 3 beim Befehl BILD/ EINSTELLUNGEN/VERLAUFSUMSETZUNG.

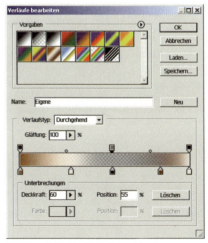

Abbildung 4.23: Das Dialogfenster VERLÄUFE BEARBEITEN

Unten im Dialogfenster können Sie die Farben und die Deckkraft des Verlaufs über die Anfasser steuern. Die oberen Anfasser sind für die Deckkraft zuständig, die unteren für die Farbe. Mit den Schiebereglern regeln Sie die Werte, mit den Textfeldern geben Sie die entsprechenden Werte manuell ein.

Die verschiedenen Verlaufstypen legen Sie entweder im Dialogfenster oder in den Werkzeug-Optionen fest.

Abbildung 4.24: Die verschiedenen Verlaufstypen

Von links nach rechts sind das:

- LINEARER VERLAUF erzeugt einen geraden Verlauf.
- RADIALVERLAUF erstellt einen kreisförmigen Verlauf. Der Anfangspunkt ist die Kreismitte, der Endpunkt markiert das Ende des Farbübergangs.
- VERLAUFSWINKEL produziert einen Verlauf mit einem Winkel, der gegen den Uhrzeigersinn um den Anfangspunkt herumläuft.
- REFLEKTIERTER VERLAUF ergibt einen Verlauf, dessen Übergänge symmetrisch und linear auf jeder Seite des Anfangspunkts verlaufen.
- RAUTEVERLAUF erstellt einen rautenförmigen Verlauf. Der Anfangspunkt definiert die Mitte der Raute, der Endpunkt eine Ecke.

Neben den Verlaufstypen möchten wir Sie noch auf drei weitere Einstellungen in den Werkzeug-Optionen hinweisen.

UMKEHREN dreht die Farben des aktuellen Verlaufs um. DITHER schaltet ein Dithering für den Verlauf ein, um saubere Übergänge zu erzielen. Wenn TRANSPARENZ deaktiviert ist, ersetzt das Verlaufs-Werkzeug transparente oder halb-transparente Bereiche des Verlaufs mit der Hintergrundfarbe.

Retuschieren

Unter dem Oberbegriff Retuschieren finden sich sehr unterschiedliche Werkzeuge wieder. Die Radiergummis dienen zum Entfernen von Bildbereichen, wohingegen die verschiedenen Stempel Bereiche kopieren. Außerdem gibt es Retuschewerkzeuge, die Helligkeit, Sättigung und Kontrast ändern.

Radiergummi

Die verschiedenen Radiergummis erreichen Sie mit dem Tastenkürzel [E]. Mit dem Kürzel [⇧] + [E] schalten Sie sie durch.

Abbildung 4.25: Die verschiedenen Radiergummis

Die einzelnen Radiergummis haben folgende Funktionen:

- Der normale Radiergummi entfernt die übermalten Bereiche. Darunter scheinen die transparenten Bereiche durch. Auf der Hintergrundebene malt der Radiergummi mit der Hintergrundfarbe. Die Einstellungen in den Werkzeug-Optionen entsprechen weitestgehend denen des Pinsels. Einziger Unterschied ist die Option ZURÜCK ZUR LETZTEN VERSION. Wenn sie aktiviert ist, malt Photoshop mit dem aktuellen Status aus der Protokoll-Palette.

Abbildung 4.26: Die verschiedenen Modi für den Radiergummi

Neben dem normalen Modus WERKZEUGSPITZE können Sie auch noch BUNTSTIFT als MODUS für den Radiergummi wählen. Eine Sonderrolle nimmt QUADRAT ein. Damit besteht der Radiergummi immer aus einem 16 x 16 Bildschirmpixel großen Quadrat. Die Größe des radierten Quadrats ist abhängig von der Zoomstufe. Airbrush-Funktionalität erhalten Sie für den Pinsel, wenn Sie das Airbrush-Symbol in den Werkzeug-Optionen aktivieren.

- Der Hintergrund-Radiergummi ist sehr effektiv. Er löscht die transparenten Bereiche einer Ebene auch dann, wenn sie fixiert sind. Hauptsächlich entfernt er Pixel entlang von Bildkanten und macht diese transparent. Dabei folgt der Radiergummi folgender Regel: Die Farbe in der Mitte der Werkzeugspitze wird aufgenommen und im Bereich innerhalb der Werkzeugspitze gelöscht. Die Mitte der Werkzeugspitze ist dabei optisch mit einem Kreuz gekennzeichnet.

> **Hinweis**
>
> Wenn Sie auf der Hintergrundebene radieren, verwandelt Photoshop sie in eine normale Ebene.

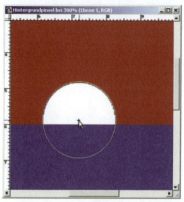

Abbildung 4.27: Die Farbbereiche, die der Farbe unter der Mitte der Werkzeugspitze ähneln, löscht der Hintergrund-Radiergummi.

In den Werkzeug-Optionen des Hintergrund-Radiergummis finden sich einige Besonderheiten: Sie können die TOLERANZ einstellen und die aktuelle Vordergrundfarbe vom Radieren ausnehmen (VORD. SCHÜTZEN). Bei GRENZEN bestimmen Sie, welche Bereiche der Radiergummi entfernt: NICHT AUFEINANDERFOLGEND entfernt die Farbe unter der Mitte des Radiergummis unter der kompletten Werkzeugspitze. BENACHBART (Mac: AUFEINANDERFOLGEND) löscht alle Bereiche mit der Farbe unter der Mitte des Radiergummis, die an die unter der Werkzeugspitze befindlichen Pixel anschließen. KANTEN SUCHEN löscht in gleicher Weise die angrenzenden Pixel gleicher Farbe, allerdings bleibt die Schärfe der Formkanten besser erhalten. Das SAMPLING steuert, ob sich die mit dem ersten Klick aufgenommene Farbe beim Ziehen mit der Maus ändert: KONTINUIERLICH bedeutet eine dauernde Anpassung an die Position der Maus, bei EINMAL zählt die Farbe des ersten Klicks und HINTERGR.-FARBFELD entfernt nur die Bereiche, die die aktuelle Hintergrundfarbe enthalten.

Abbildung 4.28: Die Werkzeug-Optionen des Hintergrund-Radiergummis

> **Hinweis**
>
> *Beim Hintergrund-Radiergummi stehen auch nicht die normalen Werkzeugspitzen zur Verfügung. Stattdessen legen Sie dort das Aussehen der Werkzeugspitze fest.*

- Der magische Radiergummi funktioniert wie der Zauberstab mit eingebautem Entfernen (siehe Kapitel 5, *Auswahlen*). Sie klicken auf ein Pixel und der magische Radiergummi entfernt alle Pixel mit ähnlichen Farbwerten. Wie ähnlich die entfernten Farbwerte sein müssen, steuert die TOLERANZ.

Abbildung 4.29: Die Werkzeug-Optionen des magischen Radiergummis

Neben der TOLERANZ haben Sie noch einige weitere Einstellmöglichkeiten in den Werkzeug-Optionen. GEGLÄTTET glättet die Kanten der entfernten Bereiche. AUFEINANDERFOLGEND entfernt nur Farbwerte, die an das angeklickte Pixel anschließen (entspricht BENACHBART beim Zauberstab oder Füllwerkzeug). ALLE EBENEN VERWENDEN bezieht die Farbwerte aus allen Ebenen des Bildes mit ein. Entfernt werden allerdings nur Pixel auf der aktiven Ebene.

> **Hinweis**
>
> *Wenn Sie auf die Hintergrundebene klicken, wandelt sich diese in eine normale Ebene und die entfernten Pixel lassen transparente Bereiche zurück.*

Stempel

Die Stempel dienen dazu, Bildbereiche auf eine Ebene aufzutragen. Der Kopierstempel kopiert Bereiche des Bildes, die Sie vorher festlegen müssen. Der Musterstempel trägt ein Muster auf.

Zuerst zum Kopierstempel. Mit gedrückter [Alt]-Taste klicken Sie auf die Stelle, die Sie als Ursprung für Ihre Kopie verwenden möchten. Dann klicken

Sie auf die Stelle, an der Sie den Inhalt des Ursprungs auftragen wollen, und malen mit gedrückter Maustaste.

Abbildung 4.30: Ein zweiter Turm wurde gemalt, das Kreuz gibt den Ursprung an.

In den Werkzeug-Optionen des Kopierstempels finden Sie neben den Werkzeugspitzen, dem MODUS zum Füllen und der DECKKRAFT einige unbekannte Einstellungen.

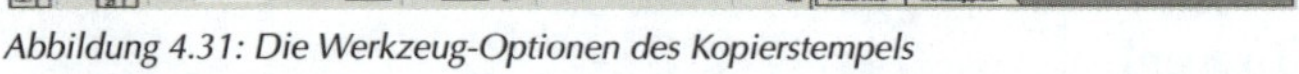

Abbildung 4.31: Die Werkzeug-Optionen des Kopierstempels

Eine interessante Einstellung ist AUSGER. (Ausgerichtet). Sie wird wichtig, wenn Sie den Ursprung gesetzt haben und beim Zeichnen zwischendrin die Maustaste loslassen, um abzusetzen. Wenn AUSGER: aktiviert ist, arbeiten Sie nach dem Absetzen in einem konstanten Abstand vom ersten angeklickten

Punkt weiter. Ansonsten setzen Sie wieder am Ursprung an, unabhängig davon, wohin Sie klicken.

Die Option ALLE EBENEN EINBEZIEHEN kopiert Bereiche aus allen sichtbaren Ebenen in die aktive Ebene. Außerdem stehen noch der Airbrush als Malwerkzeug für den Stempel und FLUSS zur Kontrolle der Geschwindigkeit des Farbauftrags zur Verfügung.

Der Musterstempel kopiert keine Bereiche, sondern trägt ein Muster auf. In den Werkzeug-Optionen wählen Sie das Muster. Dazu steht Ihnen die schon bekannte Musterpalette zur Verfügung.

Abbildung 4.32: Wählen Sie in den Werkzeug-Optionen ein Muster für den Musterstempel.

Reparatur-Pinsel und Ausbessern-Werkzeug

Reparatur-Pinsel und Ausbessern-Werkzeug funktionieren beide ähnlich. Sie nehmen einen Bildbereich auf und malen diesen über einen anderen Bildbereich. Dabei berücksichtigen sie allerdings die Helligkeit der übermalten Pixel.

> **Hinweis**
> *Beide Werkzeuge sind in Photoshop 7 neu dazugekommen.*

- Der Reparatur-Pinsel funktioniert wie der Kopierstempel. Sie markieren mit gedrückter -Taste einen Quellbereich und malen diesen dann über den Zielbereich. Alternativ können Sie auch mit einem Muster malen. Die Option Ausger. funktioniert wie beim Kopierstempel.

Abbildung 4.33: Die Werkzeug-Optionen des Reparatur-Pinsels

- Das Ausbessern-Werkzeug verwendet statt eines Pinsels eine Auswahl. Diese Auswahl kann schon aufgezogen sein oder erst mit dem Ausbessern-Werkzeug aufgezogen werden. Das Ausbessern-Werkzeug verhält sich dabei wie das Lasso. Wenn Sie eine Auswahl haben und in den Werkzeug-Optionen QUELLE angegeben ist, ziehen Sie die Auswahl auf den Bereich, den Sie zur Reparatur des zuerst herangezogenen Bereichs verwenden möchten. Ist dagegen ZIEL angegeben, ziehen Sie die Auswahl auf den Bereich, den Sie mit dem Inhalt der Auswahl reparieren möchten.

Abbildung 4.34: Die Werkzeug-Optionen des Ausbessern-Werkzeugs

Wir wollen Ihnen das Ausbessern-Werkzeug kurz an einem Beispiel zeigen.

1 Ausgangspunkt ist das Bild eines Autos, in dem im rechten unteren Teil einige unschöne Flecken sind. Wir haben diese Flecken mit einer Auswahl versehen.

Abbildung 4.35: Ausgewählte Flecken

2 Nun wählen wir das Ausbessern-Werkzeug. Da wir eine Quelle heranziehen möchten, die die Flecken beseitigt, wählen wir in den Werkzeug-Optionen QUELLE.

3 Anschließend ziehen wir die Auswahl nach rechts oben. Dieser Bereich ist zwar zu hell, aber intakt. Die Helligkeit passt das Ausbessern-Werkzeug automatisch an.

Abbildung 4.36: Das Ausbessern ist gelungen.

Helligkeit und Sättigung ändern

Es gibt drei Werkzeuge, mit denen Sie Helligkeit bzw. Sättigung mit normalen Werkzeugspitzen verändern können (Tastenkürzel ⓪ bzw. zum Durchschalten ⇧ + ⓪).

Abbildung 4.37: Die drei Werkzeuge zum Ändern von Helligkeit und Sättigung

Im Folgenden stellen wir Ihnen alle drei vor:

- Der Abwedler hellt Bildbereiche auf. In den Werkzeug-Optionen legen Sie fest, welche BEREICHE er aufhellt. Zur Wahl stehen die TIEFEN, HÖHEN und MITTELTÖNE. Was Sie hier einstellen, hängt davon ab, ob Sie helle, mittlere oder dunkle Bereiche des Bildes aufhellen möchten. Bei BELICHTUNG legen Sie die Stärke der Aufhellung fest.

> **Hinweis**
>
> *Die Namen Abwedler und Nachbelichter kommen aus dem klassischen Fotolabor und sind deshalb Fachfremden meist nicht bekannt.*

- Der Nachbelichter ist das Gegenteil des Abwedlers. Er dunkelt Farben ab. Auch hier können Sie den zu bearbeitenden Farbbereich unter BEREICH wählen.

- Der Schwamm verändert die Sättigung in einem Bildbereich. Unter MODUS wählen Sie, ob Sie die SÄTTIGUNG VERRINGERN oder die SÄTTIGUNG ERHÖHEN möchten. Bei DRUCK wählen Sie die Stärke des Effekts.

Wischfinger

Der Wischfinger (Tastenkürzel [R] bzw. zum Durchschalten [⇧] + [R]) verwischt einen Bildbereich. Klicken Sie ihn dazu an und ziehen Sie mit der Maus in die Richtung, in der Sie wischen möchten.

Die einzige außergewöhnliche Einstellung in den Werkzeug-Optionen ist FINGERFARBE. Damit wird die Vordergrundfarbe beim Verwischen mit aufgetragen. Dies entspricht sozusagen dem Eintauchen des Fingers in eine Malfarbe.

Scharf- und Weichzeichnen

Der Scharf- und der Weichzeichner (Tastenkürzel [R] bzw. zum Durchschalten [⇧] + [R]) zeichnen die Bereiche unter der Werkzeugspitze scharf bzw. weich. Sie können sie beispielsweise dazu verwenden, um Kanten hervorzuheben oder abzuschwächen. Die Einstellungen in den Werkzeug-Optionen kennen Sie bereits von anderen Werkzeugen. Der Druck steuert die Stärke des Effekts. Mit der Option Alle Ebenen einbeziehen bilden alle Ebenen die Grundlage für den Effekt. Gemalt wird der Effekt allerdings nur auf der aktuellen Ebene.

Werkzeugvoreinstellungen

Sie haben ein Werkzeug perfekt eingestellt, alle Optionen sitzen und kompliziert war es auch, die richtigen Einstellungen zu finden? Dann sollten Sie die Werkzeugeinstellungen speichern.

Werkzeugvoreinstellungen

In Photoshop 7 gibt es die Werkzeugvoreinstellungen. Sie erreichen die Werkzeugvoreinstellungen für jedes Werkzeug in den Werkzeug-Optionen ganz links durch Klick auf das Symbol des Werkzeugs. Dort können Sie aus den gemachten Einstellungen auch eine neue Werkzeugvoreinstellung erzeugen.

Abbildung 4.38: Die Werkzeugvoreinstellungen des Pinsels

Sie verwalten die Werkzeugvoreinstellungen zentral im gleichnamigen Dialogfeld (FENSTER/WERKZEUGVOREINSTELLUNGEN). Sie können dort die Voreinstellungen für das aktuelle oder für alle Werkzeuge anzeigen und durch Doppelklick auf das jeweilige Werkzeug mit der Einstellung wechseln.

Abbildung 4.39: Das Dialogfeld WERKZEUGVOREINSTELLUNGEN

> **Hinweis**
>
> In den Paletten-Optionen finden Sie noch weitere Möglichkeiten. Unter anderem können Sie die Werkzeugvoreinstellungen mit dem VORGABEN-MANAGER verwalten. Machen Sie sich Ihre Arbeit so einfach wie möglich!

Kapitel 5
Auswahlen

> *In diesem Kapitel zeigen wir Ihnen, wie Sie Bereiche eines Bildes auswählen, um diese einzeln zu bearbeiten. Dabei unterscheiden wir danach, ob sich die Bereiche über die Farbe, die Form oder beides am besten auswählen und charakterisieren lassen.*

Das können Sie schon:

Die Werkzeuge	28
Nützliche Funktionen	40
Dateien importieren/einscannen	56
Bildgröße und Auflösung ändern	65
Farbmodi	80
Helligkeit und Kontrast eines Bildes ändern	102
Farben ändern	116
Andere Funktionen zur Farbveränderung	120

Das lernen Sie neu:

Farbbereiche auswählen	156
Formen auswählen	166
Auswahlen verschieben und transformieren	172

Farbbereiche auswählen

Einen zusammenhängenden Farbbereich auszuwählen ist in Photoshop sehr einfach und schnell zu bewerkstelligen. Wir möchten Ihnen dazu hauptsächlich zwei Werkzeuge vorstellen:

- Den Zauberstab, den Sie in der Werkzeugleiste finden
- Den Befehl FARBBEREICH AUSWÄHLEN aus dem Menü AUSWAHL

Der Zauberstab

Wir beginnen gleich mit einem kleinen Beispiel. Ziel ist, den Himmel des Bildes auszuwählen. Dahinter steht natürlich meist die Absicht, ihn umzufärben, auszutauschen oder mit einem Verlauf zu füllen.

Abbildung 5.1: Das Beispielbild, dessen Himmel ausgewählt werden soll

1 Die erste Wahl, wenn man einen solchen Farbbereich auswählen möchte, ist immer der Zauberstab. Sie rufen ihn über die Werkzeugleiste oder über das Tastenkürzel [W] auf.

2 Der Zauberstab wählt im Bild Pixel aus, die der Farbe des angeklickten Pixels gleichen oder ähnlich sind. Bevor Sie aber wild drauflos klicken, werfen Sie einen Blick in die Werkzeug-Optionen. Wenn sie nicht eingeblendet sind, rufen Sie sie entweder durch Doppelklick auf das Zauberstab-Symbol in der Werkzeugleiste oder über FENSTER/WERKZEUG-OPTIONEN EINBLENDEN auf.

Farbbereiche auswählen

Abbildung 5.2: Die Werkzeug-Optionen des Zauberstabs

3 Die wichtigste Steuergröße für den Zauberstab ist die Toleranz. Sie gibt an, wie ähnlich die Pixel, die ausgewählt werden, dem angeklickten sein müssen. Wenn Sie eine Toleranz von 0 eingestellt haben, wählt Photoshop nur Pixel mit der gleichen Farbe aus, haben Sie dagegen eine Toleranz von 255 ausgesucht, werden fast alle Pixel verschiedener Farben ausgewählt.

Für unser Beispiel wählen Sie bitte eine Toleranz von etwa 40.

4 Die nächste und ebenfalls entscheidende Option für den Zauberstab ist BENACHBART. Aktivieren Sie sie, erfasst der Zauberstab nur an das angeklickte Pixel angrenzende Pixel, und zwar so lange, bis auf allen Seiten die angrenzenden Pixel den Toleranzwert überschreiten. Ist das Kontrollkästchen BENACHBART dagegen deaktiviert, wählt der Zauberstab alle Pixel mit ähnlichen Farben entsprechend der Toleranzgrenze aus. Dies führt manchmal zu unerwünschten Ergebnissen, wie Sie in Abbildung 5.3 sehen.

Abbildung 5.3: Ist die Option BENACHBART deaktiviert ist, wählt der Zauberstab auch die schwedische Flagge aus.

Für unser Beispiel aktivieren Sie BENACHBART.

5 Die Option GLÄTTEN können Sie aktiviert lassen. Sie sorgt für einen sanften Übergang der Auswahl an der Toleranzgrenze. Deaktivieren Sie die Option, wenn es auf ein exaktes Ergebnis ankommt.

> **Tipp**
>
> *Wenn Sie bei einer Toleranz von 0 und deaktiviertem GLÄTTEN in eine Farbfläche klicken, finden Sie störende Farbsprenkel heraus. Diese sind nicht in der Auswahl enthalten und als Auswahlinseln kenntlich.*

6 Die Option ALLE EBENEN EINBEZIEHEN ist für unser Beispiel unerheblich, da das Bild nur eine Hintergrundebene hat. Bei einem Bild mit mehreren Ebenen wirkt sich der Zauberstab auf alle Ebenen aus, wenn diese Option aktiv ist.

7 So, die Einstellungen in den Werkzeug-Optionen sind vollbracht. Nun müssen Sie mit dem Zauberstab in den Himmel klicken, um die ersten Bereiche auszuwählen. Wir haben im oberen Bereich begonnen.

Abbildung 5.4: Die ersten Bereiche wurden ausgewählt.

8 Sie sehen nun, dass es unten, an der Seite, zwischen den Giebeln der Dächer und links ganz oben noch einige Stellen gibt, die nicht ausgewählt wurden. Um die Auswahl zu erweitern, gibt es wiederum mehrere Möglichkeiten:

Farbbereiche auswählen

- Der Befehl AUSWAHL/ÄHNLICHES AUSWÄHLEN wählt Farbbereiche aus, die denen der aktuellen Auswahl ähneln, und fügt diese der aktuellen Auswahl hinzu. Als TOLERANZ verwendet Photoshop die des Zauberstabs. In unserem Beispiel ist das Problem allerdings, dass dieser Befehl wie der Zauberstab ohne die Option BENACHBART funktioniert, das heißt, er wählt Farbbereiche überall im Bild aus.

- Der Befehl AUSWAHL/AUSWAHL VERGRÖSSERN erweitert die aktuelle Auswahl um ähnliche Farbbereiche und verwendet dazu ebenfalls die TOLERANZ des Zauberstabs. Allerdings wählt er nur angrenzende Bereiche aus, entspricht also dem Zauberstab mit aktivierter Option BENACHBART.

- Erneutes Klicken in noch nicht ausgewählte Bereiche des Himmels mit dem Zauberstab bei gedrückter ⇧-Taste. Dies fügt die neuen Bereiche der bestehenden Auswahl hinzu. Dieselbe Option finden Sie übrigens auch in den Werkzeug-Optionen als zweites Symbol von links (siehe Abbildung 5.5).

> **Hinweis**
> *Wenn bereits eine Auswahl besteht, haben Sie neben dem Hinzufügen noch weitere Möglichkeiten, etwa mit einer weiteren Auswahl zu arbeiten. Dies gilt übrigens für alle Auswahlwerkzeuge.*

Die entsprechenden Symbole sehen Sie in Abbildung 5.5:

- Die neue Auswahl kann als komplett NEUE AUSWAHL definiert werden (erstes Symbol). Beim Aufziehen oder Klicken gehen Sie so vor, als gäbe es keine bestehende Auswahl.

- HINZUFÜGEN kennen Sie schon. Mit der ⇧-Taste und Klick bzw. Aufziehen erreichen Sie dasselbe wie mit dem zweiten Symbol von links in den Werkzeug-Optionen.

- ABZIEHEN entfernt die neue Auswahl von der alten. Dies ist beispielsweise sinnvoll, um Fehler zu korrigieren. Mit gedrückter Alt-Taste beim Klicken oder Aufziehen erreichen Sie denselben Effekt wie mit dem dritten Symbol in den Werkzeug-Optionen.

- SCHNITTMENGE BILDEN übernimmt nur die gemeinsamen Bereiche der vorigen und der neuen Auswahl. Statt dem vierten Symbol in den Werkzeug-Optionen können Sie auch beim Klicken oder Aufziehen Strg + Alt gedrückt halten.

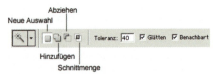

Abbildung 5.5: Die Möglichkeiten bei einer bestehenden Auswahl

9 Nun ist eine Menge Feintuning erforderlich. Zoomen Sie zwischendrin näher heran, um noch Schwachstellen in Ihrer Auswahl zu entdecken. Wir arbeiten am liebsten mit dem Zauberstab und den Tastenkürzeln zum Hinzufügen und Entfernen der neu ausgewählten Bereiche von den vorigen, denn damit ist sehr schnelles Arbeiten möglich.

Abbildung 5.6: Hier wird Detailarbeit geleistet.

10 Unter Umständen können Sie nun auch auf das Lasso-Werkzeug zurückgreifen, um einzelne Löcher in der Auswahl noch zu füllen.

Drücken Sie einfach die [⇧]-Taste, klicken und ziehen Sie mit dem Lasso um die Löcher.

Abbildung 5.7: Mit dem Lasso ein Loch in der Auswahl entfernen

11 Wenn Sie alle Bereiche ausgewählt haben, sollten Sie die Auswahl sichern. Dies ist bei komplizierteren Auswahlen immer empfehlenswert. Dazu dient der Befehl AUSWAHL/AUSWAHL SPEICHERN.

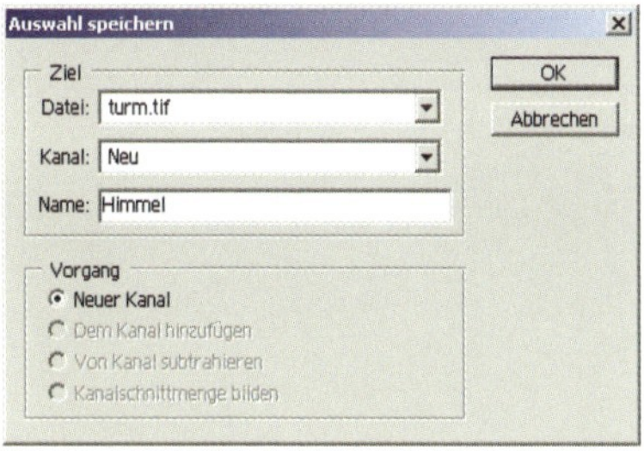

Abbildung 5.8: Das Dialogfenster AUSWAHL SPEICHERN

Im Dialogfenster AUSWAHL SPEICHERN geben Sie unter NAME einen Namen für die neue Datei an. Außerdem wählen Sie DATEI und KANAL. Enthält das Bild bisher noch keinen Alphakanal, gibt es bei VORGANG nur NEUER KANAL.

> **Hinweis**
>
> Ein Alphakanal ist ein Kanal, der meist eine Auswahl speichert. Die weißen Bereiche des Alphakanals sind ausgewählt, die schwarzen nicht.

Abbildung 5.9: Die Kanäle-Palette mit dem neuen Alphakanal HIMMEL für die Auswahl

> **Tipp**
>
> Sie können eine Auswahl mit dem Befehl AUSWAHL/AUSWAHL LADEN auch jederzeit wieder laden. Alternativ klicken Sie mit gedrückter [Strg]-Taste auf den Alphakanal, um die Auswahl zu laden.

12 Die Auswahl ist fertig und gesichert. Sie können die Fläche nun beispielsweise mit dem Befehl BILD/EINSTELLEN/VERLAUFSUMSETZUNG mit einem Verlauf versehen.

Farbbereiche auswählen

Abbildung 5.10: Die Auswahl ist fertig gestellt

> **Tipp**
>
> *Ein beliebter Trick ist, den Bereich auszuwählen, der einfacher auszuwählen ist und dann die Auswahl umzukehren. Dazu dient der Befehl AUSWAHL/AUSWAHL UMKEHREN oder das Tastenkürzel* Strg + ⇧ + I .

Farbbereich auswählen

Der Befehl AUSWAHL/FARBBEREICH AUSWÄHLEN ist etwas komplizierter als der Zauberstab, dafür haben Sie aber noch mehr Einstellungsmöglichkeiten.

> **Tipp**
>
> *Bei komplexen Bildern können Sie auch schon eine grobe Auswahl erstellen und FARBBEREICH AUSWÄHLEN nur innerhalb dieser Auswahl anwenden.*

Wir zeigen Ihnen das anhand eines Beispiels. Das Beispielbild enthält einen Strauch mit roten Beeren. Wir möchten die Beeren auswählen und umfärben.

Abbildung 5.11: Das Beispielbild

Mit dem Zauberstab wäre das ein kompliziertes Unterfangen. Deshalb versuchen wir es mit FARBBEREICH AUSWÄHLEN.

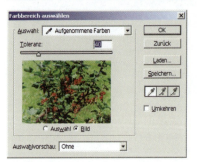

Abbildung 5.12: Das Dialogfenster FARBBEREICH AUSWÄHLEN

1 Im Dialogfenster sehen Sie in der Mitte ein Vorschaubild. Mit der Ansicht BILD sehen Sie das Bild selbst, mit AUSWAHL eine Ansicht der Auswahl in Schwarz und Weiß (ausgewählte Bereiche).

2 Bei AUSWAHL können Sie steuern, ob Sie mit den Pipetten selbst Farben auswählen möchten oder ob ein bestimmter Tonwertbereich ausgewählt werden soll.

Für unser Beispiel belassen Sie AUSWAHL bitte bei AUFGENOMMENE FARBEN.

Farbbereiche auswählen

3 Mit den drei Pipetten wählen Sie Bereiche aus, fügen Sie der Auswahl hinzu oder entfernen sie (von links nach rechts). Sie können dies im Vorschaubild oder im Originalbild machen.

Für dieses Beispiel arbeiten wir im Originalbild und verwenden im Dialogfenster die Ansicht AUSWAHL. Mit der Plus-Pipette klicken wir auf die Beeren.

> **Hinweis**
>
> *Mit dem Pulldown-Menü AUSWAHLVORSCHAU können Sie sich im Originalbild eine Ansicht der Auswahl anzeigen lassen. Dies ist zur Kontrolle recht hilfreich.*

4 Die TOLERANZ regeln wir hoch. Hier pendelt sie sich bei einem Wert von 128 ein.

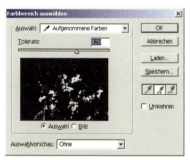

Abbildung 5.13: Die Bereiche wurden ausgewählt.

5 Wenn Sie zum Schluss mit OK bestätigen, wenden Sie die Auswahl an.

6 Nun müssen Sie noch die Beeren füllen. Wählen Sie dazu eine passende Vordergrundfarbe und den Befehl BILD/FLÄCHE FÜLLEN. Wir empfehlen den Farbmodus FARBE, um nur die Farbe auf die Beeren anzuwenden, die Struktur aber zu belassen.

Abbildung 5.14: Die umgefärbten Beeren mit der fertigen Auswahl

Hinweis

Wenn Sie eine zu extreme Füllfarbe wählen, werden kleine Fehler in der Auswahl leider sehr gut sichtbar. In diesem Fall müssen Sie noch an der Auswahl arbeiten. Verwenden Sie dazu das Lasso und den Zauberstab.

Tipp

Am Ende dieses Beispiels sehen Sie den Fülleffekt nicht, solange die Auswahl noch sichtbar ist. Aber statt sie zu löschen, blenden Sie sie einfach aus. Betätigen Sie dazu den Menübefehl ANSICHT/EINBLENDEN/ AUSWAHLKANTEN. Wenn Sie ANSICHT/EXTRAS deaktivieren (kein Haken mehr davor, alternativ Tastenkürzel Strg *+* H *), verschwinden nicht nur Auswahlkanten, sondern auch Hilfslinien etc.*

Formen auswählen

Beim Auswählen von Formen in Photoshop muss man zwei Bereiche unterscheiden:

- feste Formen wie beispielsweise die Rechteck-Auswahl
- Freiformen wie das Lasso oder das Polygon-Lasso

> **Hinweis**
>
> Neben diesen klassischen Auswahl-Werkzeugen gibt es noch die Pfad-Werkzeuge, mit denen sich ein Pfad aufziehen und dann in eine Auswahl umwandeln lässt. Zudem können Sie im Maskierungsmodus mit den Malwerkzeugen eine Auswahl malen. Mehr dazu im nächsten Kapitel.

Feste Formen

Feste Formen auszuwählen ist sehr einfach. Sie müssen nur ein entsprechendes Auswahlwerkzeug aussuchen. Dazu dienen die Symbole in der Werkzeugleiste oder das Tastenkürzel [M] (bzw. [⇧] + [M] zum Umschalten zwischen Auswahlrechteck und -ellipse).

Abbildung 5.15: Die Auswahlwerkzeuge für feste Formen

Klicken Sie in das Bild, halten Sie die Maustaste gedrückt und ziehen Sie die Auswahl auf.

> **Hinweis**
>
> Eine Besonderheit sind die zwei Auswahlwerkzeuge EINZELNE ZEILE bzw. EINZELNE SPALTE. Wenn Sie klicken, wählen Sie die Zeile bzw. Spalte automatisch 1 Pixel hoch über die gesamte Breite bzw. Höhe des Bildes aus.

Mit gedrückter [⇧]-Taste beim Aufziehen macht Photoshop aus dem Auswahlrechteck ein Quadrat und aus der Ellipse einen Kreis. Mit der [Alt]-Taste ziehen Sie die Formen aus der Mitte heraus auf. Dies hat den Vorteil, dass Sie den Mittelpunkt eines Objekts festlegen können.

Die Werkzeug-Optionen des Auswahlrechtecks und der Auswahlellipse sind fast gleich, einziger Unterschied ist, dass die Option GLÄTTEN nur bei der Auswahlellipse aktiv ist. Bei einem Rechteck gibt es nichts zu glätten, da die Kanten sowieso gerade sind.

Abbildung 5.16: Die Werkzeug-Optionen des Auswahlrechtecks

Zuerst möchten wir Ihre Aufmerksamkeit auf das Textfeld WEICHE KANTE lenken. Dort geben Sie eine weiche Kante für die Auswahl in Pixeln an. Diese kommt vor allem beim Ausschneiden eines ausgewählten Bereichs zum Tragen. Dazu ein kurzes Beispiel: In dem Beispielbild wollen wir den Kirchturm einer Winterlandschaft auswählen und mit weicher Kante in eine neue Datei kopieren.

1 Zuerst legen Sie in den Werkzeug-Optionen des Auswahlrechtecks eine weiche Kante von 10 px fest.

> **Tipp**
>
> Wenn Sie eine bereits bestehende Auswahl haben, können Sie mit dem Befehl AUSWAHL/WEICHE AUSWAHLKANTE (Tastenkürzel [Strg] + [Alt] + [D]) nachträglich eine weiche Kante zuweisen.

2 Ziehen Sie im Bild eine Rechteckauswahl auf.

Abbildung 5.17: Eine Rechteckauswahl mit weicher Kante

3 Kopieren Sie mit BEARBEITEN/KOPIEREN oder [Strg] + [C] den Bereich in die Zwischenablage.

Formen auswählen

4 Erstellen Sie mit DATEI/NEU oder [Strg] + [N] eine neue Bilddatei. Photoshop übernimmt automatisch die Maße des Bereichs aus der Zwischenablage. Als Hintergrundfarbe wählen Sie Weiß.

5 Fügen Sie den Bereich aus der Zwischenablage mit BEARBEITEN/EINFÜGEN oder [Strg] + [V] ein.

Abbildung 5.18: Der Kirchturm in einer neuen Datei mit weichen Kanten

Neben der weichen Kante bestimmen Sie in den Werkzeug-Optionen der Formen-Werkzeuge unter ART auch ein festes SEITENVERHÄLTNIS oder eine FESTE GRÖßE für die jeweilige Form.

Wählen Sie dazu einfach bei ART die Option SEITENVERHÄLTNIS oder FESTE GRÖßE. Die Werte tragen Sie dann in den Textfeldern BREITE und HÖHE ein. Beim SEITENVERHÄLTNIS sind das Proportionen wie beispielsweise 2 zu 1. Sie sind dann beim Aufziehen der Form auf diese Proportionen fixiert. Bei FESTE GRÖßE geben Sie exakte Längenmaße (Pixel (PX), Zentimeter (CM), Inch (IN)) an. Wenn Sie auf die Arbeitsfläche klicken, entsteht die Auswahl genau in dieser Größe.

Freiformen

Mit Freiformen können Sie eine beliebige Form auswählen. Das normale Lasso haben Sie ja schon kennen gelernt.

An dieser Stelle möchten wir Ihnen die übrigen Werkzeuge vorstellen:

Das Polygon-Lasso erzeugt gerade Striche. Klicken Sie einfach in das Bild und ziehen Sie dann mit der Maus. Bei erneutem Klicken setzen Sie den nächsten Eckpunkt. Um die Auswahl zu schließen, klicken Sie entweder auf den Anfangspunkt oder mit gedrückter [Strg]-Taste auf einen beliebigen

Punkt. Zwischen diesem und dem Endpunkt zieht Photoshop eine gerade Linie.

> **Hinweis**
>
> Übrigens, um eine Auswahl wieder aufzuheben, betätigen Sie einfach den Befehl AUSWAHL/AUSWAHL AUFHEBEN oder das Tastenkürzel [Strg] + [D]. Alternativ können Sie auch mit einem Auswahlwerkzeug neben die Arbeitsfläche klicken.

Auswahl wird geschlossen

Abbildung 5.19: Die Auswahl mit dem Polygon-Lasso schließt Photoshop, wenn Sie auf den Anfangspunkt klicken.

Formen auswählen

Der letzte im Bunde der Freiform-Werkzeuge ist das magnetische Lasso. Es ist ein normales Lasso, das Funktionen des Zauberstabs enthält. Das Lasso sucht sich in einem Bereich um die gezeichnete Linie den kontrastreichsten Bereich aus und fügt dort die Begrenzung ein. Es reagiert also magnetisch auf die Kanten mit dem höchsten Kontrast.

Zum Aufziehen einer Kante mit dem magnetischen Lasso klicken Sie einmal in die Arbeitsfläche und ziehen dann, ohne die Maustaste gedrückt zu halten.

Neben den normalen Optionen finden Sie in den Werkzeug-Optionen des magnetischen Lassos einige spezielle Funktionen.

Abbildung 5.20: Die Werkzeug-Optionen des magnetischen Lassos

- Die BREITE gibt an, wie groß der Bereich um die gezogene Linie ist, in dem nach Kanten gesucht wird.

- Der KANTENKONTRAST legt fest, wie stark der Kontrast einer Kante mindestens sein muss, damit ein Magneteffekt eintritt. Die Skala geht von 0 bis 100 %.

- Die FREQUENZ bestimmt die Zahl der Zwischenschritte beim Aufziehen der Begrenzung. Allerdings können Sie beim Aufziehen auch jederzeit selbst einen Zwischenschritt einfügen, indem Sie einfach klicken.

> **Hinweis**
>
> *In der Praxis hat sich das magnetische Lasso, zumindest bei professionellen Anwendern, nicht durchgesetzt, da die Ergebnisse im ersten Anlauf meist recht schlecht ausfallen (siehe Abbildung 5.21). Nun kann man natürlich sagen, dies liegt an der unruhigen Hand des Nutzers, aber Fakt ist, dass sich mit Pfaden (mehr dazu im Kapitel Masken und Pfade), die später umgewandelt werden, wesentlich bessere Auswahlen produzieren lassen. Mit einem Grafik-Tablett und nah herangezoomt liefert das magnetische Lasso allerdings durchaus manchmal auch befriedigende Resultate.*

Abbildung 5.21: Die Auswahl mit dem magnetischen Lasso überzeugt nicht.

Auswahlen verschieben und transformieren

In diesem Abschnitt geht es um die Situation, wenn schon eine Auswahl vorhanden ist. Wie kann diese geändert werden? Folgende Möglichkeiten möchten wir Ihnen hier vorstellen:

- Den Inhalt der Auswahl verschieben
- Die Auswahl verschieben
- Die Auswahl transformieren
- Die Auswahl vergrößern und verkleinern
- Einen Rand für die Auswahl erstellen

Als Beispiel verwenden wir die rechteckige Auswahl des Kirchturms mit weicher Kante aus dem Abschnitt *Feste Formen*.

Auswahlinhalt verschieben

Den Inhalt einer Auswahl verschieben Sie am besten mit dem Verschieben-Werkzeug (Tastenkürzel V oder Symbol in der Werkzeugleiste). Das Verschieben-Werkzeug erreichen Sie mit gedrückter Strg-Taste auch aus anderen Werkzeugen.

Klicken Sie zum Verschieben innerhalb der Auswahl, halten Sie die Maustaste gedrückt und ziehen Sie.

Auswahlen verschieben und transformieren

Abbildung 5.22: Das Symbol für das Verschieben des Inhalts

> **Hinweis**
>
> Wenn Sie eine Auswahl verschieben und beim Verschieben die ⇧-Taste gedrückt halten, verschieben Sie den Inhalt der Auswahl in 45°-Winkeln.

Abbildung 5.23: Inhalt der Auswahl verschieben

> **Tipp**
>
> Halten Sie beim Klicken in die Auswahl die Alt-Taste gedrückt; ziehen Sie dann mit gedrückter Maustaste, um den Inhalt der Auswahl zu duplizieren.

Abbildung 5.24: Das Symbol für das Duplizieren des Auswahlinhalts

Abbildung 5.25: Den Inhalt der Auswahl duplizieren

Die Auswahl verschieben

Um eine Auswahl zu verschieben, muss ein Auswahlwerkzeug aktiviert sein. Wenn Sie nun mit dem Mauszeiger in die Auswahl wechseln, ändert sich der Cursor (siehe Abbildung 5.26).

Abbildung 5.26: Das Symbol für das Verschieben einer Auswahl

Klicken Sie nun in die Auswahl, halten Sie die Maustaste gedrückt und ziehen Sie, um die Auswahl zu verschieben.

Abbildung 5.27: Die ursprüngliche Auswahl verschieben

Die Auswahl transformieren

Mit dem Befehl BEARBEITEN/FREI TRANSFORMIEREN können Sie eine Ebene oder den Inhalt einer Auswahl transformieren; egal, ob drehen, skalieren oder verschieben, alles ist möglich.

Allerdings lässt sich damit keine Auswahl ändern. Deshalb hat Adobe den Befehl FREI TRANSFORMIEREN in Photoshop 6 für die Auswahlen übernommen. Sie finden ihn unter AUSWAHL/AUSWAHL TRANSFORMIEREN.

Abbildung 5.28: Eine Auswahl transformieren

Eine Auswahl verkleinern oder vergrößern

Die beiden Befehle AUSWAHL/AUSWAHL VERÄNDERN/AUSWEITEN und AUSWAHL/AUSWAHL VERÄNDERN/VERKLEINERN erlauben Ihnen, eine bestehende Auswahl zu vergrößern bzw. zu verkleinern.

Abbildung 5.29: Das Dialogfeld AUSWAHL ERWEITERN

Für das AUSWEITEN und das VERKLEINERN geben Sie die Änderung immer in PIXEL an.

Einen Rand für die Auswahl erstellen

Mit dem Befehl AUSWAHL/AUSWAHL VERÄNDERN/UMRANDUNG vergeben Sie für eine Auswahl einen Rand. Diesen können Sie dann beispielsweise füllen.

Abbildung 5.30: Das Dialogfeld AUSWAHL UMRANDEN

Kapitel 6

Ebenen

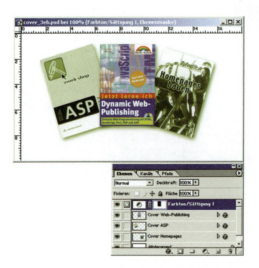

> Ebenen haben die Arbeit in Photoshop durch ihre Flexibilität maßgeblich beeinflusst. Sie können sich Ebenen als einzelne Schichten vorstellen, die übereinander gelegt sind. Die Bereiche einer Ebene, die nicht von einem Objekt bedeckt sind, nennt man transparent. Außerdem gibt es halb transparente Bereiche.

Das können Sie schon:

Umgang mit Dateien	44
Dateibrowser	48
Digitalisieren	97
Helligkeit und Kontrast eines Bildes ändern	102
Farben ändern	116
Andere Funktionen zur Farbveränderung	120
Farbbereiche auswählen	156
Formen auswählen	166
Auswahlen verschieben und transformieren	172

Das lernen Sie neu:

Die Ebenenpalette	178
Arten von Ebenen	180
Ebenensätze	188
Mit Ebenen arbeiten	190
Fülloptionen und Ebeneneffekte	196
Ebenenmodi	201
Ebenen gruppieren	207
Ebenenmasken und Beschneidungspfade	208

Die Ebenenpalette

Ebenen lassen sich unabhängig voneinander bearbeiten. Sie können einzelne Ebenen ausblenden und sperren. Zudem gibt es unterschiedlichste Arten von Ebenen. Bevor wir zu sehr ins Schwärmen geraten, beginnen wir damit, wo Sie die Ebenen finden:

Ebenen verwalten Sie in der Ebenen-Palette. Wenn sie nicht eingeblendet ist, können Sie das mit FENSTER/EBENEN oder F7 nachholen.

Abbildung 6.1: Die Ebenen-Palette

Jede Ebene hat einen Ebenennamen. In Abbildung 6.1 ist das beispielsweise COVER ASP. Vor dem Ebenennamen befindet sich eine Miniatur mit einer Ansicht der Ebene. Die Größe der Miniatur ändern Sie, indem Sie in den freien Bereich unter den Ebenen mit der rechten Maustaste (Mac: Ctrl und Klick) klicken.

> **Hinweis**
>
> *In den Paletten-Optionen (schwarzes Dreieck rechts oben) finden Sie dieselben Funktionen beim Befehl PALETTEN-OPTIONEN.*

Die Ebenenpalette

Abbildung 6.2: Größe der Miniatur ändern

Vor der Miniatur ist ein Feld, das einen Pinsel enthält oder leer ist. Der Pinsel deutet an, dass es sich um die aktive Ebene handelt. Die aktive Ebene wechseln Sie, indem Sie den Ebenennamen anklicken. Wenn Sie in ein leeres Feld vor der Miniatur klicken, taucht darin ein Ketten-Symbol auf, das andeutet, dass diese Ebene mit der gerade aktiven verbunden ist. Verbundene Ebenen lassen sich beispielsweise gemeinsam verschieben und gemeinsam mit BEARBEITEN/FREI TRANSFORMIEREN vergrößern oder verformen.

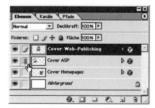

Abbildung 6.3: Die Ebene COVER ASP ist mit der aktiven verbunden.

Das linke Augen-Symbol zeigt an, dass die Ebene eingeblendet ist. Wenn Sie darauf klicken, verschwindet die Ebene.

Arten von Ebenen

Es gibt mehrere Arten von Ebenen:
- Hintergrundebene
- Zeichenebene
- Textebene
- Füllebene
- Formebene
- Einstellungsebene

Hintergrundebene

Die Hintergrundebene ist eigentlich eine Zeichenebene, die aber ein paar Besonderheiten aufweist. Die Hintergrundebene ist die unterste Ebene und erlaubt keine Transparenz. Außerdem können Sie den Inhalt der Hintergrundebene nicht mit dem Verschieben-Werkzeug verschieben oder mit FREI TRANSFORMIEREN (BEARBEITEN/FREI TRANSFORMIEREN) verändern. Diesen Zustand nennt man fixiert.

Um eine Hintergrundebene in eine normale Ebene zu verwandeln, klicken Sie sie doppelt an und vergeben dann einen Ebenennamen oder Sie betätigen den Menübefehl EBENE/NEU/EBENE AUS HINTERGRUND.

Wenn keine Hintergrundebene besteht, Sie aber eine normale Zeichenebene in eine Hintergrundebene verwandeln möchten, verwenden Sie den Befehl EBENE/NEU/ HINTERGRUND AUS EBENE.

Zeichenebene

Die Zeichenebene ist die normale Ebenenart in Photoshop. Sie ist eine rein pixelorientierte Ebene, auf der Fotos und Bilder abgelegt sind.

Um eine neue Zeichenebene zu erstellen, verwenden Sie entweder den Menübefehl EBENE/NEU/EBENE oder das Tastenkürzel Strg + ⇧ + N. Alternativ können Sie in der Ebenen-Palette die zweite Schaltfläche von rechts betätigen oder in den Paletten-Optionen den Befehl Neue Ebene auswählen. Nun müssen Sie für die neue Ebene einen Namen eingeben. Mit der Farbe können Sie sie optisch bestimmten Ebenengruppen zuweisen.

Arten von Ebenen

> **Hinweis**
>
> Photoshop fügt die neue Zeichenebene über der gerade aktiven Ebene ein.

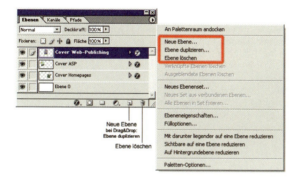

Abbildung 6.4: Eine neue Zeichenebene erstellen, duplizieren und wieder löschen

Um eine Ebene wieder zu löschen, klicken Sie auf das Symbol EBENE LÖSCHEN, betätigen den Befehl EBENE LÖSCHEN in den Paletten-Optionen oder nehmen den Menübefehl EBENE/EBENE LÖSCHEN. Gelöscht wird nach Nachfrage immer die aktive Ebene. Dies funktioniert nicht nur für Zeichenebenen, sondern für alle Arten von Ebenen. Umbenennen können Sie eine Ebene, indem Sie den Namen doppelt anklicken. Dies funktioniert ebenfalls für alle Ebenen.

> **Tipp**
>
> Sie können auch eine Ebene auf das Papierkorbsymbol EBENE LÖSCHEN ziehen. Dann löscht Photoshop sie ohne Nachfrage. Wenn Sie eine Ebene auf das Symbol NEUE EBENE ziehen, wird sie dupliziert. Der Name besteht aus dem bisherigen Ebenennamen und dem Zusatz Kopie. Die Befehle EBENE DUPLIZIEREN im Menü EBENE und in den Paletten-Optionen geben Ihnen gleich die Möglichkeit, der Ebene einen neuen Namen zu geben.

Textebene

Statt einer Miniatur hat eine Textebene vor dem Ebenennamen ein Feld mit einem T-Symbol.

Zum Erstellen einer Textebene verwenden Sie das Text-Werkzeug für horizontalen oder vertikalen Text (nicht die Textmaskierungswerkzeuge, da diese eine Auswahl erzeugen). Klicken Sie auf die Arbeitsfläche oder ziehen Sie einen Textkasten auf. Der Name der Textebene ergibt sich aus dem eingegebenen Text. Wenn Sie einen eigenen Namen angeben wollen, klicken Sie den Ebenennamen doppelt an oder verwenden Sie den Befehl EBENENEIGEN-SCHAFTEN aus den Paletten-Optionen.

> **Achtung**
>
> *Eine Textebene kann nur Text enthalten, keine anderen Elemente. Um andere Elemente auf einer Textebene abzulegen, muss die Textebene erst gerastert sein, was zur Folge hat, dass Textoptionen, wie z. B. Textänderungen, nicht mehr möglich sind.*

Um eine Textebene zu rastern, verwenden Sie den Menübefehl EBENE/RAS-TERN/TEXT. Rastern heißt, dass Photoshop den Text auf der Textebene in Pixel umwandelt. Die Textebene ist dann eine Zeichenebene.

> **Hinweis**
>
> *Wenn Sie versuchen, auf die Textebene ein pixelorientiertes Werkzeug wie Mal- und Retuschewerkzeuge oder Füllwerkzeuge anzuwenden, fragt Photoshop Sie ebenfalls, ob Sie die Ebene rastern möchten.*

Abbildung 6.5: Wollen Sie die Textebene rastern?

Arten von Ebenen

> **Tipp**
>
> *Rastern Sie eine Textebene erst, wenn es wirklich nötig ist. Bedenken Sie, dass Sie den Text nach dem Rastern nicht mehr ändern können. Tippfehler, falsche Schriftart und -größe etc. lassen sich nicht mehr korrigieren. Wenn Sie eine Textebene rastern müssen, duplizieren Sie sie einfach und blenden Sie das Original als Sicherheitskopie aus.*

Füllebene

Eine Füllebene besteht aus einer Füllung und einer Ebenenmaske.

> **Hinweis**
>
> *Eine Ebenenmaske legt fest, welche Bereiche einer Ebene sichtbar sind und welche nicht. Die schwarzen Bereiche einer Ebenenmaske sind nicht sichtbar, die weißen sind voll sichtbar. Mehr dazu finden Sie am Ende dieses Kapitels.*

Eine neue Füllebene erzeugen Sie mit dem Menübefehl EBENE/NEUE FÜLLEBENE. Dort haben Sie die Wahl zwischen den verschiedenen Arten VOLLTONFARBE, VERLAUF oder MUSTER. Alternativ verwenden Sie das Symbol NEUE FÜLLEBENE ODER EINSTELLUNGSEBENE ERSTELLEN in der Ebenen-Palette (siehe Abbildung 6.6).

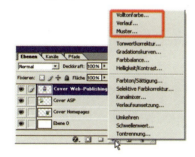

Abbildung 6.6: Eine neue Füllebene erzeugen

183

Füllebenen können Sie nicht direkt bearbeiten. An ihre Stelle tritt die Ebenenmaske, die festlegt, welcher Teil der Füllung überhaupt sichtbar ist.

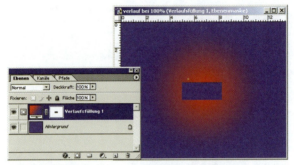

Abbildung 6.7: Eine Füllebene mit Verlauf und Ebenenmaske

In Abbildung 6.7 sehen Sie eine Füllebene mit einem Verlauf. In der Ebenenmaske wurde ein Teil der Füllebene ausgeblendet. Dazu musste er mittels einer Rechteckauswahl ausgewählt und dann mit Schwarz gefüllt werden.

Die drei verschiedenen Arten von Füllebenen VOLLTONFARBE, VERLAUF, und MUSTER haben jeweils unterschiedliche Dialogfenster. Bei VOLLTONFARBE ist es der FARBWÄHLER, beim VERLAUF das Fenster VERLAUFSFÜLLUNG und beim MUSTER das Fenster MUSTERFÜLLUNG.

> **Tipp**
>
> *Füllebenen setzt man meist ein, um einen Farbschleier oder Farbton in ein Bild oder in Bildbereiche zu bringen. Ihr Vorteil ist, dass Sie nicht mehr einzelne Objekte füllen müssen, sondern mit der Ebenenmaske frei die zu füllenden Bereiche angeben. Gute Effekte erzielen Sie auch, wenn Sie eine Füllebene mit darunter liegenden Ebenen gruppieren (Menübefehl: EBENE/MIT DARUNTER LIEGENDER EBENE GRUPPIEREN; Tastenkürzel ⟨Strg⟩ + ⟨G⟩).*

Formebene

Formebenen enthalten Vektorformen. Eine Vektorform besteht aus Punkten, den Verbindungspfaden und Linien. Der große Vorteil von Formen ist, dass sie sich nachträglich sehr einfach verändern lassen, weil die Form-Auswahl-Werkzeuge auch einzelne Punkte verschieben.

Eine Formebene erstellen Sie mit irgendeinem Vektorform-Werkzeug.

> **Achtung**
>
> *In den Werkzeug-Optionen des Vektorform-Werkzeugs muss die Option FORMEBENEN (erstes Symbol von links) aktiv sein. Ansonsten wird aus der Vektorform ein Pfad in der Pfad-Palette oder eine Zeichenebene.*

Die Formebene erlaubt Ihnen, Vektorformen auch nachträglich noch zu bearbeiten. In der Ebenen-Palette ist eine Formebene in zwei Teile unterteilt: zum einen die Füllfarbe, zum anderen die enthaltenen Formen als Pfad.

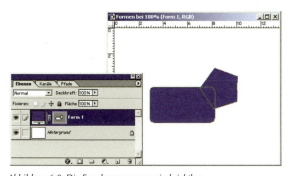

Abbildung 6.8: Die Formbegrenzungen sind sichtbar.

Beide Teile der Formebene sind jeweils durch eine Miniatur vertreten: Die linke zeigt die Füllfarbe an, die rechte die Formen selbst. Klicken Sie doppelt in den linken Bereich, erscheint der Farbwähler. Wenn Sie die rechte einfach anklicken, blendet Photoshop im Bild die Pfade ein und aus. Sie erkennen dies auch an der Umrandung der Miniatur in der Ebenen-Palette (siehe Abbildung 6.8).

Die Formen können Sie mit dem Pfadkomponenten-Auswahl-Werkzeug und dem Direkt-Auswahl-Werkzeug (Tastenkürzel [A] bzw. zum Durchschalten [⇧] + [A]) bearbeiten. Wenn Sie zu einer Formebene eine weitere Form hinzufügen, ergänzt Photoshop diese bei den Pfaden (zweite Miniatur) und erhält die Farbe der gesamten Ebene, unabhängig von der aktuellen Vordergrundfarbe.

Einstellungsebene

Die Einstellungsebenen wenden Befehle, die Sie aus der Oberkategorie BILD/ EINSTELLUNGEN kennen (siehe Kapitel 3, *Farbeinstellungen*), auf die darunter liegenden Ebenen an.

Eine neue Einstellungsebene erstellen Sie über EBENE/NEUE EINSTELLUNGSEBENE oder über das Symbol in der Symbolleiste der Ebenen-Palette (siehe Abbildung 6.9).

Abbildung 6.9: Hier suchen Sie eine Funktion für die Einstellungsebene aus.

Wenn Sie eine der Funktionen ausgewählt haben, erscheint das zugehörige Dialogfenster mit den bekannten Einstellungen.

Für eine Einstellungsebene haben Sie wie bei der Füllebene auch eine Ebenenmaske, mit der Sie festlegen, welche Bereiche der darunter liegenden Ebenen von der Einstellungsebene betroffen sind.

Arten von Ebenen

Abbildung 6.10: Eine Einstellungsebene Farbton/Sättigung färbt die Cover, nur das mittlere haben wir per Ebenenmaske ausgespart.

Sie sollten immer dann Einstellungsebenen einsetzen, wenn Sie nicht die Ebene selbst mit dem jeweiligen Effekt quälen möchten, weil Sie vielleicht nachträglich noch Änderungen haben. Wenn Sie beispielsweise in einer Ebene den Tonwert ändern, ist dies nur über die Protokoll-Palette noch zu ändern. Bei einer Einstellungsebene können Sie jederzeit einfach nachkorrigieren.

Tipp

Besonders sinnvoll sind Einstellungsebenen, wenn Sie sie mit den darunter liegenden gruppieren und so nur auf spezielle Ebenen anwenden. Mehr dazu im Abschnitt Ebenen gruppieren.

Ebenensätze

Seit Photoshop 6 gibt es mit den Ebenensätzen neue Möglichkeiten, Ebenen sinnvoll zu gruppieren. Ein Beispiel für den sinnvollen Einsatz von Ebenensätzen finden Sie im Fundus der Photoshop-Beispielfotos. Das entsprechende Bild heißt *Piccolo-Website.psd* und findet sich im Ordner BEISPIELE im Programmverzeichnis von Photoshop.

> **Hinweis**
>
> Die Beispiele von Photoshop sollten Sie bei der Installation natürlich mit installiert haben, sonst ist der Ordner nicht zu finden. Bei der Standardinstallation sind sie aber automatisch dabei.

Abbildung 6.11: Verschiedene Ebenensätze verwenden Sie zum Gliedern der Ebenen.

Einen neuen Ebenensatz erstellen Sie mit dem Befehl NEUER EBENENSATZ aus den Paletten-Optionen der Ebenen-Palette oder mit dem Menübefehl EBENE/NEU/EBENENSATZ.

Wenn Sie einen Ebenensatz in der Ebenen-Palette aktiviert haben, können Sie ihn mit allen darin enthaltenen Ebenen verschieben, löschen und duplizieren. Die Befehle dazu finden Sie im Menü EBENE und in den Paletten-Optionen. Außerdem können Sie einen Ebenensatz auch auf das Papierkorb-

Ebensätze

Symbol unten in der Symbolleiste der Ebenen-Palette ziehen, um ihn zu löschen.

Die Ebenen in einem Ebenensatz sehen Sie, wenn Sie ihn mit dem Dreieck-Symbol vor dem Namen des Ebenensatzes aufklappen.

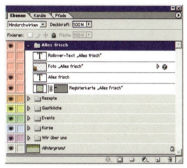

Abbildung 6.12: Ein aufgeklappter Ebenensatz

Um die einzelnen Ebenen im Ebenensatz zu bearbeiten, aktivieren Sie sie. Sie können die Ebenen auch unabhängig vom Ebenensatz ein- und ausblenden. Wenn Sie den Ebenensatz ausblenden, sind zugleich alle Ebenen darin ausgeblendet.

> **Hinweis**
>
> *Für einen Ebenensatz gibt es den speziellen Ebenenmodus HINDURCH-WIRKEN. Dieser legt fest, dass es für den Ebenensatz als Ganzes keinen speziellen Ebenenmodus gibt. Allerdings können Sie einem Ebenensatz auch einen eigenen Ebenenmodus zuweisen. Lesen Sie dazu den Abschnitt* Ebenenmodi.

Eine neue Ebene in einem Ebenensatz erstellen Sie, wenn Sie eine Ebene im Ebenensatz oder den Ebenensatz selbst im aufgeklappten Zustand aktiviert haben. Ist er im zugeklappten Zustand, so wird die neue Ebene außerhalb des Ebenensatzes abgelegt. Sie können sie aber jederzeit wieder hineinziehen, wenn der Ebenensatz aufgeklappt ist.

Die vielleicht interessanteste Besonderheit eines Ebenensatzes ist, dass Sie für ihn eine eigene Ebenenmaske bzw. einen Beschneidungspfad definieren können.

> **Hinweis**
> *Mehr zu Ebenenmasken erfahren Sie im entsprechenden Abschnitt.*

Mit Ebenen arbeiten

In diesem Abschnitt zeigen wir Ihnen noch einige Möglichkeiten im Umgang mit Ebenen. Wenn Sie damit arbeiten, arbeiten Sie schneller und sicherer.

Ebenen fixieren

Wie Sie bereits erfahren haben, ist eine Hintergrundebene zumindest teilweise fixiert. Dies ist aber nicht nur für die Hintergrundebene, sondern auch für andere Ebenenarten möglich.

Die Änderungen nehmen Sie oben in der Ebenen-Palette vor. Dazu gibt es vier Kontrollkästchen.

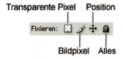

Abbildung 6.13: Die Optionen zum Fixieren in der Ebenen-Palette

Im Folgenden stellen wir die verschiedenen Optionen zum Fixieren einer Ebene vor:

- TRANSPARENTE PIXEL FIXIEREN legt fest, dass Sie die transparenten Pixel einer Ebene nicht mehr bearbeiten können. Ändern können Sie diese Option nur bei Zeichenebenen.

- BILDPIXEL FIXIEREN legt fest, dass Sie kein Pixel der Ebene mehr verändern können. Verschieben ist allerdings dennoch möglich. Auch diese Option können Sie nur bei Zeichenebenen einstellen.

- POSITION FIXIEREN bestimmt, dass die Ebene nicht verschoben werden kann.

- ALLES FIXIEREN erlaubt keine Änderungen mehr an der Ebene.

> **Tipp**
>
> *Fixieren Sie Ebenen, wenn Sie sie fertig bearbeitet haben. Manchmal geschehen sonst unabsichtliche Änderungen, wenn Sie sich in der Ebenen-Palette gerade verklickt haben.*

Ebenen bewegen und transformieren

Wie bewegt man Ebenen? Mit dem Verschieben-Werkzeug. Dies geht immer, wenn für die Ebene nicht POSITION FIXIEREN aktiviert ist.

> **Hinweis**
>
> *Sie wechseln mit* Strg *aus jedem Werkzeug kurzfristig auf das Verschieben-Werkzeug. Dauerhaft wechseln Sie mit* V *.*

Das Transformieren ist genauso einfach. Mit dem Befehl BEFEHL/FREI TRANSFORMIEREN rufen Sie ein Rechteck um die Objekte der Ebene auf.

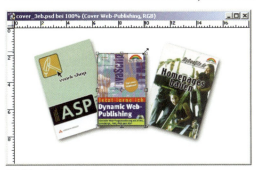

Abbildung 6.14: Eine Ebene transformieren

Neben dem freien Transformieren können Sie in der Oberkategorie BEARBEITEN/TRANSFORMIEREN verschiedene Methoden zum Transformieren wählen. Im Bild erkennen Sie die verschiedenen Methoden wie Neigen, Verzerren etc. an dem jeweiligen Mauscursor. Diese sind in der folgenden Tabelle kurz zusammengefasst.

Cursor	Operation	Beschreibung
↖ ↗	Skalieren	Verändert Breite und Höhe eines Objekts. Ist aktiv, wenn Cursor über Eckpunkten. Mit gedrückter ⇧-Taste wird proportional skaliert.
↔ ↕	Ziehen	Es wird die Breite oder die Höhe verändert. Ist aktiv, wenn Cursor über Seitenpunkten.
↻ ↺ ↺ ↻	Drehen	Ein Objekt wird gedreht. Der Drehmittelpunkt lässt sich per Klicken und Ziehen verschieben. Standardmäßig ist er in der Mitte des Skalier-Rechtecks. Ist aktiv, wenn der Cursor etwas außerhalb der Eckpunkte ist. Mit gedrückter ⇧-Taste wird in 15°-Winkeln gedreht.
▶↔ ▶↕	Neigen	Das Objekt wird nach links oder rechts geneigt. Ist aktiv, wenn TRANSFORMIEREN/NEIGEN eingeschaltet ist. Beim FREI TRANSFORMIEREN klicken Sie mit Strg auf einen Seitenpunkt. Wenn Sie ⇧ dazu betätigen, wird mit eingeschränkten Winkeln geneigt.
▶	Verzerren	Mit ihr wird ein Objekt an einen Punkt gezogen. Beim FREI TRANSFORMIEREN klicken Sie mit Strg auf einen Eckpunkt. Wenn Sie ⇧ dazu betätigen, wird mit eingeschränkten Winkeln verzerrt.
▶	Perspektivisch verzerren	Verzerrt ein Objekt immer an zwei Punkten. Sie ziehen an dem einen, und der gegenüberliegende wird auch verschoben. Beim FREI TRANSFORMIEREN klicken Sie mit Strg + Alt auf einen Eckpunkt. Mit ⇧ dazu verzerren Sie mit eingeschränktem Winkel.

Tabelle 6.1: Die Mauszeiger für das Transformieren

Hinweis

In den Werkzeug-Optionen finden Sie beim Transformieren einige Textfelder, in denen Sie numerische Werte eingeben können. Das ist oftmals exakter als die Arbeit mit der Maus.

Abbildung 6.15: Die Werkzeug-Optionen für das Transformieren

Objekte an Hilfslinien ausrichten

Wenn Sie eine Ebene verschieben, ist es manchmal notwendig, sie an etwas auszurichten. Vor allem, wenn Sie mehrere Ebenen und viele Objekte haben, müssen Sie Ordnung schaffen. Die Methode der Wahl sind Hilfslinien.

Hilfslinien ziehen Sie aus den Linealen des Bildes. Die Lineale blenden Sie mit ANSICHT/LINEALE oder [Strg] + [R] ein. Klicken Sie auf das vertikale oder horizontale Lineal, halten Sie die Maustaste gedrückt und ziehen Sie die Hilfslinie heraus.

> **Tipp**
>
> *Mit dem Befehl ANSICHT/NEUE HILFSLINIE können Sie eine Hilfslinie mit numerischen Eingaben erzeugen. Die Längenmaße sind dabei vom Nullpunkt des Koordinatensystems (standardmäßig links oben, aber verschiebbar) aus gemessen. Als Einheiten können Sie die üblichen Längeneinheiten wie Pixel (PX), Zentimeter (CM) und Inch (IN) angeben.*

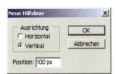

Abbildung 6.16: Das Dialogfeld NEUE HILFSLINIE

Abbildung 6.17: Eine Hilfslinie wurde eingefügt.

Sie können auch eine Hilfslinie nachträglich verschieben, wenn Sie darauf klicken. Um dies auszuschalten, wählen Sie ANSICHT/HILFSLINIEN FIXIEREN. Dies hat den Vorteil, dass Sie Hilfslinien nicht aus Versehen verschieben können.

> **Hinweis**
>
> *Um die Hilfslinien wieder zu löschen, verwenden Sie den Befehl ANSICHT/HILFSLINIEN LÖSCHEN oder verschieben Sie die Hilfslinie aus der Arbeitsfläche.*

Wenn Sie nun die Ebene COVER WEB-PUBLISHING verschieben, richtet Photoshop sie an der Hilfslinie aus. Allerdings lässt sich diese Ausrichtung auch ausschalten, und zwar mit dem Befehl ANSICHT/AUSRICHTEN AN/HILFSLINIEN. In der Oberkategorie ANSICHT/AUSRICHTEN AN finden Sie noch einige andere Optionen, an denen Sie eine Ebene oder Auswahl ausrichten können. Ein Beispiel sind die DOKUMENTBEGRENZUNGEN. Diese Option stört viele Nutzer, da Ebenen dann immer in einer Entfernung von 8 Pixeln an den Rand des Bildes gezogen werden.

> **Hinweis**
>
> *Neben den Hilfslinien können Sie auch ein Raster für das gesamte Bild vergeben und die Objekte daran ausrichten. Mit ANSICHT/EINBLENDEN/ RASTER blenden Sie das Raster ein und mit ANSICHT/AUSRICHTEN AN/ RASTER richten Sie Objekte daran aus.*

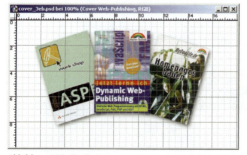

Abbildung 6.18: Ein Raster

Für Hilfslinien und Raster gibt es in den Voreinstellungen ein eigenes Dialogfenster namens HILFSLINIEN, RASTER UND SLICES (Befehl BEARBEITEN/VOREINSTELLUNGEN/ HILFSLINIEN, RASTER UND SLICES).

Hier bestimmen Sie FARBE und Aussehen für Hilfslinien und Raster. Außerdem legen Sie noch den ABSTAND und die UNTERTEILUNG des Rasters fest.

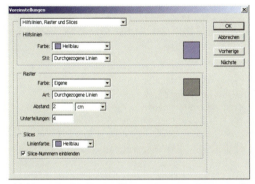

Abbildung 6.19: Die Voreinstellungen HILFSLINIEN, RASTER UND SLICES

Ebenen zwischen Dokumenten austauschen

Um eine Ebene in ein anderes Dokument zu kopieren, ziehen Sie sie einfach auf die Arbeitsfläche des anderen Bildes.

> **Achtung**
>
> *Dies funktioniert nicht mit Bildern im Farbmodus INDIZIERTE FARBEN.*

Wenn Sie mehrere Ebenen in ein anderes Dokument verschieben möchten, gruppieren Sie diese am besten in einem Ebenensatz und verschieben diesen in das andere Dokument.

Ebenen auf eine reduzieren

In der täglichen Arbeit werden Sie eine Menge Ebenen erstellen. Zwischendrin und vor allem zum Schluss müssen Sie dann einzelne Ebenen auf eine reduzieren. Dafür bietet Ihnen Photoshop mehrere Möglichkeiten. Sie finden sie in den Paletten-Optionen oder unten im Menü EBENE:

- MIT DARUNTERLIEGENDER AUF EINE EBENE REDUZIEREN verbindet die aktive Ebene und die darunter liegende auf eine. Wenn die aktive mit anderen Ebenen verbunden ist, ist diese Option nicht vorhanden.

- VERBUNDENE AUF EINE EBENE REDUZIEREN macht die aktive Ebene und die mit ihr verbundene zu einer Ebene. Diese Option ist nur vorhanden, wenn die aktive Ebene mit mindestens einer anderen Ebene verbunden ist.

> **Tipp**
>
> *Verwenden Sie das Verbinden von Ebenen, um Ebenen zu einer einzigen zu verschmelzen, denn damit haben Sie eine hervorragende Kontrolle.*

- SICHTBARE AUF EINE EBENE REDUZIEREN macht aus allen sichtbaren Ebenen eine einzige.

- AUF HINTERGRUNDEBENE REDUZIEREN macht alle Ebenen zu einer. Ausgeblendete Ebenen löscht Photoshop.

Fülloptionen und Ebeneneffekte

Wenn Sie doppelt auf den Bereich neben dem Ebenennamen klicken, öffnet sich das Dialogfenster EBENENSTILE. Alternativ betätigen Sie den Befehl FÜLLOPTIONEN in den Paletten-Optionen.

> **Achtung**
>
> *In Photoshop 6 ruft auch ein Doppelklick auf den Ebenennamen die Ebenenstile auf, in Photoshop 7 ändern Sie damit den Ebenennamen. Wenn Sie mit gedrückter* Alt *-Taste den Ebenennamen doppelt anklicken, erscheinen die Ebenenstile.*

Fülloptionen und Ebeneneffekte

Abbildung 6.20: Das Dialogfenster EBENENSTIL

Das Dialogfenster EBENENSTIL besteht aus insgesamt drei Elementen:

- Die Option STILE ganz oben auf der linken Seite des Dialogfensters erlaubt Ihnen den Zugriff auf die Ebenenstile von Photoshop. Dort können Sie auch selbst Ebenenstile erstellen. Ein Ebenenstil besteht immer aus den Fülloptionen und den Ebeneneffekten.

- Bei den FÜLLOPTIONEN finden Sie Einstellungen für die Füllung der Ebene.

- Unter den FÜLLOPTIONEN finden sich die EBENENEFFEKTE. Wenn Sie das jeweilige Kontrollkästchen anklicken, erscheint der Effekt. Klicken Sie auf den Namen des Effekts, erhalten Sie weitere Einstellungen. Die Ebeneneffekte sind optische Effekte, für die normalerweise kompliziertere Arbeiten und Aktionen notwendig wären.

Stile

Bei STILE finden Sie die vorgefertigten Stile. Mit der Schaltfläche NEUER STIL können Sie auch jederzeit einen eigenen Stil definieren. Dieser erhält dann die FÜLLOPTIONEN und EFFEKTE, die Sie auswählen.

> **Hinweis**
>
> *Einen neuen Stil können Sie auch bei den EBENENEFFEKTEN und FÜLL-OPTIONEN festlegen, denn die Schaltfläche NEUER STIL ist immer vorhanden.*

Standardmäßig ist der STANDARDSTIL links oben ausgewählt. Wenn Sie Änderungen vornehmen, werden diese in diesem Stil nicht übernommen.

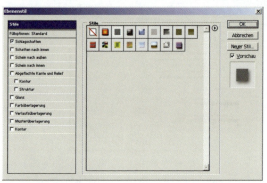

Abbildung 6.21: Die STILE

In den Paletten-Optionen der Stile (schwarzes Dreieck rechts oben) finden Sie weitere Optionen für die Stile.

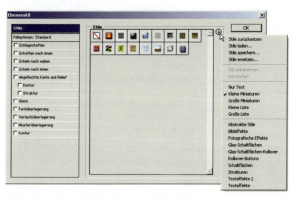

Abbildung 6.22: Die Paletten-Optionen für die Stile

Hier können Sie beispielsweise die Ansicht der Stile ändern und einzelne Stile speichern bzw. laden.

Fülloptionen

Die Fülloptionen enthalten mehrere nützliche Informationen. Sie können hier die DECKKRAFT, also wie stark die Ebene durchscheint, und den EBENENMODUS ändern.

Die weiteren Einstellungen können wir hier leider nicht detailliert besprechen, da der Platz fehlt. Nähere Informationen finden Sie in der Online-Hilfe von Photoshop oder in Büchern für Fortgeschrittene wie *Photoshop Magnum* von Tobias Hauser, erschienen bei Markt+Technik.

Ebeneneffekte

Ebeneneffekte vereinfachen komplizierte Effekte und erlauben Ihnen deren genaue Steuerung. In der Ebenen-Palette erkennen Sie Ebeneneffekte an dem f-Symbol. Wenn Sie auf das graue Dreieck davor klicken, klappen die Effekte aus, die der Ebene zugewiesen sind.

Abbildung 6.23: Schlagschatten als Ebeneneffekt

Neben dem Dialogfenster EBENENSTIL können Sie Ebeneneffekte zudem über die Schaltfläche mit dem f-Symbol in der Symbolleiste der Ebenen-Palette zuweisen.

Um einen Ebeneneffekt zu kopieren, klicken Sie mit der rechten Maustaste (Mac: Ctrl + Klick) auf das f-Symbol neben dem Ebenennamen und wählen dort den Befehl EBENENEFFEKT KOPIEREN.

Ebenfalls über das Kontextmenü fügen Sie Ebenenstile wieder ein bzw. löschen sie. Außerdem können Sie Ebenenstile in alle mit der aktiven verbundenen Ebenen einfügen.

Im Folgenden fassen wir die Ebeneneffekte zusammen.

Ebeneneffekt	Wirkung
Schlagschatten	Erzeugt einen Schlagschatten hinter der Ebene. Sie können Farbe, Aussehen, Richtung und Größe des Schattens beeinflussen.
Schatten nach innen	Wirft einen Schatten nach innen in die Ebene. Hier haben Sie ebenfalls die Möglichkeit, Farbe, Aussehen, Richtung und Größe des Schattens zu steuern.
Schein nach außen	Dieser Effekt wirft rund um das Objekt einen Schein, der ein Licht simulieren soll. Hier können Sie Richtung und Intensität regeln.
Schein nach innen	Erzeugt einen Schein nach innen. Hier steuern Sie ebenfalls Richtung und Intensität.
Abgeflachte Kante und Relief	Dieser Effekt erzeugt ein 3D-artiges Aussehen. Er wird häufig für Schaltflächen verwendet. Höhe und Aussehen der Kante und des Reliefs lassen sich verändern.
Kontur	Dieser Effekt funktioniert nur mit ABGEFLACHTE KANTE UND RELIEF. Es wird eine Kontur für den 3D-Effekt vergeben.
Struktur	Bei der Struktur fügen Sie dem Effekt ABGEFLACHTE KANTE UND RELIEF eine Struktur hinzu.
Glanz	Versieht die Ebene mit einem Glanz. Dabei steuern Sie Deckkraft, Abstand und Größe des Glanzeffekts.
Farbüberlagerung	Füllt die Elemente der Ebene mit einer Farbe. Entspricht einer normalen Füllung. Kann allerdings wieder abgewählt werden.
Verlaufsüberlagerung	Füllt die Elemente der Ebene mit einem Verlauf. Sie haben Zugriff auf die mitgelieferten Verläufe.
Musterüberlagerung	Die Elemente der Ebene werden mit einem Muster gefüllt. Sie haben Zugriff auf die mitgelieferten Muster.

Ebeneneffekt	Wirkung
Kontur	Versieht die Objekte der Ebene mit einer Kontur. Dies entspricht dem Befehl BEARBEITEN/KONTUR FÜLLEN.

Tabelle 6.2: Die Ebeneneffekte im Überblick

Ebenenmodi

In der Ebenen-Palette ändern Sie die Deckkraft und den Ebenenmodus einer Ebene. Der Ebenenmodus bestimmt, wie eine Ebene auf die darunter liegenden wirkt. Die Standardeinstellung ist NORMAL. Das heißt, die obere Ebene scheint je nach Deckkraft komplett durch.

> **Hinweis**
>
> *Ein wenig Verwirrung besteht bezüglich des Namens der Ebenenmodi. Bei Ebenen heißen sie Ebenenmodi oder Überblendmodi. Bei anderen Werkzeugen wie dem Füll-Werkzeug nennt man dieselben Modi dagegen Füllmodi. Dies ändert allerdings nichts an der Funktionsweise.*

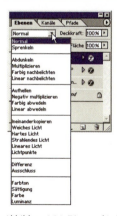

Abbildung 6.24: Die verschiedenen Ebenenmodi

201

Die Ebenemodi wurden in Photoshop 7 neu gegliedert und zwar nach Funktionsweise. Ebenemodi, die aufhellen, hintereinander, Modi, die abdunkeln, ebenfalls zusammen und so weiter. Im Folgenden fassen wir Ihnen die verschiedenen Ebenemodi kurz zusammen.

Überblendmodus	Vorgang	Wirkung
Normal	Das obere Pixel wird mit dem unteren gemischt. Hat das obere Pixel eine DECKKRAFT von 100 %, so ist nur es sichtbar.	Der Standardmodus. Bei Bildern mit indizierten Farben oder bei Bitmap-Bildern heißt der MODUS Schwellenwert.
Hindurchscheinen	Der Ebenensatz mit diesem Ebenemodus hat keinen eigenen Ebenemodus. Stattdessen werden nur die Ebenemodi der Ebenen des Satzes verwendet.	Ist nur bei Ebenensätzen verfügbar.
Sprenkeln	Nach dem Zufallsprinzip setzen sich entweder obere oder untere Pixel durch. Die DECKKRAFT regelt den Anteil an oberen und unteren Pixeln.	Wird eher selten verwendet. Wenn, dann meist mit Pinsel oder Airbrush als künstlerisches Element. Dieser MODUS funktioniert in allen Farbmodi, auch bei Bitmap-Bildern.
Abdunkeln	Vom oberen und unteren Pixel wird das dunklere als Ergebnis genommen. Das andere fällt weg.	Dieser MODUS erlaubt Ihnen, ganze Bilder zu mischen. Der MODUS funktioniert zwar bei Bitmap-Bildern, nicht aber im Lab-Modus.
Multiplizieren	Nimmt die Farbinformationen des oberen und des unteren Pixels aus den einzelnen Farbkanälen und multipliziert diese miteinander. Die DECKKRAFT der oberen Pixel steuert die Stärke des Effekts.	Da zwei Farbinformationen multipliziert werden, ist das Ergebnis immer eine dunklere Farbe. Dieser MODUS hat meist eine verfremdende, künstlerische Wirkung.

Ebenenmodi

Überblendmodus	Vorgang	Wirkung
Farbig nachbelichten	Das untere Pixel wird mit dem Farbwert des oberen Pixels abgedunkelt. Durch eine Erhöhung des Kontrasts wird zusätzlich abgedunkelt. Ist das obere Pixel weiß, erfolgt keine Änderung.	Dieser MODUS kann den Schatten in einem Bild auf die Sprünge helfen. Er funktioniert nicht im Lab-Modus.
Linear nachbelichten	Ähnlich wie Farbig nachbelichten. Statt der Erhöhung des Kontrastes wird eine Verringerung der Helligkeit zum Abdunkeln verwendet. Ist das obere Pixel weiß, so erfolgt keine Änderung.	In der Wirkung ähnlich wie Farbig nachbelichten.
Aufhellen	Die Farbwerte des oberen und unteren Pixels werden verglichen. Bestehen bleibt das hellere von beiden.	Mit diesem MODUS können Sie ebenfalls Bildbereiche mischen. Der MODUS funktioniert nicht bei Lab.
Negativ multiplizieren	Macht aus den Farbinformationen des oberen und unteren Pixels jeweils in den einzelnen Kanälen das Negativ und multipliziert die Farbwerte des Negativs miteinander.	Durch die Multiplikation der Farbwerte des Negativs wird die Ergebnisfarbe immer heller als die bestehende. Auch dieser MODUS ist meist eher künstlerischer Natur, kann aber auch zum Setzen von Lichtern in einem Bild dienen.
Farbig abwedeln	Das untere Pixel wird mittels des Farbwerts des oberen Pixels aufgehellt. Ist das obere Pixel rein schwarz, erfolgt keine Änderung. Durch eine Senkung des Kontrastes wird zusätzlich aufgehellt. Ist es rein weiß, so ist das Ergebnis ebenfalls weiß.	Dieser MODUS setzt gute Leuchteffekte, wenn Sie ihn nur für Teilbereiche des Bildes einsetzen. Er funktioniert nicht im Lab-Modus.

Überblendmodus	Vorgang	Wirkung
Linear abwedeln	Ähnlich wie Farbig abwedeln. Statt einer Kontraständerung wird allerdings die Helligkeit erhöht, um das Bild aufzuhellen. Bei Weiß ist das Ergebnis weiß.	Wirkt ähnlich wie Farbig abwedeln.
Ineinanderkopieren	Dieser Modus ist ein wenig kompliziert: Abhängig von der Farbe der Pixel werden die normalen oder die Negativ-Farbwerte miteinander multipliziert. Lichter und Schatten bleiben erhalten, Mitteltöne werden geändert. Der Farbwert der oberen Pixel wird nicht ersetzt, sondern mit der Farbe der unteren gemischt.	Dieser MODUS ist in seiner Wirkung recht extrem und wird deswegen eher für die »künstlerische« Anwendung gebraucht.
Weiches Licht	Je nach Farbwert des oberen Pixels wird das untere Pixel aufgehellt oder abgedunkelt. Der Scheidepunkt ist dabei 50 % Grau.	Dieser MODUS simuliert ein diffuses Licht. Sie können den Effekt auch mehrmals anwenden, um die Wirkung zu verstärken.
Hartes Licht	Ja nach Farbwert des oberen Pixels wird der Farbwert mit dem unteren multipliziert oder negativ multipliziert. Ist der Farbwert heller als 50 % Grau, wird negativ multipliziert und damit aufgehellt. Ist er dunkler als 50 % Grau, wird multipliziert und damit abgedunkelt.	Mit diesem MODUS soll die Beleuchtung des Bildes mit direktem Licht simuliert werden. Das Bild wird kontrastreicher und härter.

Ebenenmodi

Überblendmodus	Vorgang	Wirkung
Strahlendes Licht	Die Farbe des oberen Pixels wird mit einer Senkung des Kontrastes aufgehellt, wenn das untere Pixel einen Farbwert heller als 50 % Grau hat, bei weniger als 50 % wird mit einer Erhöhung des Kontrastes abgedunkelt.	Kombination aus Farbig abwedeln und Farbig nachbelichten. Recht starke Wirkung.
Lineares Licht	Die Farbe des oberen Pixels wird mit einer Erhöhung der Helligkeit aufgehellt, wenn das untere Pixel einen Farbwert heller als 50 % Grau hat, bei weniger als 50 % wird mit einer Senkung der Helligkeit abgedunkelt.	Kombination aus Linear abwedeln und Linear nachbelichten. Ebenfalls recht stark in der Wirkung.
Lichtpunkte	Ist der Farbwert der oberen Pixel heller als 50 % Grau, bleiben diese erhalten. Ist er geringer, werden die unteren Pixel verwendet.	Sehr starke, oft zerrissene Wirkung. Kann für Leuchteffekte gut verwendet werden.
Differenz	Hier wird der Farbwert des Pixels mit dem niedrigeren Helligkeitswert von dem mit dem höheren in jedem Kanal abgezogen. Ist das obere oder untere Pixel weiß, ist das Ergebnis die Umkehrung des anderen Farbwerts.	Die Differenz erzeugt oft sehr eindrucksvolle Effekte. Außerdem lässt sich mit diesem MODUS sehr schön der Unterschied zwischen zwei Ebenen herausstellen. Legen Sie sie einfach übereinander. An Stellen mit Schwarz ändert sich nichts, an Stellen mit gleichen Farbwerten entsteht Schwarz. So können Sie beispielsweise Elemente passgenau in Ebenen einfügen und dann einfach den Überblendmodus wechseln.

Überblendmodus	Vorgang	Wirkung
Ausschluss	Funktioniert im Prinzip genauso wie Differenz. Das Ergebnis ist allerdings kontrastärmer.	Wirkt etwas weicher als die Differenz, lässt sich ansonsten allerdings analog einsetzen.
Farbton	Ersetzt den Farbton des unteren Pixels mit dem des oberen.	Eignet sich zum sanften Färben eines Graustufenbildes oder jedes anderen Farbbildes. Da Sättigung und Helligkeit nicht übernommen werden, ist der Effekt nicht so stark.
Sättigung	Überträgt die Sättigung des oberen Pixels auf das untere. Farbton und Helligkeit des unteren Pixels bleiben erhalten.	Mit diesem MODUS können Sie einem Bild Sättigung hinzufügen oder entziehen. Nehmen Sie beispielsweise ein graues Bild für die oberen Pixel, werden die unteren Pixel entfärbt.
Farbe	Übernimmt Farbton und Sättigung des oberen Pixels für das untere. Lässt aber die Helligkeit außen vor.	Da die Helligkeit nicht mit übertragen wird, bleibt die Bildstruktur der unteren Pixel erhalten. Es ändert sich nur die Farbe. Dies lässt sich hervorragend zum Einfärben und für jede Art von Farbeffekten verwenden.
Luminanz	Das obere Pixel liefert ausschließlich die Helligkeitsinformationen. Farbton und Sättigung kommen vom unteren Pixel.	Damit wird die Struktur der oberen Pixel übernommen und über die der unteren gelegt.

Tabelle 6.3: Die Ebenenmodi

Ebenen gruppieren

Wenn Sie zwei oder mehr Ebenen gruppieren, sind die oberen Ebenen nur an den Stellen sichtbar, an denen die unterste gefüllt ist. Wir illustrieren Ihnen dies anhand eines Beispiels.

Abbildung 6.25: Die Blumen-Ebene wurde mit einer Vektorebene gruppiert.

Für dieses Beispiel haben wir als Grundlage ein Bild mit einer Blume verwendet. Dann waren folgende Schritte nötig:

1 Die Ebene mit der Blume wurde von einer Hintergrundebene durch Doppelklick in eine normale Ebene umgewandelt.

2 Mit dem Vektorformwerkzeug EIGENE-FORM-WERKZEUG haben wir eine Blumen-Form aus den Werkzeug-Optionen ausgewählt und dann aufgezogen.

3 Die Vektorformebene wurde unter die Blumen-Ebene angeordnet.

4 Eine weiße Hintergrundebene wurde angelegt (Neue Ebene, Hintergrundfarbe Weiß, mit EBENE/NEU/ALS HINTERGRUND als Hintergrundebene definieren).

5 Sie müssen die Blumen-Ebene mit der Vektorebene gruppieren. Dazu dient der Befehl EBENE/MIT DARUNTERLIEGENDER EBENE GRUPPIEREN oder das Tastenkürzel `Strg` + `G`.

> **Hinweis**
>
> Sie können eine Gruppierung mit dem Befehl EBENE/GRUPPIERUNG AUFHEBEN wieder aufheben.

6 Als Letztes haben wir noch den Ebeneneffekt *Schlagschatten* mit GRÖßE und DISTANZ von 5 Pixeln und einem Winkel von 120° zur Vektorebene hinzugefügt, um das Ganze ein wenig plastischer zu machen.

> **Tipp**
>
> Sie können auch mehrere Ebenen gruppieren, indem Sie sie einfach über den gruppierten Ebenen anfügen und ebenfalls den Befehl MIT DARUNTERLIEGENDER EBENE GRUPPIEREN wählen.

Ebenenmasken und Beschneidungspfade

Ebenenmasken und Beschneidungspfade dienen dazu, Teile einer Ebene abzudecken, ohne dass Sie diese löschen müssen.

Ebenenmasken

Ebenenmasken bestehen aus schwarzen und weißen Bereichen sowie den Graustufen dazwischen. Schwarze Bereiche werden in der Ebene ausgeblendet, weiße Bereiche komplett eingeblendet. Bereiche mit Graustufen stellt Photoshop je nach Grauwert mit der entsprechenden Transparenz dar.

Eine Ebenenmaske erzeugen Sie mit der Oberkategorie EBENE/EBENENMASKE HINZUFÜGEN. Dort haben Sie die Wahl zwischen NICHTS MASKIERT und ALLES MASKIERT. Ersteres erzeugt eine völlig weiße Ebenenmaske. In diese können Sie die schwarzen Bereiche hineinmalen, um diese Teile auszublenden. ALLES MASKIERT erzeugt im Gegensatz dazu eine völlig schwarze Ebenenmaske.

Meist erzeugen Sie eine Ebenenmaske aber aus einer Auswahl. Hier haben wir auf ein Beispiel aus Kapitel 5, *Auswahlen*, zurückgegriffen und die Auswahl des Himmels über dem Turm in eine Maske umgewandelt.

Ebenenmasken und Beschneidungspfade

Abbildung 6.26: Eine Auswahl wurde als Ebenenmaske verwendet, darunter wurde ein neuer Himmel eingefügt.

Zum Umwandeln einer Auswahl in eine Maske gibt es folgende Möglichkeiten:

- Das zweite Symbol von links in der Symbolleiste der Ebenen-Palette fügt die Auswahl einer Ebene als Maske hinzu. Maskiert, also in Schwarz dargestellt, sind die Bereiche außerhalb der Auswahl. Wenn Sie mit gedrückter [Alt]-Taste auf das Symbol klicken, maskiert Photoshop den Bereich innerhalb der Auswahl schwarz.

- Der Befehl EBENE/EBENENMASKE HINZUFÜGEN/AUSSERHALB DER AUSWAHL MASKIEREN stellt die Bereiche außerhalb der Auswahl schwarz dar. Diese Bereiche sind also nicht sichtbar.

- Der Befehl EBENE/EBENENMASKE HINZUFÜGEN/AUSWAHL MASKIEREN stellt die Bereiche innerhalb der Auswahl schwarz dar. Das heißt, die Bereiche in der Auswahl sind nicht zu sehen.

Nun haben Sie also eine Ebenenmaske erstellt. Sie lässt sich mit den üblichen Malwerkzeugen bearbeiten. Klicken Sie auf sie. Wenn in der Ebenen-Palette eine doppelte Umrandung um die Ebenenmaske sichtbar ist, können Sie sie bearbeiten.

Einige weitere Operationen für Ebenenmasken wollen wir noch vorstellen:

- Zwischen Ebenenmaske und Ebene sehen Sie ein Verkettungssymbol. Es zeigt an, dass die Ebenenmaske beim Verschieben zusammen mit der Ebene wandert. Wenn Sie auf das Symbol klicken, verschwindet es und die Ebenenmaske lässt sich unabhängig von der Ebene verschieben.

- Sie können eine Ebenenmaske kurzfristig deaktivieren. Dazu dient der Menübefehl EBENE/EBENENMASKE DEAKTIVIEREN oder Sie klicken mit gedrückter ⇧-Taste auf die Ebenenmaske in der Ebenen-Palette. Sie erkennen eine deaktivierte Ebenenmaske an dem roten Kreuz.

> **Tipp**
>
> *Sie finden die hier aufgeführten Befehle auch im Kontextmenü, wenn Sie auf die Ebenenmaske klicken (Windows: rechte Maustaste; Mac: `Ctrl` + Klick).*

Ebenenmasken und Beschneidungspfade

Abbildung 6.27: Die Ebenenmaske wurde deaktiviert, der alte Himmel scheint wieder durch.

Um die Ebenenmaske wieder zu aktivieren, wählen Sie den Menübefehl EBENE/EBENENMASKE DEAKTIVIEREN oder klicken Sie wieder mit gedrückter ⇧-Taste auf die Ebenenmaske in der Ebenen-Palette.

- Wenn Sie mit gedrückter Alt-Taste auf die Ebene klicken, wird nur die Ebene im Originalbild angezeigt. Sie können sie nun in Ruhe bearbeiten. Ein erneuter Klick mit gedrückter Alt-Taste ändert die Ansicht wieder.

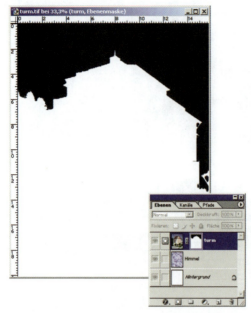

Abbildung 6.28: Sie sehen nur die Ebenenmaske und können Sie bearbeiten.

- Wenn Sie mit gedrückter ⌜Strg⌝-Taste auf die Ebenenmaske klicken, wird eine Auswahl mit den Formen der Ebenenmaske erzeugt.

Hinweis

Wenn Sie eine normale Zeichenebene mit transparenten Bereichen mit gedrückter ⌜Strg⌝-Taste anklicken, wird die Transparenzmaske der Ebene als Auswahl geladen.

- Es gibt zwei Arten, eine Ebenenmaske zu löschen. Entweder Sie wenden sie an oder nicht. Anwenden heißt, dass Photoshop die von der Ebenenmaske ausgeblendeten Teile der Ebene einfach abschneidet. Wenn Sie die Ebene mit der Ebenenmaske aktiviert haben, haben Sie in der Oberkategorie EBENE/EBENENMASKE ENTFERNEN die Wahl, ob Sie LÖSCHEN oder

ANWENDEN möchten. Wenn Sie die Ebenenmaske dagegen auf das Papierkorb-Symbol in der Ebenen-Palette ziehen, erhalten Sie ein Dialogfeld, das fragt, ob Sie löschen oder anwenden wollen.

> **Hinweis**
>
> Im Kontextmenü der Ebenenmaske heißt das Löschen einer Ebenenmaske seit Photoshop 6 nicht mehr LÖSCHEN, sondern EBENENMASKE VERWERFEN. Die Bedeutung ist dieselbe.

Vektormaske

Eine Vektormaske funktioniert im Prinzip wie eine Ebenenmaske. Die Bereiche, die mit einem Pfad bedeckt sind, sind sichtbar, die Bereiche außerhalb des Pfads unsichtbar.

> **Hinweis**
>
> In Photoshop 6 hießen die Vektormasken noch Beschneidungspfad.

Von der Bedienung her gleichen Beschneidungspfade den Ebenenmasken. Mit der Oberkategorie EBENE/VEKTORMASKE HINZUFÜGEN haben Sie Zugriff auf drei Methoden, der aktiven Ebene einen Beschneidungspfad hinzuzufügen:

ALLES MASKIEREN legt eine Vektorform über die gesamte Ebene, so dass diese komplett ausgeblendet ist.

NICHTS MASKIEREN lässt den Beschneidungspfad frei. Dies wird durch die graue Fläche angezeigt.

AKTUELLER PFAD verwendet einen aktiven Pfad als Beschneidungspfad.

In den meisten Fällen verwendet man die Option NICHTS MASKIEREN, aktiviert dann den Beschneidungspfad und erstellt mit den Pfad- und Vektorwerkzeugen Formen für den Beschneidungspfad.

Abbildung 6.29: Ein Beschneidungspfad beschneidet die Ebene.

So sind wir in dem Beispiel aus Abbildung 6.29 vorgegangen. Erst haben wir einen Beschneidungspfad mit NICHTS MASKIEREN erstellt, dann mit dem Vektorformwerkzeug Eigene-Form-Werkzeug eine Blumenform erstellt, die die Ebene BLUME beschneidet.

Hinweis

Vielleicht ist es Ihnen aufgefallen. Dieses Beispiel führt zu dem gleichen Ergebnis wie das Beispiel aus dem Abschnitt Ebenen gruppieren. *In Photoshop führen oft verschiedene Wege zum gleichen Ziel.*

Vektormasken bedienen Sie mit denselben Optionen wie Ebenenmasken. Hier noch einmal eine kurze Zusammenfassung:

Tipp

Sie finden die hier aufgeführten Befehle auch im Kontextmenü, wenn Sie auf die Ebenenmaske klicken (Windows: rechte Maustaste; Mac: Ctrl *+ Klick).*

- Das Verkettungssymbol zwischen der Ebene und der Vektormaske verbindet beide. Die Vektormaske wird beim Verschieben zusammen mit der Ebene bewegt. Wenn Sie auf die Kette klicken, wird sie ausgeblendet und die Vektormaske lässt sich unabhängig von der Ebene verschieben.

Ebenenmasken und Beschneidungspfade

> **Achtung**
>
> *Beachten Sie, dass Sie Vektorformen in der Vektormaske nicht mit dem Verschieben-Werkzeug, sondern nur mit dem Pfadkomponenten-Auswahl-Werkzeug und Direkt-Auswahl-Werkzeug bewegen können.*

- Ein Beschneidungspfad lässt sich kurzfristig deaktivieren. Dazu dient der Menübefehl EBENE/VEKTORMASKE DEAKTIVIEREN oder Sie klicken mit gedrückter ⇧-Taste auf den Beschneidungspfad. Sie erkennen einen deaktivierten Beschneidungspfad ebenfalls am roten Kreuz.

Abbildung 6.30: Der Beschneidungspfad wurde deaktiviert.

Um den Beschneidungspfad wieder zu aktivieren, klicken Sie noch einmal mit gedrückter ⇧-Taste darauf oder betätigen Sie den Menübefehl EBENE/VEKTORMASKE AKTIVIEREN.

- Wenn Sie den Beschneidungspfad mit gedrückter Strg-Taste anklicken, wird aus dem Beschneidungspfad eine Auswahl erzeugt.

- Im Kontextmenü des Beschneidungspfads finden Sie den Befehl EBENE/VEKTORMASKE RASTERN. Damit wird ein Beschneidungspfad in eine Ebenenmaske verwandelt.

- Um einen Beschneidungspfad zu löschen, ziehen Sie ihn auf das Papierkorb-Symbol in der Ebenen-Palette, betätigen Sie den Menübefehl EBENE/VEKTORMASKE LÖSCHEN oder gehen Sie über das Kontextmenü.

> **Tipp**
>
> *Sie können für jede Ebene eine Ebenenmaske und eine Vektormaske anlegen. Dies führt allerdings unter Umständen zu einigem Chaos.*

Kapitel 7

Masken und Pfade

> In diesem Kapitel lernen Sie einige nützliche Werkzeuge für den Arbeitsalltag kennen. Den Anfang macht der Maskierungsmodus, in dem Sie eine Auswahl mit Malwerkzeugen malen können. Dann widmen wir uns den Vektoren und Pfaden.

Das können Sie schon:

Bildgröße und Auflösung ändern	65
Digitalisieren	97
Helligkeit und Kontrast eines Bildes ändern	102
Farben ändern	116
Farbbereiche auswählen	156
Formen auswählen	166
Auswahlen verschieben und transformieren	172
Die Ebenenpalette	178
Arten von Ebenen	180
Ebenensätze	188
Mit Ebenen arbeiten	190
Fülloptionen und Ebeneneffekte	196
Ebenenmodi	201
Ebenen gruppieren	207
Ebenenmasken und Beschneidungspfade	208

Das lernen Sie neu:

Auswahlen malen – Maskierungsmodus	218
Vektorformen erstellen	221
Pfade erstellen	223
Pfade verwalten	229

Auswahlen malen – Maskierungsmodus

In der Werkzeugleiste finden Sie recht weit unten den Schalter, der auf den Maskierungsmodus wechselt.

Abbildung 7.1: Hier wechseln Sie in den Maskierungsmodus.

Der Maskierungsmodus zeigt eine Auswahl als farbige Fläche. Diese ändern Sie mit Pinsel, Radiergummi, Füllwerkzeug und allen anderen Mal- und Retuschewerkzeugen. Schwarz als Vordergrundfarbe malt eine Maske, Weiß entfernt sie.

Wir zeigen Ihnen das Schritt für Schritt an einem Beispiel:

1 Nehmen wir die Auswahl aus Kapitel 5, *Auswahlen*. Wenn Sie diese Auswahl vor sich haben und dann in den Maskierungsmodus wechseln, ist die ausgewählte Fläche – also der Himmel – in der Farbe der Auswahl sichtbar.

Abbildung 7.2: Im Maskierungsmodus sehen Sie den Himmel in der Farbe der Maske.

Auswahlen malen – Maskierungsmodus

2 Nun können Sie ein Malwerkzeug wie den Pinsel nehmen und die Auswahl nachkorrigieren. Beispielsweise könnte man in den Bäumen auf der linken Seite den durchscheinenden Himmel in die Auswahl einarbeiten.

Sie können im Maskierungsmodus auch die Auswahlwerkzeuge verwenden. Sie erzeugen damit eine Auswahl in der Auswahl.

Abbildung 7.3: Mit einer kleinen Pinselspitze lässt sich der Himmel zwischen den Bäumen maskieren.

3 Wenn Sie aus dem Maskierungsmodus mit der Schaltfläche daneben wieder in den Standardmodus wechseln, wird die Auswahl um die neu ausgewählten Bereiche erweitert.

Abbildung 7.4: Der kleine – im Maskierungsmodus gemalte – Bereich des Himmels gehört jetzt zur Auswahl.

4 Manchmal passt die Farbe der Maske nicht oder aber Sie hätten lieber die nicht ausgewählten Bereiche maskiert. Klicken Sie doppelt auf die Schaltfläche MASKIE-RUNGSMODUS in der Werkzeugleiste, um die MASKEN-OPTIONEN einzublenden.

Abbildung 7.5: Das Dialogfeld MASKEN-OPTIONEN

Hier können Sie die FARBE und die DECKKRAFT der Maske wählen. Daneben können Sie mit der Option MASKIERTE BEREICHE die Bereiche außerhalb der Auswahl mit der Maskenfarbe darstellen. Verwenden Sie normalerweise eine Maske mit einer Deckkraft von 50 %, damit Sie die Details unter der Farbe noch erkennen können. Die FARBE sollte sich deutlich von den vorherrschenden Farben Ihres Bildes abheben.

5 Wenn Sie sich im Maskierungsmodus befinden, speichert Photoshop die Maske als Alphakanal. Änderungen in der Maske führen zu sofortigen Änderungen im Alphakanal. Die Maske ist also im Prinzip ein Alphakanal.

> **Hinweis**
>
> *Sie können den Alphakanal mit dem Maskierungsmodus in der Kanäle-Palette duplizieren, indem Sie ihn auf das zweite Symbol von rechts in der Symbolleiste der Palette ziehen oder im Kontextmenü den Befehl KANAL DUPLIZIEREN wählen. Damit lassen sich Zwischenstände der Maske sichern.*

Wenn Sie eine Fläche ausgewählt haben und im Maskierungsmodus als Farbfläche vorliegen haben, klicken Sie sie einmal mit dem Zauberstab bei einer Toleranz von 0 und ohne GLÄTTEN an. Damit entdecken Sie sehr leicht Fehler in der Maske als Auswahlinseln.

Vektorformen erstellen

Die Vektorform-Werkzeuge finden sich alle in der Werkzeugleiste oder lassen sich mit dem Tastenkürzel ⓤ aufrufen und mit ⇧ + ⓤ durchschalten.

Abbildung 7.6: Die Vektorform-Werkzeuge

Wenn Sie eine Vektorform erstellen, ohne dass es schon eine Formebene gibt, haben Sie drei Möglichkeiten, die als Symbole in den Werkzeug-Optionen für jedes Vektorform-Werkzeug ganz links zu finden sind:

Abbildung 7.7: Die drei Möglichkeiten beim Erstellen einer neuen Vektorform

- Das linke Symbol erstellt eine neue Formebene.
- Das mittlere Symbol macht aus der Vektorform einen Pfad, den Photoshop in der Pfad-Palette als Arbeitspfad ablegt. Ein Arbeitspfad ist ein noch nicht gesicherter Pfad.
- Das rechte Symbol erzeugt einen gefüllten Bereich in einer Zeichenebene. Dieser besteht aus Pixeln.

Achtung

Dies funktioniert nur, wenn eine Zeichenebene aktiv ist. Ansonsten erscheint eine Fehlermeldung.

Wenn bereits eine Formebene oder ein Pfad erstellt wurde, können Sie die neue Vektorform oder den neuen Pfad zum alten hinzufügen. Dafür dienen die vier Symbole in der Mitte der Symbolleiste:

Abbildung 7.8: Die vier Möglichkeiten, ein Objekt hinzuzufügen

- NEUE FORMEBENE erstellt eine neue Formebene. Diese Option ist standardmäßig aktiviert.
- HINZUFÜGEN fügt die Vektorform oder die Auswahl zu den bestehenden hinzu. In diesen Modus schalten Sie auch mit gedrückter ⇧-Taste.
- ABZIEHEN entfernt die neue Vektorform oder den neuen Pfad von den bestehenden aus der Ebene oder dem Pfad. In diesen Modus wechseln Sie mit der Alt-Taste.
- SCHNITTMENGE bildet die Schnittmenge zwischen den neuen und den bestehenden Vektorformen oder Pfaden. Dies erreichen Sie auch mit ⇧ + Alt.
- ÜBERLAPPENDE ENTFERNEN entfernt nur die Schnittmenge zwischen bestehenden und neuen Vektorformen oder Pfaden.
- Mit dem Haken am Ende der Symbolleiste namens ZIELPFAD AUSSCHALTEN wechseln Sie wieder zu den Symbolen zum erneuten Erstellen einer neuen Formebene, eines Pfades oder einer Zeichenebene.

Unterschiedliche Vektorformen

Die unterschiedlichen Vektorformen finden Sie nicht nur in der Werkzeugleiste, sondern auch in den Vektorformen der einzelnen Vektorform-Werkzeugen. Neben den sechs Symbolen für die verschiedenen Formen finden Sie ein kleines, nach unten zeigendes Dreieck. Wenn Sie darauf klicken, werden zusätzliche Optionen für das jeweilige Vektorform-Werkzeug eingeblendet.

Abbildung 7.9: Erweiterte Optionen für das Rechteck

Die einzelnen Vektorformen möchte ich Ihnen hier nicht vorstellen. Besonderes Augenmerk sollten Sie allerdings auf den Linienzeichner werfen, denn Linien benötigen Sie in der Praxis recht häufig.

Bei Vektorformen funktionieren die Tastenkürzel beim Aufziehen ähnlich wie bei den Formauswahlen. Mit gedrückter ⇧-Taste ziehen Sie ein Quadrat oder Kreis bzw. ein proportionales Element auf. Bei Pfeilen und dem Polygon sorgt die ⇧-Taste dafür, dass Sie das Objekt nur in 45°-Winkeln aufziehen können. Die Alt-Taste zieht ein Objekt aus der Mitte heraus auf.

Pfade erstellen

Mit den Pfad-Werkzeugen erzeugen Sie einen Pfad mit Anfasserpunkten. Dies nennt man auch eine Bézier-Kurve.

> **Hinweis**
>
> *Mit den Anfasserpunkten steuern Sie den Verlauf und die Krümmung des Pfades. Jeder Anfasserpunkt hat zwei Anfasser, die die Krümmung steuern.*

Die verschiedenen Pfad-Werkzeuge finden Sie in der Werkzeugleiste. Sie erreichen diese auch über das Tastenkürzel P. Durchschalten können Sie die Pfad-Werkzeuge mit ⇧ + P.

Abbildung 7.10: Die Zeichenstift-Werkzeuge

Das Hauptwerkzeug ist der Zeichenstift. Sie können in den Werkzeug-Optionen wählen, ob Sie eine Formebene oder einen Pfad erstellen wollen.

> **Hinweis**
>
> *Eine Sonderrolle hat der Freiform-Zeichenstift. Er zeichnet bei gedrückter Maustaste den Pfad freihändig. Die Anfasserpunkte setzt Photoshop automatisch. Allerdings wird die Arbeit mit der Maus bei diesem Werkzeug oftmals etwas unpräzise, es sei denn, man arbeitet mit einem Grafik-Tablett.*

Wenn Sie mit dem Zeichenstift auf die Arbeitsfläche klicken, erzeugen Sie einen Anfasserpunkt. Bei einem Klick ist dieser Anfasserpunkt ein Eckpunkt. Wenn Sie klicken und ziehen, erscheinen so genannte Anfasser aus dem Punkt. Mit diesen machen Sie aus dem Anfasserpunkt einen Kurvenpunkt. Die Anfasser regeln die Krümmung beim Kurvenpunkt.

Abbildung 7.11: Ein Pfad mit zwei Eck- und zwei Kurvenpunkten

Wenn Sie einen Pfad verwenden, um daraus eine Auswahl zu erstellen, sollten Sie die Punkte als Kurvenpunkte aufziehen. Dadurch erscheinen aus dem Punkt zwei Anfasser. Wenn Sie nun den nächsten Kurvenpunkt setzen würden, würde die Krümmung des vorigen übernommen.

Die Lösung für dieses Problem ist recht einfach: Nach dem Erstellen des Pfades klicken Sie mit der [Alt]-Taste auf den letzten Kurvenpunkt. Damit verschwindet einer der beiden Anfasser. Dadurch steuert allein der Anfasser des neuen Kurvenpunktes die Krümmung der Kurve zwischen beiden Punkten.

Im Folgenden zeigen wir Ihnen dies an einem einfachen Beispiel.

Pfade erstellen

Abbildung 7.12: Das Beispielbild

Den Tiger wollen wir mit einem Pfad auswählen. Dies dauert natürlich einige Zeit und erfordert ziemlich oft den Einsatz des Zoom-Werkzeugs.

Um Ihnen die Arbeitsweise näher zu bringen, greifen wir einen kleinen Ausschnitt aus der Arbeit heraus und erklären ihn Schritt für Schritt:

1 Wir beginnen die Arbeit an der rechten Seite des Tigers oberhalb des »Bartes«.

Abbildung 7.13: Der Pfad reicht bis zum Bart des Tigers.

Den letzten Kurvenpunkt haben wir bereits mit gedrückter Alt -Taste angeklickt, um den einen Anfasser verschwinden zu lassen.

2 An dieser Stelle müssen Sie den nächsten Anfasserpunkt wählen. Wir haben hier die Stelle unter dem Ohr gewählt.

Abbildung 7.14: Der Punkt wurde angeklickt; halten Sie die Maustaste gedrückt.

3 Halten Sie nach dem Klicken die Maustaste gedrückt und ziehen Sie die Anfasser so heraus, dass sich die Kurve entlang der Kontur des Tigers krümmt.

Pfade erstellen

Abbildung 7.15: Die Kurve lässt sich mit den Anfassern krümmen.

Hinweis

Wenn Sie geklickt und die Maustaste aus Versehen nicht gedrückt gehalten haben, um die Anfasser herauszuziehen, können Sie nachträglich das Punkt-umwandeln-Werkzeug verwenden, um den Eckpunkt in einen Kurvenpunkt umzuwandeln und neue Anfasser herauszuziehen. Um dann weiterzumachen, klicken Sie einfach mit dem Zeichenstift den letzten Punkt des Pfades an.

4 So, der nächste Punkt müsste bei der ersten Krümmung des Ohrs erfolgen. Wenn Sie diesen aber setzen, ohne vorher mit gedrückter [Alt]-Taste auf den vorigen zu klicken, dann krümmt der zweite Anfasser die Kurve nicht wie beabsichtigt.

Abbildung 7.16: Wenn Sie den zweiten Anfasser nicht mit Klick und Alt-Taste eingezogen haben, beeinflusst er die Krümmung sehr unangenehm.

Deshalb sollten Sie immer den zweiten Anfasser mit der Alt-Taste einziehen, wenn Sie eine Kontur nachziehen.

5 Das Setzen der weiteren Punkte funktioniert genauso wie eben beschrieben. Wichtig ist immer die Wahl der Punkte. Sie sollten hier ein Gefühl für die Krümmung bekommen. Allerdings können Sie nachträglich mit den Werkzeugen Ankerpunkt-hinzufügen und Ankerpunkt-löschen immer neue Punkte hinzufügen bzw. bestehende entfernen.

6 Zum Schluss klicken Sie auf den Anfangspunkt des Pfades, um ihn zu schließen.

Abbildung 7.17: Den freigestellten Tiger haben wir noch ein wenig nachbearbeitet.

Pfade verwalten

Wenn Sie einen Pfad erstellt haben, egal, ob mit dem Vektorform-Werkzeug oder mit den Pfadwerkzeugen, legt Photoshop diesen als Arbeitspfad in der Pfad-Palette an.

Abbildung 7.18: Die Pfad-Palette mit Arbeitspfad

In einem Bild kann es immer nur einen Arbeitspfad geben.

> **Achtung**
>
> *Wenn Sie mit dem Pfad- oder Vektorform-Werkzeug Elemente nicht zum Pfad hinzufügen, sondern als neuen Arbeitspfad anlegen, wird der alte gelöscht.*

Um einen Arbeitspfad zu sichern, klicken Sie entweder den Arbeitspfad doppelt an oder wählen bei aktivem Arbeitspfad in den Paletten-Optionen den Befehl PFAD SPEICHERN.

Operationen mit Pfaden

Neben dem Speichern können Sie mit Pfaden noch einige weitere Optionen vornehmen. Wir zeigen Sie Ihnen anhand der Symbole in der Symbolleiste der Pfad-Palette:

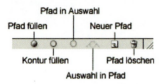

Abbildung 7.19: Die Symbole in der Pfad-Palette

- Der Pfad lässt sich mit der Vordergrundfarbe füllen. Dazu dient das linke Symbol unten in der Pfad-Palette. In den Palette-Optionen finden Sie den Befehl unter PFADFLÄCHE FÜLLEN.

- Neben dem Pfad selbst lässt sich ebenfalls die Pfad-Kontur füllen. Dazu dient das zweite Symbol von links in der Pfad-Palette. In den Paletten-Optionen heißt der entsprechende Befehl PFADKONTUR FÜLLEN.

- Sie können einen Pfad in eine Auswahl umwandeln. Dies ist eine in der Praxis häufig genutzte Funktion, denn gerade die Pfad-Werkzeuge bieten Ihnen hervorragende Möglichkeiten, Objekte auszuwählen. In den Paletten-Optionen heißt der Befehl AUSWAHL ERSTELLEN. Wenn Sie mit gedrückter [Strg]-Taste auf den Pfad klicken, entsteht daraus ebenfalls eine Auswahl.

- Wenn Sie eine bestehende Auswahl vorliegen haben, können Sie diese in einen Pfad umwandeln. Die Anfasserpunkte berechnet Photoshop automatisch. Die Ergebnisse sind meist sehr gut.

Abbildung 7.20: Der automatisch erstellte Pfad

- Um einen neuen Pfad zu erstellen, klicken Sie auf die Schaltfläche oder betätigen den Befehl NEUER PFAD in den Paletten-Optionen.

- Einen bestehenden Pfad duplizieren Sie, indem Sie ihn auf die Schaltfläche NEUER PFAD ziehen oder in den Paletten-Optionen den Befehl PFAD DUPLIZIEREN wählen.

- Um einen Pfad zu löschen, klicken Sie auf die entsprechende Schaltfläche oder wählen den Befehl PFAD LÖSCHEN in den Paletten-Optionen.

Wenn Sie einen Pfad erstellen, können Sie diesen einfach in eine Vektormaske umwandeln. Dazu aktivieren Sie den Pfad und betätigen den Befehl EBENE/VEKTORMASKE HINZUFÜGEN/AKTUELLER PFAD. Dabei muss gleichzeitig die entsprechende Ebene aktiviert sein. Die Ebene darf keine Hintergrundebene sein.

Kapitel 8

Text

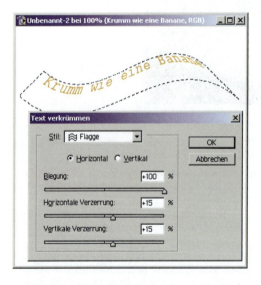

In diesem Kapitel weihen wir Sie in die Geheimnisse der Textbearbeitung mit Adobe Photoshop 7.0 ein. Sie lernen, wie Sie einer Grafik Text hinzufügen, wie Sie diesen Text im Nachhinein editieren und welche Effekte sich auf den Text anwenden lassen.

Das können Sie schon:

Farbmodi	80
Farben ändern	116
Mit Ebenen arbeiten	190
Fülloptionen und Ebeneneffekte	196
Ebenen gruppieren	207
Ebenenmasken und Beschneidungspfade	208
Auswahlen malen – Maskierungsmodus	218
Vektorformen erstellen	221
Pfade erstellen	223
Pfade verwalten	230

Das lernen Sie neu:

Motivation	234
Text erstellen	235
Mit Text arbeiten	238
Text krümmen	247
Text rastern	250

Motivation

Bildbearbeitung und Text sind ja eigentlich zwei sehr unterschiedliche Dinge, zumindest war das einmal so. Während Bilder und Fotos pixelbasiert sind, also aus eigenen Bildpunkten bestehen, ist das bei Text nicht so. Das merkt man spätestens beim Skalieren. Wenn Sie eine Grafik vergrößern, werden Sie feststellen, dass die Qualität der Grafik stark sinkt (das nennt man auch Pixeleffekt). Bei einer Schriftart ist das nicht so, egal, ob sie 8 oder 72 Punkt hat, die Qualität ist immer gleich bleibend. Schriften sind vektorbasiert, bestehen also aus Linien und anderen geometrischen Figuren. Beim Stauchen oder Strecken (bzw. beim Vergrößern oder Verkleinern) einer Schriftart ändern sich nur die Größen der Figuren; die einzelnen Details, die bei Pixelgrafiken verloren gehen könnten, bleiben jedoch erhalten.

Abbildung 8.1: Die Ente im Original (links) und vergrößert (Auge; rechts)

Photoshop

Photoshop

Abbildung 8.2: Zum Vergleich: Text in 12, 36 und 72 Punkt großer Schrift

Früher verwendete man zwei Arten von Programmen: Vektorbasierte Programme für Text und Bildbearbeitungsprogramme für den Rest. Nach getaner Arbeit wurden die Texte aus dem Vektorprogramm als Pixelgrafik exportiert und über die Grafiken gelegt. Die Ergebnisse waren brauchbar, aber sobald Text geändert werden musste, war viel Arbeit angesagt (wobei Sie nach Lektüre des vorhergehenden Kapitels immerhin schon wissen, wie Sie durch den Einsatz von Ebenen den Aufwand etwas vermindern können).

Heute lässt sich Text auch in der Bildbearbeitung erzeugen, wenngleich dies die zweitbeste Lösung bleibt, da Programme wie Adobe Illustrator eine sichtbar bessere Schriftqualität liefern. Photoshop kennt schon seit den Anfängen Text, aber dieser wurde immer sofort in Pixel umgewandelt und konnte im Nachhinein nicht mehr editiert werden. Seit Version 5.5 hat sich das entscheidend geändert: Text bleibt Text, kann also im Nachhinein immer noch geändert werden. Er wird erst dann in Pixeldaten umgerechnet, wenn es absolut notwendig ist. Beispiele hierfür sind Filter (mehr dazu im nächsten Kapitel) sowie die Speicherung in einem anderen Format als .PSD.

Text erstellen

Im folgenden Beispiel werden Sie einen ersten Text erstellen und lernen, wie Sie mit diesem Text arbeiten können.

Text hinzufügen

Erst fügen wir ein paar Wörter in die (noch leere) Grafik ein. Befolgen Sie dazu die folgenden Schritte:

1 Legen Sie zunächst eine neue Grafik an (Menübefehl: DATEI/NEU). Die Größe ist unerheblich, aber mindestens 400 x 400 Pixel sollten es schon sein.

2 Wählen Sie aus der Werkzeugleiste *Horizontales-Text-Werkzeug* aus. Sie erkennen es am Symbol T.

Abbildung 8.3: Das Text-Werkzeug in der Symbolleiste

3 Klicken Sie an eine beliebige Stelle in Ihrer Grafik.

4 Tippen Sie ein wenig Text. Sie sollten ein Ergebnis ähnlich wie in Abbildung 8.4: erhalten.

Abbildung 8.4: Der Text ist in die Grafik eingefügt.

5 Bewegen Sie nun den Mauszeiger ein wenig von dem Text weg; er ändert sich von dem Texteingabecursor (senkrechter Strich) zu einem schwarzen Pfeil. Sie können nun mit Drag&Drop den Text an eine andere Stelle ziehen.

6 Geben Sie nun weiteren Text an andere Stellen in der Grafik ein. Um dies tun zu können, müssen Sie zunächst ein anderes Werkzeug auswählen – beispielsweise das Direkt-Auswahl-Werkzeug – und dann wieder das Textwerkzeug.

7 Verwenden Sie auch das vertikale Text-Werkzeug, um vertikalen Text zu erstellen.

> **Hinweis**
>
> *Die beiden Textmaskierungswerkzeuge erzeugen Masken in Textform; in diesem Buch können wir aus Platzgründen leider nicht darauf eingehen.*

Nach Durchführung dieser Schritte sollte Ihre Grafik in etwa wie in Abbildung 8.5 aussehen.

Abbildung 8.5: Verschiedene Texte in der Grafik

Textelemente auswählen

Um die einzelnen Textelemente auszuwählen, gibt es zwei Möglichkeiten. Entweder wählen Sie wie zuvor gezeigt das Textwerkzeug aus, klicken dann in den Text, den Sie auswählen möchten, und ändern dann Elemente des Texts oder verschieben den Text per Drag&Drop. Alternativ dazu können Sie die Ebenenansicht verwenden:

1 Suchen Sie in der Ebenenansicht nach der Textebene, die den gewünschten Text enthält (siehe Abbildung 8.6).

2 Klicken Sie doppelt auf die Ebene – im Ebenenfenster, wohlgemerkt!

3 Die Ebene wird in der Grafik ausgewählt und der Text markiert. Als Werkzeug wird automatisch das Textwerkzeug selektiert. Sie können nun den Text ändern oder per Drag&Drop verschieben.

Abbildung 8.6: Die Ebenen

Mit Text arbeiten

Sie wissen nun, wie Sie den eigentlichen Text erstellen können. Um aber nicht auf ein Standardaussehen angewiesen zu sein (immer dieselbe Schriftart etc.), müssen Sie noch wissen, wie man den Text optisch etwas schmackhafter anrichten kann.

Text formatieren

Direkt unterhalb der Menüleiste finden Sie die Textoptionen. In Abbildung 8.7 sehen Sie sie noch einmal abgebildet.

Abbildung 8.7: Die Textoptionen in der Übersicht

Bevor wir uns an weitere Beispiele wagen, hier zunächst eine Übersicht über die Symbole:

- Das Symbol ganz links in Abbildung 8.7, das T, hat keine Funktion; es deutet nur darauf hin, dass es sich hierbei um die Textoptionen handelt.

- Das nächste Symbol, das T mit Pfeilen nach rechts und unten, erlaubt es, per Klick die Textausrichtung zu ändern: von horizontal auf vertikal und umgekehrt.

- Die drei folgenden Pulldown-Menüs ermöglichen die Auswahl der Schriftart, des Schriftschnitts und der Schriftgröße.

- Das folgende Pulldown-Menü lässt Sie die Glättung der Schrift einstellen (dazu später mehr).

- Die nächsten drei Schaltflächen steuern die Ausrichtung des Texts: linksbündig/zentriert/rechtsbündig bei horizontalem Text, oben/zentriert/unten bei vertikalem Text.

- Über die folgende Schaltfläche können Sie die Textfarbe einstellen.

- Die nächste Schaltfläche ermöglicht es Ihnen, gekrümmten Text zu erstellen.

- Die nächste Schaltfläche blendet die Textpalette ein bzw. aus. Hier können Sie alle Einstellungen aus den Textoptionen vornehmen – und noch mehr.

- Die letzten beiden Schaltflächen ermöglichen es, die aktuelle Bearbeitung des Texts abzubrechen (das Verbotszeichen) oder zu übernehmen (das Häkchen).

Abbildung 8.8: Die Textpalette

Um Text zu formatieren, müssen Sie in den zuvor kurz vorgestellten Pulldown-Menüs die entsprechenden Optionen wählen. Zunächst einmal gibt es da die Auswahl der verwendeten Schriftart. Je nach System stehen dort unterschiedlich viele Schriften bereit.

Jede zusätzlich installierte und aktivierte Schrift führt zu einer Verlangsamung des Systems. Bevor Sie also umfangreiche Schriftensammlungen installieren, überprüfen Sie, welche zusätzlichen Schriften Sie auch tatsächlich benötigen!

Abbildung 8.9: Das Pulldown-Menü für die Schriften

Im Pulldown-Menü daneben können Sie den Schriftschnitt wählen. Sie haben bei fast allen Fonts folgende Möglichkeiten:

- *Regular* oder *Medium* (je nach Schriftart)– normal
- *Oblique* oder *Italic* (je nach Schriftart) – kursiv
- *Bold* – fett
- *Bold Oblique* oder *Bold Italic* (je nach Schriftart) – fett und kursiv

Abbildung 8.10: Die verschiedenen Schriftschnitte

Im Pulldown-Menü daneben schließlich müssen Sie die Fontgröße einstellen. Erinnern Sie sich an den Anfang des Kapitels: Sie haben auch bei größeren Zeichen keine Qualitätseinbußen!

Abbildung 8.11: Die unterschiedlichen Schriftgrößen

Das vierte Pulldown-Menü gibt Ihnen die Möglichkeit, die Glättung des Texts einzustellen. Es stehen Ihnen hier die folgenden Alternativen zur Verfügung:

- *Ohne* – Die Schrift wird nicht geglättet.
- *Scharf* – Die Schrift wird sehr exakt geglättet (Standardeinstellung).
- *Schärfer* – Die Schrift wird noch exakter geglättet als bei *Scharf*.

- *Stark* – Die Schrift wird sehr stark geglättet, was zu einem weichen Erscheinungsbild führt.
- *Abrunden* – Die Kanten werden abgerundet, die Schrift aber nicht allzu sehr geglättet.

Abbildung 8.12: Die Alternativen bei der Glättung des Texts

Nachdem Sie die Einstellungen getätigt haben, erscheint nachfolgend getippter Text in der gewünschten Schriftart, -größe und -glättung. Wollen Sie dagegen bereits bestehenden Text anders formatieren, müssen Sie diesen mit der Maus markieren und dann in den Textoptionen oder in der Textpalette die entsprechenden Einstellungen tätigen.

> **Tipp**
>
> *Sie können den Text auch mit der Tastatur markieren. Hierbei gibt es die folgenden Tastenkürzel:*

- Bei gedrückter ⇧-Taste können Sie mit ←, →, ↑ und ↓ den Text nach links, rechts, oben oder unten markieren.
- Wenn Sie zusätzlich noch die Strg-Taste gedrückt halten, können Sie ganze Wörter (bei Verwendung von ⇧ und ←/→) oder ganze Absätze bei Verwendung von ⇧ und ↑/↓) markieren.

Durch Klick auf das Farbfeld können Sie auch die Textfarbe einstellen. Es öffnet sich das in Abbildung 8.13 zu sehende Dialogfenster. Dort können Sie die Farbe durch Klicken direkt wählen oder den entsprechenden CMYK- oder RGB-Farbcode eingeben.

In Abbildung 8.13 sehen Sie einige der vorgestellten Einstellungen angewendet. Die Texte sind jeweils selbstbeschreibend, das heißt, Sie sehen anhand des Texts, welche Einstellungen getätigt worden sind.

Abbildung 8.13: Verschiedene Formatierungsmöglichkeiten

> **Hinweis**
>
> *In der Zeichen-/Absatz-Palette stehen noch weitere Möglichkeiten der Textformatierung zur Verfügung, beispielsweise Zeilen- und Zeichenabstand. Außerdem können Sie sogar eine Rechtschreibkorrektur vornehmen. Im Normalfall benötigen Sie diese Optionen jedoch nicht.*

Text ausrichten

Oft müssen Sie eine ganze Menge Text in Ihre Grafiken packen; ganze Produktbeschreibungen beispielsweise, die die Produktabbildung mit Informationen anreichern. Sie haben also ganze Absätze voller Text, die Sie entsprechend – wie in einer Textverarbeitung, nur nicht ganz so bequem – ausrichten wollen und auch können.

Wenn Sie das Text-Werkzeug wählen, einmal in Ihr Bild klicken und dann längeren Text tippen, werden Sie feststellen, dass der Text am rechten Bildrand offensichtlich herausläuft. Sie tippen und tippen, aber es wird nichts mehr angezeigt. Der Grund: Der Text wird so nicht automatisch umgebrochen. Wenn Sie den Textbereich per Drag&Drop nach links bewegen, sehen Sie den »verloren gegangenen« Text auch wieder.

Mit Text arbeiten

Für längere Texte ist das natürlich in keinerlei Weise praktikabel. Es gibt aber Alternativen. Anstatt einmal in die Grafik zu klicken, halten Sie die Maustaste gedrückt und ziehen einen Textrahmen auf. Innerhalb dieses Rahmens können Sie dann Text eingeben, der dann auch tatsächlich umbricht. In Abbildung 8.14 sehen Sie den Unterschied.

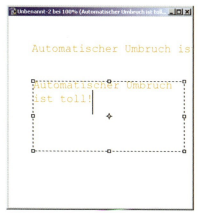

Abbildung 8.14: Der automatische Umbruch funktioniert nur im Textrahmen.

> **Tipp**
>
> *Sie wandeln einen Text wie folgt in einen Textrahmen um: Markieren Sie in der Ebenenpalette die Ebene, in der der Text liegt, und wählen Sie den Menübefehl EBENE/TEXT/IN ABSATZTEXT KONVERTIEREN. Der Rückweg geht über den Menüpfad EBENE/TEXT/IN PUNKTTEXT KONVERTIEREN.*

Sehen Sie die acht kleinen Quadrate am Rand des Textrahmens? Bewegen Sie den Mauszeiger zu einem dieser Quadrate und warten Sie kurze Zeit. Der Mauszeiger verformt sich zu einem Doppelpfeil. Durch Drücken der Maustaste und Ziehen können Sie nun die Größe des Textrahmens ändern und somit auch den Umbruch des Texts beeinflussen. Hierbei gelten die folgenden Regeln:

- Wenn Sie das Quadrat links oder rechts wählen, können Sie die Breite des Textrahmens vergrößern und verkleinern.

- Wenn Sie das Quadrat oben oder unten wählen, können Sie die Höhe des Textrahmens vergrößern und verkleinern.
- Mit den Quadraten in den vier Ecken ändern Sie zugleich die Höhe und die Breite des Textrahmens.

Hinweis

Um den Textrahmen zu verschieben, wenden Sie wie gewohnt das Verschiebewerkzeug an. Halten Sie dazu die [Strg]-Taste gedrückt und verschieben Sie via Drag&Drop den Rahmen.

Text rotieren

Außerdem sehen Sie noch in der Mitte des Textrahmens den Mittelpunkt. Wenn Sie den Mauszeiger kurze Zeit darüber lassen, wandelt er sich in eine schwarze Pfeilspitze, und Sie können per Drag&Drop den Mittelpunkt verschieben. Dieser Mittelpunkt ist wichtig, wenn Sie den Text um eben diesen Punkt rotieren lassen möchten. Bewegen Sie dazu den Mauszeiger bei aktiviertem Textrahmen neben diesen (also etwas weiter links als das linke Quadrat, etwas weiter oben als das obere Quadrat oder analog für die anderen beiden Seiten). Der Mauszeiger ändert sich zu einem gebogenen Doppelpfeil. Durch Klicken und Bewegen der Maus lassen Sie den Text um den Mittelpunkt rotieren.

Abbildung 8.15: Der Text wurde gegen den Uhrzeigersinn gedreht.

Absätze ausrichten

Der so erstellte Absatz ist standardgemäß linksbündig ausgerichtet. Sie können ihn aber auch zentriert und rechtsbündig ausrichten. Die vierte Alternative, die jede Textverarbeitung kennt, nämlich Blocksatz (alle Zeilen eines Absatzes außer der letzten werden durch Veränderung der Wort- und Zeichenabstände gleichlang gemacht), fehlt leider in der Leiste der Textoptionen, in der Textpalette im Register ABSATZ taucht sie jedoch auf. Sie haben hierbei die Wahl, was Sie mit der letzten Zeile des Absatzes anstellen möchten: Sie können sie linksbündig, zentriert oder rechtsbündig ausrichten. Als Alternative kann auch sie so lang gemacht werden wie die anderen Zeilen des Absatzes, in der Praxis führt das aber meistens zu recht unansehnlichen Ergebnissen, da die letzte Zeile eines Absatzes oft recht kurz ist.

Abbildung 8.16: Die sieben Schaltflächen für die Textausrichtung

In der Textpalette bzw. in Abbildung 8.16 sehen Sie auch noch die Checkbox SILBENTRENNUNG. Ist diese aktiviert, versucht Photoshop, zu lange Wörter am Zeilenende automatisch zu trennen.

Um nun einen Absatz auszurichten, müssen Sie ihn nicht komplett markieren. Klicken Sie einfach mitten in den Absatz hinein und wählen Sie dann die entsprechende Schaltfläche.

Abbildung 8.17: Verschiedene Ausrichtungsmöglichkeiten

Absätze noch weiter ausrichten

Werfen Sie noch einmal einen Blick auf Abbildung 8.16, das Register ABSATZ in der Textpalette. Sie sehen dort fünf Eingabefelder, mit denen Sie das Aussehen des Absatzes weiter beeinflussen können:

- Die oberen beiden Eingabefelder steuern den Einzug am linken bzw. rechten Rand.
- Im Eingabefeld in der mittleren Zeile können Sie den Einzug der ersten Zeile angeben.
- Mit den beiden unteren Eingabefeldern stellen Sie den Abstand zum vorhergehenden bzw. nachfolgenden Absatz ein.

Auch hier wieder eine illustrative Abbildung. Wir haben mehrere Absätze in einen Textrahmen gepackt, damit insbesondere die Abstände gut sichtbar sind. Wie immer sind die Absatztexte selbstbeschreibend.

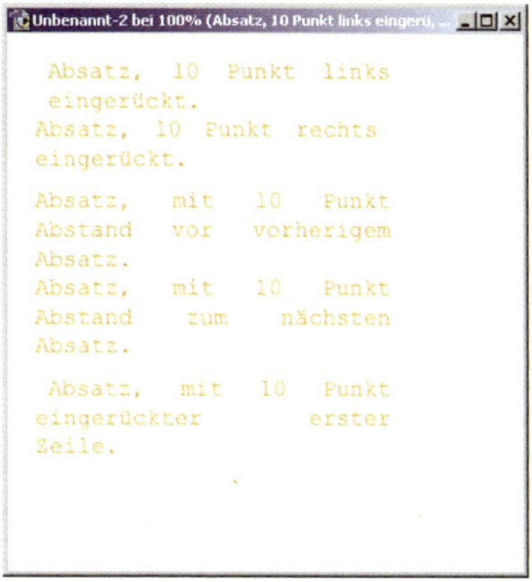

Abbildung 8.18: Weitere Ausrichtungsmöglichkeiten für Absätze

Text krümmen

Als Nächstes möchten wir eine weitere Verfremdungsaktion für Text vorstellen, die Photoshop bietet: das Verkrümmen. Erstellen Sie dazu einen neuen Absatztext (bzw. einen Textrahmen) und wählen Sie in den Textoptionen die Schaltfläche zum Erstellen von verkrümmtem Text aus. Sie müssen dazu keinen Text markieren, denn die Krümmung wird über den gesamten Textrahmen ausgeführt.

Abbildung 8.19: Die Schaltfläche zum Krümmen von Text

Es öffnet sich das in Abbildung 8.20 zu sehende Dialogfenster. Im Pulldown-Menü STIL können Sie unter mehreren Verkrümmungsformen wählen.

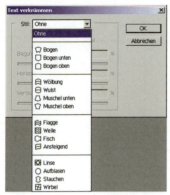

Abbildung 8.20: Das Dialogfenster TEXT VERKRÜMMEN

Die Verkrümmung wird dazu im Hintergrund berechnet und auf den Textrahmen angewandt. Aber erst ein Klick auf OK führt die Verkrümmung tatsächlich aus; mit ABBRECHEN machen Sie den Schritt wieder rückgängig.

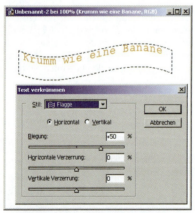

Abbildung 8.21: Der Stil FLAGGE, angewandt auf einen Beispieltext

Nachdem Sie sich für einen Stil entschieden haben, können Sie die dazugehörigen Parameter anpassen:

Text krümmen

- Der Stil kann horizontal oder vertikal angewendet werden.
- Sie können die prozentuale Biegung angeben.
- Sie können die horizontale und vertikale Verzerrung einstellen.

Achtung
Nicht bei jedem Stil können Sie all diese Parameter einstellen!

In Abbildung 8.21 sahen Sie den Stil FLAGGE mit der Standardeinstellung. Diesen wollen wir nun ein wenig »tunen«:

1 Ändern Sie die Biegung auf + 100 %, indem Sie den Wert entweder in das Textfeld eingeben oder den Schieberegler benutzen.

2 Stellen Sie die horizontale Verzerrung auf + 15 % hoch.

3 Stellen Sie die vertikale Verzerrung auf + 15 % hoch.

Beobachten Sie während des Verstellens immer, wie die einzelnen Einstellungen direkte Auswirkungen auf das Aussehen des Texts haben. Spielen Sie mit den Parametern herum, bis Sie ein zufrieden stellendes Ergebnis erzielt haben.

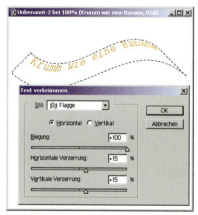

Abbildung 8.22: Der Effekt mit geänderten Parametern

Der Platz reicht hier leider nicht aus, um alle Effekte in aller Ausführlichkeit vorzustellen. Dank der direkten Vorschau im Bildfenster sehen Sie jedoch immer sofort, welche Auswirkungen ein Effekt auf Ihren Text hätte.

Text rastern

Prinzipiell können Sie den Text jederzeit wieder editieren. In folgenden Fällen kommen Sie aber um eine Rasterung nicht herum:

- Sie möchten die Datei in einem anderen Format als PSD speichern. Andere Dateiformate einschließlich EPS unterstützen in Photoshop nicht die Trennung von Pixel- und Vektordaten, sondern sind ausschließlich pixelbasiert.

- Sie möchten auf den Text ein Werkzeug anwenden, das pixelbasiert arbeitet. Da hier Pixeldaten vorliegen müssen, muss der Text in Pixel konvertiert werden.

Normalerweise schlägt Photoshop automatisch vor, den Text zu rastern. Haben Sie die Datei mit dem verkrümmten Text noch? Dann probieren Sie dort einmal Folgendes aus:

1 Wählen Sie das Abwedler-Werkzeug. Sie finden es in der Werkzeugleiste direkt über dem Text-Werkzeug.

2 Klicken Sie mit dem Werkzeug über die Textebene. Photoshop fragt Sie nun, ob Sie den Text rastern möchten (siehe Abbildung 8.24).

3 Bestätigen Sie mit OK.

4 Nun können Sie das Werkzeug einsetzen.

Abbildung 8.23: Das Abwedler-Werkzeug

Abbildung 8.24: Photoshop will den Text rastern

Text rastern

Wenn Sie die Rasterung von Hand vornehmen möchten, gehen Sie wie folgt vor:

1 Wählen Sie in der Ebenenpalette die Ebene mit dem Text.

2 Wählen Sie den Menübefehl EBENE/RASTERN/TEXT, um den Text in der Ebene zu rastern.

3 Mit dem Menübefehl EBENE/RASTERN/EBENE rastern Sie die gesamte Ebene.

4 Mit dem Menübefehl EBENE/RASTERN/ALLE EBENEN rastern Sie alle Ebenen.

Die Konvertierung in Pixel kann nicht rückgängig gemacht werden! Mit diesen Schritten können Sie zumindest den alten Datenbestand sichern:

1 Wählen Sie in der Ebenenpalette die Ebene mit dem Text aus.

2 Klicken Sie mit der rechten Maustaste (Macintosh-Benutzer: lange mit der Maustaste) auf den Ebenennamen und wählen Sie im aufklappenden Kontextmenü den Eintrag EBENE DUPLIZIEREN.

3 Geben Sie im aufklappenden Dialogfenster einen beschreibenden Namen für die neue Ebene ein. Der Vorschlag von Photoshop (»Kopie« wird an den Namen der originalen Ebene angehängt) ist aber meist gut geeignet.

4 Blenden Sie die neu erstellte Ebene aus, indem Sie auf das Auge-Symbol links neben dem Ebenennamen in der Ebenenpalette klicken.

5 Rastern Sie die originale Ebene wie oben beschrieben.

Sollten Sie nun doch einmal den Text ändern müssen, blenden Sie die originale, gerasterte Ebene aus (oder löschen Sie sie), und arbeiten Sie mit der Kopie weiter. Diese ist noch im Textformat, Sie können hier also noch Änderungen vornehmen.

> **Achtung**
>
> *Dieses Vorgehen klappt nur, wenn Sie die Datei auch weiterhin im .PSD-Format speichern!*

Kapitel 9

Filter und Aktionen

Dieses Kapitel behandelt zwei recht unterschiedliche Themen. Zunächst gehen wir auf Filter ein, das sind kleine Programmerweiterungen, die Photoshop mitliefert und mit denen Sie sehr schöne Ergebnisse erzielen können (beispielsweise Weichzeichnen). Die zweite Hälfte des Kapitels behandelt Aktionen. Hiermit speichern Sie häufig nötige Arbeitsschritte und wenden sie auf mehrere Grafiken gleichzeitig an (beispielsweise die Umwandlung in Graustufen).

Das können Sie schon:

Bildgröße und Auflösung ändern	65
Farbmodi	80
Farben ändern	116
Auswahlen verschieben und transformieren	172
Mit Ebenen arbeiten	190
Vektorformen erstellen	221
Pfade erstellen	223
Pfade verwalten	229
Text erstellen	235
Mit Text arbeiten	238
Text krümmen	247
Text rastern	250

Das lernen Sie neu:

Filter	254
Aktionen	262

Filter

Im Lieferumfang von Photoshop gibt es eine ganze Reihe von Filtern. Aus Platzgründen können wir leider nur eine sehr kleine Auswahl vorstellen. Dennoch bemühen wir uns, Ihnen auch eine grobe Übersicht über die verschiedenen Filterkategorien mitzugeben.

Sie können einen Filter entweder auf eine Ebene oder eine Auswahl anwenden. Das hängt ganz davon ab, ob Sie gerade eine aktive Auswahl haben oder nicht.

Hauptanlaufstelle für alle Filteraktionen ist das Menü FILTER. Dort finden Sie alle Filter, in Kategorien aufgeteilt (siehe Abbildung 9.1).

Abbildung 9.1: Das Menü FILTER

Filterkategorien

In diesem Abschnitt geben wir Ihnen einen groben Überblick darüber, welche Filter Sie in welchen Kategorien erwarten können. Die obersten Menüeinträge sind gar keine Filter: LETZTER FILTER führt den zuletzt aufgerufenen Filter erneut aus, EXTRAHIEREN dient zur Extrahierung von Teilbereichen der Grafik; VERFLÜSSIGEN sorgt für einen Verwischungseffekt und MUSTERGENERATOR erzeugt ein Muster aus der Grafik. Die wichtigsten Filter dagegen sind in einzelne Kategorien gepackt:

- KUNSTFILTER: Diese Filter sollen einer Grafik eine »künstlerische Komponente« geben. Beispielfilter sind AQUARELL und FRESKO, die eine Grafik wie ein Aquarell bzw. ein Fresko aussehen lassen.

Filter

- MALFILTER: Ähneln den Kunstfiltern, mit Ausrichtung auf Handmalerei. Beispiele sind KANTEN BETONEN (Kanten werden hervorgehoben) und SPRITZER (simuliert Airbrush).

- RENDERING-FILTER: Enthält Filter wie 3D-TRANSFORMIEREN (Texturen auf 3D-Elemente) und BELEUCHTUNGSEFFEKTE (einer Grafik eine Bildquelle hinzufügen).

- SCHARFZEICHNUNGSFILTER: Machen ein Bild schärfer, beispielsweise durch die Filter KONTUREN SCHARFZEICHNEN oder UNSCHARF MASKIEREN.

- STILISIERUNGSFILTER: Eine Sammlung von sehr speziellen Filtern mit so unterschiedlichen Auswirkungen wie KACHELEFFEKT (teilt die Grafik in Kacheln auf) oder LEUCHTENDE KONTUREN (Kanten werden mit Neonfarben überzogen).

- STÖRUNGSFILTER: Hiermit können bei Grafiken Störungen hinzugefügt (z. B. Filter STÖRUNGEN HINZUFÜGEN) oder entfernt (z. B. Filter STAUB UND KRATZER ENTFERNEN) werden.

- STRUKTURIERUNGSFILTER: Diese Filter ändern die Bildstruktur, wirken sich also sehr stark aus. Beispiele sind die Filter BUNTGLAS-MOSAIK (macht aus einer Grafik ein Mosaik) und RISSE (fügt Risse in das Bild ein).

- VERGRÖBERUNGSFILTER: Durch eine Verringerung der Farbzahl wird eine Grafik gröber. Beispielsfilter sind FARBRASTER (simuliert ein gröberes Raster) und VERWACKLUNGSEFFEKT (lässt das Bild verwackelt erscheinen, wie mit zittrigen Händen mit einer Fotokamera aufgenommen).

- VERZERRUNGSFILTER: Verzerrt eine Grafik, indem einzelne Bildbereiche verschoben werden. In dieser Kategorie finden Sie unter anderem die Filter GLAS und OZEANWELLEN, die die entsprechenden Oberflächen simulieren.

- VIDEOFILTER: Für Fernseh- und Videoproduktionen zugeschnittene Filter, beispielsweise NTSC-FARBEN (verwendet nur Farben des amerikanischen NTSC-Systems).

- WEICHZEICHNUNGSFILTER: Das Gegenteil der Scharfzeichnungsfilter. Bekannteste Vertreter sind BEWEGUNGSUNSCHÄRFE (simuliert Bewegung durch Verwischen der Grafik) sowie GAUßSCHER WEICHZEICHNER (*der* Standardweichzeichner).

- ZEICHENFILTER: Filter, die das Zeichnen einer Grafik simulieren sollen. Beispiele sind die Filter FEUCHTES PAPIER und KREIDE & KOHLE, die eine entsprechend beschaffene Zeichnung nachahmen.

- SONSTIGE FILTER: Auffangbecken für alle Filter, die in den anderen Kategorien keinen Platz mehr gefunden haben. Beispiele sind HOCHPASS (Lässt Kanten bestehen, unterdrückt den Rest – Gegensatz zum Gaußschen Weichzeichner) und VERSCHIEBUNGSEFFEKT (verschiebt einen Bildbereich).
- DIGIMARC: Hiermit können Sie eine Grafik mit einem Wasserzeichen versehen. Dies wird quasi unsichtbar in Ihre Grafik eingefügt und sichert somit Ihr Copyright an der Grafik. Nähere Informationen finden Sie auf der Website des Herstellers unter http://www.digimarc.com/.

Nach dem ganzen theoretischen »Vorgeplänkel« noch drei Anwendungsbeispiele, um das Verhalten einiger Filter zu erläutern.

Beispiel: Weichzeichner und Verzerrungsfilter

Im ersten Beispiel soll das Zusammenspiel zwischen einem Weichzeichner und einem Verzerrungsfilter demonstriert werden. Um einen Grafikausschnitt soll ein Rahmen gelegt und weichgezeichnet werden, dann soll auf den Rahmen ein Verzerrungsfilter angewendet werden, um ihn zu verzieren.

1 Öffnen Sie die Datei *Adler.psd*, wie immer aus dem Beispiele-Verzeichnis von Photoshop.

2 Fügen Sie eine weiße Hintergrundebene ein, indem Sie zunächst mit EBENE/NEU/EBENE eine neue Ebene erstellen (siehe Abbildung 9.2) und diese dann mit dem Menübefehl EBENE/NEU/EBENE AUS HINTERGRUND in eine Hintergrundebene umwandeln.

Abbildung 9.2: Das Dialogfenster NEUE EBENE

3 Aktivieren Sie die Ebene EBENE 1 und erstellen Sie mit *Magnetisches-Lasso-Werkzeug* eine Auswahl um den Kopf des Adlers. Alternativ können Sie versuchen, den Kopf über AUSWAHL/FARBBEREICH AUSWÄHLEN zu markieren.

4 Wandeln Sie die Auswahl in eine Ebenenmaske um, indem Sie den Menübefehl EBENE/EBENENMASKE HINZUFÜGEN/AUßERHALB DER AUSWAHL MASKIEREN wählen.

Filter

Abbildung 9.3: Die Ebenenmaske wurde erstellt.

5 Wenden Sie nun den Gaußschen Weichzeichner an. Rufen Sie den Filter über den Menübefehl FILTER/WEICHZEICHNUNGSFILTER/GAUßSCHER WEICHZEICHNER auf.

6 Im Dialogfenster können Sie den RADIUS (Wirkungskreis) des Filters angeben. Für unser Beispiel ist 5 ein sinnvoller Wert. Bestätigen Sie mit OK.

Abbildung 9.4: Das Dialogfenster GAUßSCHER WEICHZEICHNER

7 Der Rand soll nun noch verziert werden. Wählen Sie dazu den Filter FILTER/VERZERRUNGSFILTER/GLAS.

8 Im Dialogfenster können Sie VERZERRUNG, GLÄTTUNG und STRUKTUR einstellen. Die voreingestellten Werte sind für unser Beispiel passend.

Abbildung 9.5: Das Dialogfenster GLAS

9 Bestätigen Sie mit OK und betrachten Sie Ihr Werk!

Abbildung 9.6: Der freigestellte und mit einem Rahmen versehene Adler

Beispiel: Staub & Kratzer entfernen

Alte Fotos enthalten oft Staub und Kratzer. Mit Photoshop können Sie zumindest versuchen, diese störenden Elemente zu retuschieren. In Abbildung 9.7 sehen Sie ein altes Foto (Datei *Altes Bild.jpg* im *Beispiele*-Verzeichnis von Photoshop); Sie bemerken die weißen Flecke.

Abbildung 9.7: Ein Bild mit störenden Flecken

1 Erstellen Sie eine Auswahl um den entsprechenden Bereich.

2 Rufen Sie den Störungsfilter mit dem Menübefehl FILTER/STÖRUNGSFILTER/STAUB UND KRATZER ENTFERNEN auf.

3 Im Dialogfenster (siehe Abbildung 9.8) bestimmen Sie RADIUS und SCHWELLENWERT. In der Vorschau sehen Sie jederzeit, welche Auswirkungen der Filter haben wird.

Abbildung 9.8: Das Dialogfenster STAUB UND KRATZER ENFERNEN

4 Bestätigen Sie mit OK. Wie Sie in Abbildung 9.9 sehen können (trotz der geringen Größe), sind an der angegebenen Stelle die Flecken verschwunden.

Abbildung 9.9: Die Flecken in der Auswahl sind verschwunden.

Filter

Beispiel: Beleuchtungseffekte

Kommen wir zum letzten Filterbeispiel für dieses Kapitel. Öffnen Sie in Photoshop die Datei *Palme (CMYK).tif* im Verzeichnis *Beispiele*, welche eine Palme an einem schönen Strand zeigt. Es handelt sich um eine Aufnahme am Tag; wir wollen daraus ein romantisches Bild erstellen, das den Strand nachts bei Vollmond zeigt.

1 Der dazugehörige Filter funktioniert nicht im CMYK-Modus. Wandeln Sie zunächst die Grafik mit BILD/MODUS/RGB-FARBE in RGB um.

2 Aktivieren Sie den Filter mit dem Menübefehl FILTER/RENDERING-FILTER/BELEUCHTUNGSEFFEKTE. Das in Abbildung 9.10 gezeigte Dialogfenster wird geöffnet.

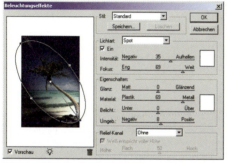

Abbildung 9.10: Das Dialogfenster BELEUCHTUNGSEFFEKTE

3 Fügen Sie eine Lichtquelle in die Grafik ein. Dazu klicken Sie auf die Glühbirne unterhalb der Vorschaugrafik und ziehen sie an eine gewünschte Stelle in der Vorschau.

4 Ändern Sie durch Drag&Drop mit der Maus Position und Intensität der Lichtquelle. Dazu stehen Ihnen neben dem Mittelpunkt der Ellipse auch die quadratischen Anfasspunkte am Rand der Ellipse zur Verfügung.

5 Wenn Sie sich vertan haben, können Sie die Lichtquelle wieder löschen, indem Sie sie per Drag&Drop in den Papierkorb (neben der Glühbirne) verschieben.

6 Mit den verschiedenen Schiebereglern bestimmen Sie HELLIGKEIT und FOKUS der Lichtquelle.

7 Bestätigen Sie mit OK und bewundern Sie Ihr Werk. In Abbildung 9.11 sehen Sie das Ergebnis.

Abbildung 9.11: Ein Strand bei Vollmond? Nein, das war Photoshop!

Aktionen

In der zweiten Hälfte des Kapitels wenden wir uns den Aktionen zu und zeigen, wie Sie häufig benötigte Arbeitsschritte aufzeichnen und wiedergeben.

Rufen Sie die Aktionen-Palette auf. Das geht mit dem Menübefehl FENSTER/ AKTIONEN. Dort finden Sie einen Ordner DEFAULT ACTIONS.ATN, den Sie durch Klick auf den Pfeil daneben ausklappen (siehe Abbildung 9.12). Sie sehen eine Reihe von mitgelieferten Aktionen, die Sie ebenfalls ausklappen können. So sehen Sie beispielsweise, dass die Aktion CUSTOM RGB TO GRAYSCALE aus drei Unteraktionen besteht.

Abbildung 9.12: Die Aktionen-Palette

Ordner, wie beispielsweise den mit DEFAULT ACTIONS.ATN beschrifteten, nennt man innerhalb von Photoshop auch *Set*. Sie können eigene Sets erstellen, beispielsweise um eigene Aktionen abzuspeichern.

Rechts oben in der Aktionen-Palette befindet sich ein schwarzer Pfeil. Wenn Sie darauf klicken, klappt ein Menü auf, das Sie auch in Abbildung 9.13 abgebildet finden. Wählen Sie dort den Eintrag NEUES SET.

Alternativ klicken Sie auf das Ordner-Symbol ganz unten in der Aktionen-Palette.

Abbildung 9.13: Die Paletten-Optionen

Geben Sie einen Namen für Ihr neues Set an, beispielsweise EIGENES SET.

Aktionen aufzeichnen

Kommen wir nun zu einem Praxisbeispiel. Bildschirmfotos für (Schwarzweiß-)Bücher werden oft in Farbe geschossen. Der Grund: Photoshop frisst doch einiges an Ressourcen, während Windows Paint kaum Anforderungen an die Hardware hat und sich schnell starten lässt. Die meisten Bücher (aus dem Computerbereich) sind jedoch ohne Farbe, was dazu führt, dass einige Setzereien die Grafiken gern in Graustufen hätten. Photoshop kann natürlich diese Umwandlung vornehmen, aber wenn Sie eine dreistellige Anzahl an Abbildungen haben, dauert das natürlich seine Zeit. Sie müssen ja zwei

Schritte auf einmal erledigen: Die Umwandlung in Graustufen und das Speichern. Mit Hilfe einer Aktion können Sie diese zwei Schritte in einen zusammenfassen. Dazu sind aber einige vorbereitende Schritte notwendig.

Öffnen Sie zunächst eine Datei in Photoshop und führen Sie dann die folgenden Schritte aus:

1 Rufen Sie – wie zuvor gesehen – wieder durch Klick auf den schwarzen Pfeil in der Aktionen-Palette das Menü auf und wählen Sie den Eintrag NEUE AKTION.

2 Geben Sie in das Dialogfenster NEUE AKTION (siehe Abbildung 9.14) einen beschreibenden Namen für die Funktion ein und wählen Sie im Pulldown-Menü SET Ihr gerade eben erstelltes eigenes Set aus.

3 Wenn Sie möchten, können Sie im Pulldown-Menü *Funktionstaste* ein Tastenkürzel für die Aktion definieren. Sie können dazu auch die Tasten ⇧ und Strg verwenden, indem Sie die entsprechenden Checkboxen ankreuzen.

4 Bestätigen Sie durch Klick auf die Schaltfläche AKTION. Der Aufzeichnungsmodus ist damit aktiviert, was Sie in der Aktionen-Palette durch die niedergedrückte Aufnahmetaste (roter Punkt, unten) erkennen können.

Abbildung 9.14: Das Dialogfenster NEUE AKTION

5 Beginnen Sie nun mit der Aufzeichnung. Wählen Sie den Menübefehl BILD/ MODUS/GRAUSTUFEN.

6 Es erscheint das in Abbildung 9.15 abgedruckte Dialogfenster. Aktivieren Sie die Checkbox NICHT WIEDER ANZEIGEN (denn sonst kommt die Warnung immer wieder, wenn Sie die Aktion später mehrfach anwenden möchten) und bestätigen Sie mit OK.

Abbildung 9.15: Beim Umwandeln gehen Farbinformationen verloren.

7 Die Datei ist nun in Graustufen umgewandelt. Halten Sie die Aufzeichnung an, indem Sie in der Aktionen-Palette auf die Stopptaste klicken (das schwarze Quadrat unten, links vom roten Kreis). Wenn Sie nun einen genaueren Blick auf die Aktionen-Palette werfen und durch Klick auf die Pfeile die neue Aktion ausklappen, sehen Sie den Arbeitsschritt, den Sie gerade getan haben, angezeigt: die Umwandlung in Graustufen.

Abbildung 9.16: Die Aktionen-Palette mit der neuen Aktion

Unter Umständen erzielen Sie bessere Ergebnisse, wenn Sie nur einen oder zwei Kanäle zur Graustufen-Umwandlung heranziehen; alternativ können Sie auch den Kanalmixer mit der Option MONOCHROM verwenden. Nähere Informationen hierzu finden Sie in Kapitel 2.

Aktionen anwenden

Nun zeigen wir Ihnen, wie Sie die gerade eben abgespeicherte Version auf eine andere Grafik anwenden können.

1 Öffnen Sie dazu eine beliebige Datei, nur farbig sollte sie sein.

2 Blenden Sie die Aktionen-Palette ein, sofern noch nicht geschehen.

3 Klicken Sie einmal auf die gerade eben erstellte Aktion (bei uns: GRAUSTUFEN) in der Aktionen-Palette.

4 Führen Sie die Aktion aus, indem Sie auf die entsprechende Schaltfläche unten in der Aktionen-Palette klicken (den Pfeil rechts neben dem roten Kreis).

Wenn Sie zuvor ein Tastenkürzel für die Aktion definiert haben, können Sie die Aktion auch dadurch auslösen.

5 Die Grafik wird nun automatisch in Graustufen umgewandelt.

Stapelverarbeitung

Was bringt es, einen Menübefehl durch ein Tastenkürzel zu ersetzen? Nun, bei unserem Beispiel, das ja nur aus einem Schritt besteht, ist die Ersparnis relativ gering. Wenn Sie aber eine Aktion haben, die aus mehreren Arbeitsschritten besteht (beispielsweise die Umwandlung in Graustufen und dann eine Reduzierung der Farben), sind Aktionen schon sehr nützlich.

Ihr wahres Potenzial entwickeln Aktionen aber erst in Verbindung mit dem Stapelverarbeitungsmodus von Photoshop. Damit können Sie eine Aktion automatisch auf mehrere verschiedene Dateien ausführen. So können wir auf Knopfdruck eine ganze Reihe von Grafiken in Graustufen umwandeln.

Starten Sie die Stapelverarbeitung, indem Sie den Menübefehl DATEI/AUTOMATISIEREN/STAPELVERARBEITUNG aufrufen (siehe Abbildung 9.17).

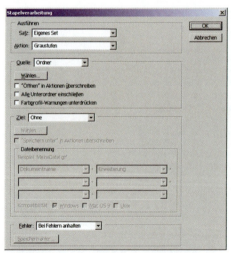

Abbildung 9.17: Das Dialogfenster STAPELVERARBEITUNG

Tätigen Sie folgende Einstellungen:

1 Im Pulldown-Menü SATZ wählen Sie Ihr eigenes erstelltes Set und im Pulldown-Menü AKTION dann die entsprechende Aktion (GRAUSTUFEN).

2 Im Pulldown-Menü QUELLE geben Sie den Ordner an, in dem sich alle Dateien befinden, die Sie umwandeln möchten.

3 Im Pulldown-Menü ZIEL geben Sie analog den Ordner an, in dem die neuen Dateien (die in Graustufen umgewandelten) gespeichert werden sollen. Wenn Sie hier den Quellordner angeben, werden die alten Grafiken überschrieben! Das entspricht der Option SPEICHERN UND SCHLIEßEN.

4 Das Dialogfenster sollte nun in etwa wie in Abbildung 9.18 aussehen. Bestätigen Sie mit Klick auf OK und alle Dateien im angegebenen Ordner werden in Graustufen umgewandelt und in einem anderen Ordner gespeichert. Das dauert zwar – je nach Datenmenge – seine Zeit, aber die Aktion erfordert keine Eingaben mehr von Ihnen!

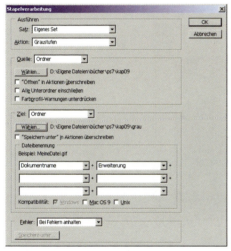

Abbildung 9.18: So sollte das Dialogfenster in etwa aussehen.

Unter Dateibenennung können Sie auch noch die Dateinamen nach bestimmten Regeln ändern.

Kapitel 10

Photoshop und das Web

> Einst hauptsächlich für die Erstellung von Grafiken für Printerzeugnisse eingesetzt, ist Photoshop heutzutage eines der meistgenutzten Tools für die Erstellung von Webgrafiken – und nicht nur in großen Agenturen. Im World Wide Web gibt es einiges zu beachten, und die Ratschläge in diesem Kapitel sollten Sie sich zu Herzen nehmen, wenn Sie mit Photoshop für das Internet produzieren. Photoshop macht es Ihnen aber leicht, diese Ratschläge auch zu beherzigen und stellt eine Reihe von Funktionen bereit, extra fürs Web.

Das können Sie schon:

Bildgröße und Auflösung ändern	65
Farben ändern	116
Formen auswählen	166
Ebenen gruppieren	207
Pfade verwalten	229
Mit Text arbeiten	238
Filter	254
Aktionen	262

Das lernen Sie neu:

Fünf Goldene Regeln	270
Für das Web speichern	275

Fünf Goldene Regeln

In vielen Webagenturen gibt es eine gewisse Form von Krieg zwischen Grafik und Programmierung. Ein Programmierer benötigt – insbesondere bei komplexen, dynamischen Anwendungen – modulare Grafiken, die er nach einer Art Baukastensystem zusammensetzen und um seinen Programmcode herumbasteln kann. Den meisten Grafikern fehlt das Verständnis für ein solches Vorgehen, und sie liefern Grafiken ab, die den Programmierer zu mühsamen Umwegen zwingen. Auf der anderen Seite haben wenige Programmierer ein grafisches Auge und Zeit und/oder Interesse, sich um das grafische Aussehen einer Website zu kümmern; sie sind nur an der Funktionalität der Seite interessiert. Sie ignorieren Style Guides oder sind zu faul, diese zu implementieren.

Wir möchten diese Debatte hier nicht breittreten. Da es sich bei diesem Buch um einen Grafiktitel handelt, möchten wir an dieser Stelle fünf goldene Regeln vorstellen und Ihnen zeigen, wie Sie diese auch umsetzen können. Von einer Vorstellung müssen Sie sich aber sofort trennen:

Vergessen Sie vieles, was Sie über die Erstellung von Grafiken für Printerzeugnisse gelernt haben. Als das WWW Mitte der 90er Jahre anfing zu boomen, sind viele klassische Werbeagenturen auf den Webbereich umgeschwenkt – und böse gescheitert, weil sie Imagebroschüren 1:1 für das Web umgesetzt haben. Da hätten sie wohl jemand fragen sollen, der sich damit auskennt ...

Dateigröße

Websites müssen schnell geladen werden. Und bloß, weil die megabytegroße Grafik in Sekundenschnelle von Ihrer lokalen Festplatte gelesen werden kann, heißt das noch lange nicht, dass der Benutzer darüber hocherfreut sein wird – ganz im Gegenteil: Schnell ist das Browserfenster geschlossen und der potenzielle Kunde surft längst schon bei der Konkurrenz.

Früher gab es einmal die Pi-mal-Daumen-Regel, dass eine einzelne Seite im World Wide Web inklusive aller Grafiken nicht größer als 50 Kbyte sein darf. Mittlerweile sind die Leitungen zugegebenermaßen etwas schneller geworden und grobe Verzögerungen beim DSL-Ausbau hin oder her, die Zeiten der langsamen Modems sind vorbei. Mehr als 75 Kbyte sollten es aber inzwischen immer noch nicht sein und das gilt nicht nur für die Hauptseite!

Abbildung 10.1: WWW – World Wide Wait / WeltWeites Warten

> **Tipp**
>
> Photoshop bietet Ihnen die Möglichkeit, die Dateigröße Ihrer Grafiken zu verringern. Das funktioniert nicht immer, ist aber stets einen Versuch wert. Mehr dazu in Abschnitt Für das Web speichern.

Auflösung

Doch wie nur können Sie die Dateigröße klein halten? Weniger Grafiken verwenden? Auch ein Weg, aber mit ein wenig Hintergrundwissen können Sie auch bestehende Grafiken optimieren. Printgrafiken erstellen Sie mit einer Auflösung von mindestens 300 dpi, oft sogar mehr. Ein Macintosh-Monitor hat meist eine Auflösung von 96 dpi, ein PC-Monitor eine von 72 dpi. Aus diesem Grund reichen 72 dpi vollkommen aus, alles darüber ist reine Verschwendung von Zeit und Bandbreite (und damit Geld – des Benutzers und des Anbieters, denn letzterer zahlt an seinen Hoster oft nach Abrufvolumen).

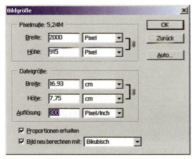

Abbildung 10.2: Grafiken mit 300 dpi haben im Web nichts zu suchen!

> **Hinweis**
>
> In Photoshop können Sie die Auflösung einer Grafik über den Menüpunkt BILD/BILDGRÖßE verändern.

Bildschirmgröße

Als Grafiker hat man es einfach. Der Rechner ist leistungsstark (obwohl an der Gerüchten, dass Adobe von Prozessorhersteller Intel Zuwendungen erhält, damit die Softwareprodukte immer viel Ressourcen benötigen, nichts dran ist ☺) und der Bildschirm ist riesengroß. Die Arroganz, sein eigenes System sei maßgeblich, darf man sich aber nicht leisten. Viele Benutzer haben lediglich einen 15-Zoll-Monitor mit einer schwachen Grafikkarte und freuen sich dann natürlich dementsprechend, wenn eine Website für eine Auflösung von 1280 x 1024 Pixel konzipiert worden ist. Zum Glück gibt es noch Scrollbalken. Mit der zunehmenden Verbreitung von Handhelds steigen die Anforderungen an das Webdesign, schlanke Versionen Ihrer Website zu erstellen. Einige Firmen sind inzwischen schon dazu übergegangen, für kleinere Geräte eine eigene, abgespeckte Version ihrer Website zu erstellen sowie eine »normale« Version für die restlichen Besucher (welche immer noch das Gros ausmachen).

Nichtsdestotrotz hier ein paar Faustregeln: Erstellen Sie Ihre Webseiten für eine Auflösung von 800 x 600 Pixeln und beachten Sie dabei, dass beispielsweise Windows-Benutzer noch eine Windows-Startleiste sowie die diversen Browserleisten haben, welche die vertikal zur Verfügung stehenden Pixel auf etwa 490 Pixel verringert. Und gehen Sie vorsichtig mit den Farben um – mehr dazu im nächsten Abschnitt.

Abbildung 10.3: Ein großes Angebot – für große Bildschirme

Falsche Farben

Was hat der Glaubenskrieg zwischen Macintosh- und PC-Anwendern mit dem World Wide Web zu tun? Mehr, als Sie vielleicht vermuten. Die Macintosh-Versionen der beiden verbreitetsten Browser, dem Microsoft Internet Explorer und dem Netscape Navigator, sind ohne Ausnahme schlechter als die PC-Versionen. Dies kann man zwar noch den Softwareherstellern in die Schuhe schieben, nicht aber folgende Tatsache: Macintosh-Bildschirme zeigen Farben etwas heller an als ein PC-Bildschirm. Fehlerhaft oder schlecht konfigurierte Treiber tun ein Übriges, um eine farblich schmackhaft abgestimmte Seite auf dem einen System gut, auf dem anderen System schlecht aussehen zu lassen. Noch viel schlimmer ist Folgendes: Stellen Sie sich vor, ein Benutzer stellt in seinem System die Farben um, damit beispielsweise alle Applikationen eine grasgrüne Titelleiste haben. Es wäre ungeschickt, wenn nun dieses Grasgrün auch in Ihren Grafiken auftauchen würde.

Zwar haben Sie keinen Einfluss darauf, wie ein Benutzer sein System konfiguriert. Aber Sie können Ihr Möglichstes tun, die beschriebenen Probleme zu vermeiden, oder zumindest das Risiko ihres Auftretens zu minimieren. In der 8-Bit-Farbpalette von 256 Farben gibt es 216 Farben, die auf beiden Plattformen annähernd gleich dargestellt werden. Die restlichen Farben werden zudem für systemweite Zwecke wie beispielsweise die Farbgestaltung von Fenstern und Ähnlichem verwendet. Wenn Sie sich also auf die 216, so genannten websicheren Farben beschränken, sind Sie auf der sicheren Seite.

> **Hinweis**
>
> *Für fotorealistische Darstellungen reichen 216 Farben nicht aus. Hier hat sich die Windows-Fraktion durchgesetzt, und die meisten Webgrafiken aus diesem Bereich werden unter der Windows-Plattform entwickelt und bedienen sich einer Farbpalette aus 16,8 Millionen Farben.*

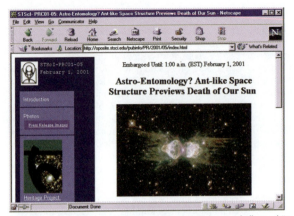

Abbildung 10.4: Hubble-Aufnahmen sind bei 256 Farben nur halb so schön.

Falsches Format

Im World Wide Web gibt es drei Hauptformate für Pixelgrafiken: GIF, JPEG und PNG; für mobile Endgeräte zusätzlich noch WBMP. Wir werden Ihnen die einzelnen Formate in *Abschnitt Für das Web speichern* ausführlich vorstellen und dabei auch auf die Unterschiede und Anwendungsgebiete eingehen. Einer dieser Unterschiede ist beispielsweise, dass das GIF-Format eine Farbpalette von maximal 256 Farben unterstützt, JPEG hingegen wesentlich mehr. Andere Standardformate, wie beispielsweise BMP, TIFF oder PSD, werden von den Webbrowsern *nicht* unterstützt. Photoshop bietet einen eigenen Menüpunkt zum Speichern von webkompatiblen Grafiken an; auch dieser wird in *Abschnitt Für das Web speichern* behandelt. Sie sollten sich aber vorher überlegen, welches Format Sie an welcher Stelle einsetzen.

Abbildung 10.5: Die Adobe-CMYK-Palme, im falschen Format gespeichert

Für das Web speichern

Öffnen Sie in Photoshop eine Datei (oder erstellen Sie eine) und wählen Sie den Menübefehl DATEI/FÜR WEB SPEICHERN (oder Tastenkürzel Strg + Alt + ⇧ + S). Das in Abbildung 10.6 gezeigte Dialogfenster öffnet sich. Dort haben Sie unter EINSTELLUNGEN ein Pulldown-Menü mit fünf Einträgen: GIF, JPEG, PNG-8, PNG-24 und WBMP (siehe Abbildung 10.7). Wir werden nun auf diese verschiedenen Dateiformate einzeln eingehen.

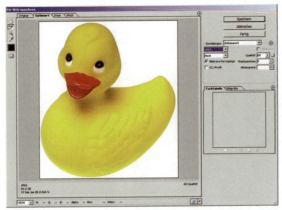

Abbildung 10.6: Das Dialogfenster FÜR WEB SPEICHERN

Abbildung 10.7: Die zur Verfügung stehenden Dateiformate

GIF

Das CompuServe Graphics Interchange Format, oder kurz GIF-Format, wurde – wie der Name schon andeutet – von der Firma CompuServe entwickelt. CompuServe war und ist der wohl erste Online-Dienst, wurde inzwischen aber von AOL aufgekauft. Nun besitzt GIF einen Kompressionsalgorithmus. Dieser sorgt dafür, dass die Dateien sehr klein gehalten werden, indem die Informationen möglichst kompakt abgespeichert werden. Kleines, stark vereinfachtes Beispiel: Im BMP-Format würde bei einer Grafik, in der fünf rote Punkte nebeneinander stehen, die Information »rot-rot-rot-rot-rot« abgespeichert werden. Man könnte dies aber kürzer fassen, und zwar als »5 mal rot«.

Der im GIF-Format eingearbeitete Kompressionsalgorithmus arbeitet nach einem ähnlichen Muster, ist jedoch durch ein Copyright geschützt. Die Firma, die Eigner dieses Copyrights ist, heißt Unisys. Vor einigen Jahren hat

Unisys begonnen, von Firmen, die Produkte herstellen, welche GIF-Dateien einlesen und/oder erzeugen können, Lizenzgebühren zu verlangen. Adobe zahlt also Tantiemen, damit Photoshop GIF-Grafiken erzeugen kann; Netscape und Microsoft müssen in die Tasche greifen, damit ihre Browser GIF-Grafiken auch anzeigen können. Und wenn Sie einen Blick auf den Markt für Bildbearbeitungsprogramme werfen: Sie werden kaum ein Programm finden, welches GIF unterstützt und nichts kostet (von eingeschränkten oder zeitlich limitierten Testversionen kommerzieller Programme einmal abgesehen). Der Grund liegt im Geschäftsgebaren der Firma Unisys und das ist nicht einmal wertend gemeint.

Das GIF-Format unterstützt eine Farbpalette von maximal 256 Farben, ist also für fotorealistische Grafiken gänzlich ungeeignet, vor allem wenn man bedenkt, dass von diesen 256 Farben eigentlich nur die 216 websicheren Farben zur Verfügung stehen.

Warum ist GIF dennoch so verbreitet? Nun, für Grafiken mit weniger Farben (zum Beispiel Buttons) erzeugt es schöne kleine Dateien und das Format ist verlustfrei. Das heißt: Egal, wie oft Sie eine Datei speichern, die Qualität bleibt immer gleich. Sie finden, das ist nichts Besonderes? Dann lesen Sie *Abschnitt JPEG*!

> **Hinweis**
>
> *Die GIF-Komprimierung arbeitet zeilenweise, von links nach rechts. Verläufe von links nach rechts werden also recht schlecht komprimiert, von oben nach unten dagegen schon!*

Eine weitere, fast vergessene Besonderheit des GIF-Formats wurde erst viel später entdeckt. Das Format wurde in den Jahren 87 bzw. 89 veröffentlicht (es gibt also Unterversionen GIF87 und GIF89, wobei heutzutage quasi nur noch letztere verwendet wird), und erst Mitte der 90er stellte ein findiger Kopf beim Durchlesen der Spezifikation fest, dass in einer GIF-Datei mehrere einzelne Grafiken abgespeichert und nacheinander angezeigt werden können. Das Konzept des animierten GIFs war geboren. Mehr dazu jedoch in *Kapitel 11*.

Hier stichpunktartig die wichtigsten Eigenschaften des GIF-Formats:

- Bis zu 256 Farben
- Verlustfreie Komprimierung
- Transparenz möglich

- Animation möglich
- Geeignet für Grafiken mit wenig Farben; Grafiken mit größeren, einfarbigen Farbflächen; Schrift
- Nicht geeignet für fotorealistische Grafiken, Farbverläufe

Aber kommen wir nun zu einem Beispiel. Erstellen Sie eine Datei mit wenig Farben – es können aber ruhig mehr als 256 sein, denn Photoshop kann die Farbzahl automatisch herunterrechnen. Aber mehr dazu später. Für unser Beispiel nehmen wir wieder einmal die Ente.

Öffnen Sie nun das Dialogfenster FÜR WEB SPEICHERN (DATEI/FÜR WEB SPEICHERN) und beachten Sie die Auswahlmöglichkeiten an der rechten Seite des Fensters (siehe Abbildung 10.8).

Abbildung 10.8: Die Optionen für das GIF-Format

Werfen Sie einen Blick auf den Bereich links unten im Dialogfenster. Dort sehen Sie die Dateigröße, die herauskommen würde, wenn Sie die Datei nun speichern würden. Bei den nun folgenden Einstellungen, die Sie tätigen, sollten Sie immer diese Anzeige im Auge behalten!

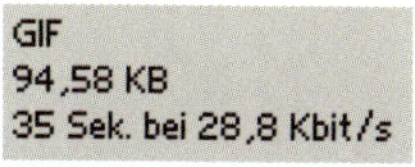

```
GIF
94,58 KB
35 Sek. bei 28,8 Kbit/s
```

Abbildung 10.9: Die Anzeige: Dateiformat, Dateigröße und Downloadzeit

> **Tipp**
>
> Wie in Abbildung 10.9 zu sehen, wird die Downloadzeit bei einer Verbindungsgeschwindigkeit von 28,8 Kbps angezeigt. Die meisten Benutzer sind heutzutage mit einer schnelleren Verbindung online, aber ein gutes Maß ist es trotzdem. Über eine halbe Minute für eine einzelne Grafik ist doch ein wenig zu viel des Guten! Sie können die Geschwindigkeit aber ändern, wenn Sie mit der rechten Maustaste auf die Grafik klicken (Macintosh-Benutzer: lange die Maustaste drücken) und aus dem aufklappenden Kontextmenü eine andere Geschwindigkeit wählen.

Aber zurück zu Abbildung 10.8 und den Einstellungsmöglichkeiten:

1 Beim Schieberegler LOSSY können Sie die Grafik verlustbehaftet komprimieren. Was heißt das? Nun, Bereiche in der Grafik, die in ähnlichen Farbtönen eingefärbt sind (beispielsweise der Schnabel der Ente mit den verschiedenen Rottönen), werden in derselben Farbe eingefärbt, es werden also Details aus der Grafik gelöscht. Hierdurch kann der in GIF eingebaute Kompressionsalgorithmus besser arbeiten. Wenn Sie am Beispiel der Ente den Wert 11 einstellen, sehen Sie mit bloßem Auge kaum einen Qualitätsverlust – die Grafik ist aber nur noch 50 Kbyte groß.

2 Im Pulldown-Menü, das momentan den Wert SELEKTIV trägt, wählen Sie die Farbpalette. Unter anderem können Sie hier eine websichere Farbpalette auswählen, die *statisch* berechnet wird – das heißt, die Farben stehen unabhängig vom Bild fest. Es gibt auch Farbpaletten, die aufgrund der im Bild verwendeten Farben berechnet werden, man spricht hier auch von *dynamischer* Berechnung. In Abbildung 10.10 sehen Sie, welche Möglichkeiten Sie haben; in Tabelle 10.1 werden diese genauer erläutert.

Abbildung 10.10: Die zur Verfügung stehenden Paletten

Palette	Berechnung	Beschreibung
Perzeptiv	Dynamisch	Diejenigen Farben, auf die das menschliche Auge besonders sensibel reagiert, werden verwendet.
Selektiv	Dynamisch	Die häufigsten Farben des Bildes werden verwendet. Zweites Kriterium für die Farbwahl ist die Nähe zu den Webfarben. Diese Option erhält die Farben eines Bildes mit mehr als 256 Farben am besten und ist Standardoption.
Adaptiv	Dynamisch	Farben aus den ein oder zwei Farbspektren, die im Bild am häufigsten vorkommen, werden verwendet. Diese Option eignet sich vor allem für Bilder, die mit einem oder zwei Farbtönen in vielen Abstufungen auskommen.
Web	Statisch	Die 216 websicheren Farben, die in der MacOS- wie in der Windows-Palette vorhanden sind.
Eigene	Eigene	Die aktuelle Farbtabelle wird verwendet. Diese wird im Gegensatz zu den dynamischen Paletten auch bei Bildänderungen nicht mehr angepasst.
Graustufen	Statisch	Eine Palette mit verschiedenen Graustufen. Wird diese auf ein Farbbild angewendet, kommt das einem Umwandeln in Graustufen gleich.

Palette	Berechnung	Beschreibung
MacOS	Statisch	Die 256 Standardfarben des Macintosh-Betriebssystems
Schwarzweiß	Statisch	Nur die Farben Schwarz und Weiß werden verwendet. Dies entspricht einer Umwandlung in den Farbmodus Bitmap.
Windows	Statisch	Die 256 Standardfarben des Windows-Betriebssystems

Tabelle 10.1: Die zur Verfügung stehenden Paletten

Wählen Sie die Web-Palette und beachten Sie, wie die Qualität der Ente ein wenig darunter leidet. Das ist auch klar, denn in der Web-Palette stehen nicht so viele Gelbtöne zur Verfügung, wie die Ente eigentlich benötigt. Wechseln Sie also zurück zu SELEKTIV, aber nicht, ohne vorher auch einmal die Wirkungsweise der anderen Paletten ausprobiert zu haben!

3 Im Pulldown-Menü FARBEN passen Sie die Farbanzahl für die aktuelle Grafik an. Wenn Sie hier beispielsweise 4 Farben einstellen, ist die Ente zwar immer noch als Ente zu erkennen, die Augen haben aber dieselbe Farbe wie der Schnabel. Eine Verringerung auf 128 Farben beispielsweise verschlechtert die Qualität der Grafik nur unwesentlich, die Dateigröße verringert sich aber auch nur um knapp sechs Kbyte.

4 Das mit DIFFUSION voreingestellte Pulldown-Menü lässt Sie die Dithering-Methode einstellen. Beim Dithering werden bei der Reduzierung der Farbzahl die nun fehlenden Farben durch optische Tricks nachgebildet. In der Einstellung KEIN DITHER werden wegfallende Farben durch ähnliche ersetzt, was der Bildqualität meistens schadet. Die Standardoption ist DIFFUSION, hier wird die wegfallende Farbe durch mehrere ähnliche Farben simuliert, was meistens die Authentizität der Grafik gut erhält. Bei der Einstellung MUSTER wird Rasterung verwendet; mit STÖRUNGSFILTER wird auf Pixel in der wegfallenden Farbe ein zufälliges Dithering angewendet. Für das Web ist dies allerdings unbrauchbar, wenn es um das Thema Animationen geht. Mehr dazu in *Kapitel 11!* Spielen Sie nun ein wenig mit den Dithering-Methoden, aber am Ende sind Sie sicherlich davon überzeugt, dass Diffusion die optimale Wahl ist.

5 Sofern Sie im Dithering-Pulldown-Menü etwas anderes als KEIN DITHER ausgewählt haben, können Sie den Schieberegler DITHER bewegen. Hier können Sie einen Prozentwert angeben, wie viel von der Grafik gedithert werden soll. Sie müssen hier zwischen Dateiqualität und Dateigröße abwägen. Bei der Ente ist der Unterschied kaum merklich – wenn Sie Dithering auf 0 % setzen, gewinnen Sie gerade einmal 5 Kbyte.

6 Im Pulldown-Menü HINTERGRUND können Sie den Hintergrund der Grafik angeben. Da Sie beim GIF-Format oft mit Transparenz arbeiten (beispielsweise, wenn Sie ovale Schaltflächen verwenden möchten), kann dies eine nützliche Option sein. Sie können hier halbtransparente Pixel in der Hintergrundfarbe einfärben. Besonders interessant ist diese Einstellung zusammen mit der Checkbox TRANSPARENZ. Ist diese aktiviert, werden transparente Bereiche in der Grafik auch in der GIF-Datei auf transparent gesetzt. Da die Ente aber keine transparenten Bereiche enthält, ist die Checkbox gar nicht erst anwählbar.

Zusätzlich können Sie in dem Pulldown-Menü, das zurzeit mit KEIN TRANSPARENZ-DITHER voreingestellt ist, das Transparenzverhalten der GIF-Grafik vorgeben. Sie können damit darauf verzichten, eine exakte Hintergrundfarbe anzugeben; stattdessen verwenden Sie einen Transparenz-Dither, den Sie im Pulldown-Menü auswählen. Sobald Sie das getan haben, wird das Pulldown-Menü STÄRKE aktiviert, in dem Sie die Intensität des Dithers einstellen können.

7 Die Checkbox INTERLACED hat viel mit Webpsychologie zu tun. Normalerweise werden Grafiken nicht zeilenweise, sondern in einem Schritt aufgebaut. Wenn eine Grafik nun recht groß ist, und das dementsprechend lange dauert, klicken viele Surfer aus lauter Ungeduld weg. Im Interlaced-Modus wird die Grafik zeilenweise aufgebaut, aber zunächst recht unscharf. Mit jedem weiteren Aufbauschritt wird die Grafik detaillierter, bis sie irgendwann einmal in der ursprünglichen Qualität zu sehen ist. Je nach Grafik wächst die Dateigröße um ca. 10 bis 15 Prozent.

8 Die letzte Einstellungsmöglichkeit, die wir an dieser Stelle vorstellen möchten, ist der mit WEB-AUSRICHTUNG beschriftete Schieberegler. Hier wird die Toleranzschwelle festgesetzt, mit der ein Farbton durch den nächsten Farbton aus der Web-Palette ersetzt wird. Wenn Sie hier einen hohen Wert einstellen, kommt das quasi einer Konvertierung in die Web-Palette gleich. Sie können hier aber mit dem Schieberegler experimentieren und bekommen das Ergebnis immer zeitnah in der linken Hälfte des Dialogfensters angezeigt.

9 Vergleichen Sie nun den aktuellen (Qualitäts-)Stand der Grafik mit dem Original. Aktivieren Sie dazu das Register *2fach*. Links sehen Sie das Original, rechts den momentanen Stand der Grafik. Mit dem Lupe-Werkzeug in der linken Leiste können Sie einzelne Teilbereiche wie gehabt vergrößern und so Unterschiede genauer betrachten (siehe Abbildung 10.11).

Für das Web speichern

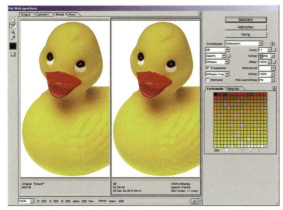

Abbildung 10.11: Links das Original, rechts die kleinere Version

Wenn Sie mit dem Ergebnis noch nicht zufrieden sind, probieren Sie ein wenig die einzelnen Einstellmöglichkeiten aus. Falls doch, klicken Sie auf SPEICHERN. Es öffnet sich ein Dialogfenster und Sie können die Datei auf Ihrer Festplatte ablegen und in Ihre Website einbauen.

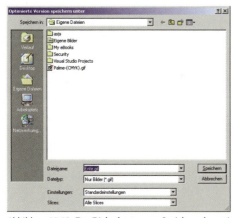

Abbildung 10.12: Das Dialogfenster zum Speichern der optimierten Webgrafik

> **Hinweis**
>
> Wenn Sie mehr zum Erstellen von Webseiten (und auch dem Einbinden von Grafiken) wissen möchten, legen wir Ihnen den Titel HTML – Easy ans Herz, aus derselben Reihe, von denselben Autoren.

JPEG

JPEG steht für *Joint Photographic Experts Group*. Diese Expertengruppe existiert tatsächlich und das Ergebnis der Beratungen war das JPEG-Format. Inzwischen gibt es eine neue Version, JPEG2000, aber es wird noch längere Zeit dauern, bis sich dieses Format verbreitet haben wird. Nicht nur die Unterstützung durch Grafikprogramme wie Photoshop ist wichtig – auch die Hersteller von Webbrowsern müssen mit dem neuen Format umgehen können. Da es aber einige Zeit dauert, bis ältere Browserversionen völlig vom Markt verschwunden sind – nicht jeder ist bereit, alle paar Monate seinen Browser upzudaten – wird sich die Verbreitung des JPEG2000-Formats noch längere Zeit hinziehen.

JPEG bietet all das, was GIF nicht hat. Der Kompressionsalgorithmus ist patentfrei, ein Grund dafür, dass das Format breite Unterstützung findet. Dummerweise ist der Algorithmus verlustbehaftet. Um die Dateien möglichst klein zu bekommen, werden Details aus der Grafik entfernt, um die restlichen Daten besser komprimieren zu können. Diese Kompression ist dabei stufenlos regelbar, Sie müssen sich also nicht zwischen guter Qualität und niedriger Dateigröße entscheiden, sondern können einen Mittelweg wählen. Andererseits heißt das aber auch, dass Sie Grafiken erst im letzten Schritt als JPEG abspeichern sollen, denn ab der ersten Speicherung verlieren Sie Details. Wenn Sie FÜR WEB SPEICHERN wählen, passiert mit den Originaldaten nichts.

JPEG unterstützt eine Farbtiefe von bis zu 24 Bit, das sind über 16,8 Millionen Farben. Damit ist das Format geradezu prädestiniert für fotorealistische Grafiken. Transparenz wird nicht unterstützt, und auch das ist eigentlich logisch: Da bei der Komprimierung einzelne Farbwerte abgeändert werden können, ist es sinnlos, eine Farbe als transparent zu definieren, da sie sich beim Speichern ändern könnte. Auch Animationen, wie bei GIF möglich, unterstützt das Format nicht.

Halten wir die wichtigsten Punkte einmal fest:

- Bis zu 16,8 Millionen Farben (24 Bit)
- Verlustbehaftete Komprimierung
- Keine Transparenz möglich
- Keine Animation möglich
- Geeignet für fotorealistische Grafiken, Farbverläufe
- Nicht geeignet für Grafiken mit wenig Farben; Grafiken mit größeren, einfarbigen Farbflächen

Wir wollen Ihnen dieses Format direkt an einem Beispiel demonstrieren. Im Beispiele-Verzeichnis von Photoshop finden Sie eine Datei *Palme(CMYK).tif*. Öffnen Sie diese Datei in Photoshop und wählen Sie DATEI/FÜR WEB SPEICHERN. Wählen Sie als Dateiformat JPEG. In Abbildung 10.13 sehen Sie, welche Optionen auf der rechten Seite des Dialogfensters angezeigt werden.

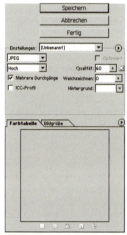

Abbildung 10.13: Die Web-Optionen für JPEG-Grafiken

1 Werfen Sie zunächst einen Blick auf die Checkbox OPTIMIERT. Ist diese aktiviert, wird eine größere Kompressionsstufe gewählt, die allerdings die ersten Versionen vom Netscape Navigator und Internet Explorer nicht unterstützen. Da die Verbreitung dieser Browser stark abgenommen hat, können Sie diese Option bedenkenlos verwenden (sofern verfügbar, hängt auch von der verwendeten Bildquelle ab). In unserem Beispiel konnten wir übrigens keinen Unterschied in der Dateigröße feststellen.

2 Im Pulldown-Menü, das mit HOCH vorausgefüllt ist, können Sie die Bildqualität einstellen. Je höher die Qualität, desto größer sind allerdings auch die Dateien. Sie werden feststellen, dass jede Änderung an der Dateiqualität den Zahlenwert beim Schieberegler Qualität (rechts daneben) ändert. Je größer dieser Wert, desto besser die Qualität. Es sind dabei Werte von 0 (schlechteste Qualität) bis 100 (beste Qualität) möglich. Je niedriger Sie die Qualität einstellen, desto pixeliger und gröber wirkt die Grafik.

3 Die Checkbox MEHRERE DURCHGÄNGE entspricht in etwa der Interlaced-Einstellung des GIF-Formats. Wenn Sie sie aktivieren, erhöht sich die Dateigröße minimal, die Grafik wird aber scheinbar schneller geladen. Der Eindruck trügt natürlich, sie baut sich nur schrittweise auf. Sie sollten diese Checkbox im Normalfall getrost aktivieren.

4 Die Checkbox ICC-PROFIL und die Farbauswahl HINTERGRUND können hier vernachlässigt werden. Erstere erhält ICC-Profile von Photoshop, was hier nicht zutrifft; die Farbauswahl entspricht der gleichnamigen Farbauswahl bei den Optionen des GIF-Formats. Ändern Sie hier am besten nichts.

5 Im Schieberegler WEICHZEICHNEN können Sie den Filter Gaußscher Weichzeichner anwenden. Hierdurch kompensieren Sie das pixelige Aussehen von stärker komprimierten JPEG-Grafiken etwas. Für die Palmen-Grafik scheint bei niedriger Qualität (10) ein Wert von 0,5 ganz passend.

Bevor Sie die entstandene Grafik speichern, aktivieren Sie das Register 4FACH. Sie sehen nun die Grafik vier Mal. Links oben ist das Original und die anderen drei Abbildungen sind komprimierte Versionen, zunächst noch alle im JPEG-Format. Rechts oben ist die Version, die Sie zuletzt bearbeitet haben. Wenn Sie nun auf eine der drei komprimierten Abbildungen klicken, können Sie bei den Optionen in der rechten Hälfte des Dialogfensters wie gehabt die Einstellungen tätigen. Der Vorteil: Sie vergleichen hier direkt, wie die unterschiedlichen Einstellungen Auswirkungen auf die Grafik und die Dateigröße haben. In Abbildung 10.14 sehen Sie das einmal bei hoher Qualität (rechts oben), mittlerer Qualität (links unten) und niedriger Qualität (rechts unten). Im Bildschirmfoto ohne Vergrößerung sind die Unterschiede marginal, am Bildschirm wirkt das freilich viel besser. Viel Spaß beim Experimentieren!

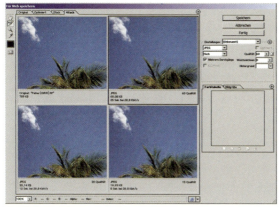

Abbildung 10.14: Vierfachansicht zum schnellen Vergleich

Entscheiden Sie sich (durch Anklicken) für eine der drei Varianten und klicken Sie dann auf SPEICHERN. Es öffnet sich ein Dialogfenster und Sie können die Datei speichern.

PNG

Die prekäre Lizenzsituation beim GIF-Format führte dazu, dass sich eine Gruppe von Entwicklern zusammensetzte, um ein neues Format zu entwickeln. Das Ergebnis war PNG, kurz für Portable Network Graphics. Ironischerweise saß in dem illustren Kreis auch noch ein Teil der ursprünglichen Entwickler des GIF-Formats. PNG kann all das, was GIF auch kann, und noch ein wenig mehr. Transparenz ist möglich, und sogar bei mehr als nur bei einer Farbe. Animationen sind weiterhin möglich. In der PNG-Version PNG-8 sind wiederum nur maximal 256 Farben möglich (8 Bit), PNG-24 bietet dementsprechend 24 Bit, also 16,8 Millionen Farben. Damit können also auch fotorealistische Grafiken im PNG-Format günstig abgespeichert werden.

Stellt sich nur noch die Frage, wie es mit der Unterstützung von PNG seitens der Browserhersteller aussieht. Alle Versionen ab 4 der beiden »großen« Browser, Internet Explorer und Netscape Navigator, unterstützen PNG.

Auch die Nummer drei auf dem Browsermarkt, der norwegische Opera-Browser, kann PNG-Grafiken anzeigen. Dennoch sieht man das Format noch recht selten. Zu neu und unbekannt ist es, und noch ist die Angst zu groß, Benutzer von älteren Browserversionen auszuschließen. Die Hersteller der großen Bildbearbeitungsprogramme haben den GIF-Kompressionsalgorithmus bei Unisys lizenziert und dürfen ihn daher uneingeschränkt einsetzen. Die Programme werden noch auf lange Zeit hinaus GIF unterstützen, Photoshop auch, und deswegen prophezeien wir PNG zwar eine erfolgreiche Zukunft, der Aufstieg wird aber sehr gemächlich vonstatten gehen. Für fotorealistische Grafiken wird der Einfluss von JPEG weiterhin groß bleiben, da die Komprimierung dort zwar verlustbehaftet, aber demnach auch besser ist.

Der Hauptgrund für die geringe Verbreitung von PNG ist aber wohl folgender: Die PNG-Dateien sind schlicht zu groß! Fotos komprimiert JPEG sehr viel besser, Text gerät kleiner mit GIF. Lediglich Mischformen wie Text mit weichem Schatten bewältigt PNG am besten.

Hier noch einmal die Kerneigenschaften des PNG-Formats im Überblick:

- Bis zu 256 Farben (PNG-8) bzw. 16,8 Millionen Farben (PNG-24)
- Verlustfreie Komprimierung
- Transparenz möglich
- Animation möglich
- Geeignet für fotorealistische Grafiken, Farbverläufe (PNG-24); Grafiken mit wenig Farben; Grafiken mit größeren, einfarbigen Farbflächen
- Nicht geeignet für ältere Browser

Bei den zur Verfügung stehenden Optionen wird zwischen PNG-8 und PNG-24 unterschieden:

PNG-8

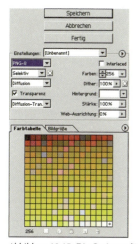

Abbildung 10.15: Die Optionen für PNG-8

Wie Sie Abbildung 10.15 entnehmen können, entsprechen die Optionen im Wesentlichen denen des GIF-Formats; einzig und allein der Schieberegler LOSSY zum Entfernen von Farben fällt heraus. Da sich ansonsten nichts ändert, führen wir hier nicht noch einmal alle Beispielschritte aus, sondern verweisen auf *Abschnitt GIF*.

PNG-24

Besonders wenige Einstellungsmöglichkeiten bietet das Format PNG-24. Da die Komprimierung verlustfrei ist, stehen Ihnen Möglichkeiten, die auch nur entfernt mit der Farbpalette zu tun haben, nicht zur Verfügung (beispielsweise Dithering und Qualität).

Abbildung 10.16: Die Optionen für PNG-24

1 Sie können mit der Checkbox INTERLACED dafür sorgen, dass die Grafik zeilenweise im Browser aufgebaut wird.

2 Die Checkbox TRANSPARENZ sorgt dafür, dass transparente Bildbereiche auch im PNG transparent bleiben.

3 Der Farbwähler HINTERGRUND funktioniert analog zu den JPEG-Einstellungen.

Sie können nun wie gewohnt mit den (recht wenigen) Optionen experimentieren und sehen auf der linken Seite des Dialogfensters, welche Auswirkungen Ihre Änderungen haben. Mit einem Klick auf OK können Sie die Grafik speichern, sobald Sie mit Ihren Einstellungen zufrieden sind.

Tipp

Wenn Sie sich nicht zwischen PNG und GIF oder PNG und JPEG entscheiden können, wählen Sie die 4FACH-Ansicht und stellen Sie die verschiedenen Formate nebeneinander!

WBMP

Mobile Endgeräte (beispielsweise Mobiltelefone) sind oft nicht einmal in der Lage, Farbe anzuzeigen. Aus diesem Grund wurde das Dateiformat WBMP (*Wireless Bitmap*) erstellt, das speziell für solche Endgeräte angepasst worden ist. Es handelt sich hierbei um ein Bitmap-Format, das nur Schwarz und Weiß kennt, keine Graustufen. Bis zur Photoshop-Version 6 musste der WBMP-Export über externe Zusatzprogramme erledigt werden, in Version 7.0 ist die Unterstützung in das Programm eingebaut.

Als einzige Option können Sie hier Dithering einstellen, denn da nur zwei Farben zur Verfügung stehen, müssen die anderen Farbabstufungen durch Diffusion angenähert werden. In Abbildung 10.17 sehen Sie die Einstellungen und die Ente in zwei Farben.

Abbildung 10.17: Die Ente im WBMP-Format

HTML erzeugen

Photoshop bietet Ihnen zusätzlich die Möglichkeit, direkt HTML-Code zu erstellen, um die Grafik im World Wide Web anzeigen zu lassen. Gehen Sie dazu wie folgt vor:

1 Wählen Sie DATEI/FÜR WEB SPEICHERN.

2 Passen Sie die Parameter wie gewünscht an.

3 Klicken Sie auf OK.

4 Wählen Sie im sich öffnenden Dialogfenster im Pulldown-Menü DATEITYP den Eintrag HTML UND BILDER (.HTML) und bestätigen Sie mit einem Klick auf die Schaltfläche SPEICHERN.

Abbildung 10.18: Das Dialogfenster zum Speichern der Grafik – samt HTML

Photoshop erzeugt nun nicht nur die GIF-, JPEG-, PNG- oder WBMP-Grafik, sondern auch den dazugehörigen HTML-Code. In Abbildung 10.19 sehen Sie, wie diese im Browser aussieht.

Für das Web speichern

Abbildung 10.19: Die Ente im Browser

> **Tipp**
>
> *Sie können den Titel der HTML-Datei (in der Titelleiste des Browsers zu sehen) anpassen, wenn Sie einen entsprechenden Wert unter DATEI/ DATEI-INFORMATIONEN angeben.*

Kapitel 11

Mit ImageReady ins Web

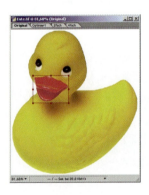

> Wenn Sie öfters im World Wide Web surfen, sind Sie sicher schon auf zwei Dinge gestoßen: Zum einen auf große Grafiken, bei denen verschiedene Teilbereiche auf andere Teile der Website verlinken. Und zum anderen auf Schaltflächen, die – wenn Sie mit der Maus darüber fahren – auf wundersame Art und Weise ihr Aussehen ändern. Die gute Nachricht: Sie können das nach Lektüre dieses Kapitels auch! Die schlechte Nachricht: Sie müssen ein »Zusatzprogramm« von Photoshop starten (eigentlich ein eigenständiges Programm, das aber nicht einzeln erhältlich ist). Es hat sich im Startmenü eingenistet und trägt dort den Namen ADOBE IMAGEREADY 7.0. Eine weitere interessante Möglichkeit von ImageReady, das Erstellen von GIF-Animationen, müssen wir hier leider aus Platzgründen außen vor lassen.

Das können Sie schon:

Umgang mit Dateien	44
Digitalisieren	97
Helligkeit und Kontrast eines Bildes ändern	102
Farben ändern	116
Farbbereiche auswählen	156
Mit Ebenen arbeiten	190
Pfade erstellen	223
Mit Text arbeiten	238
Filter	254
Aktionen	262
Fünf Goldene Regeln	270
Für das Web speichern	275

Das lernen Sie neu:

Grafiken zerschneiden	296
Imagemaps	301
Rollover-Effekte	307

Grafiken zerschneiden

Das Screendesign läuft im Prinzip so ab: Ein Grafiker (hoffentlich) macht einen Layoutvorschlag und arbeitet diesen aus, häufig in Photoshop. Dieser Vorschlag enthält sowohl die einzelnen Grafiken als auch Textelemente. Später, bei der Konvertierung in HTML, müssen die Grafikanteile erhalten bleiben, während Textelemente in HTML nachgebildet werden (es kostet immer weniger Bytes, einen Text zu tippen, als ihn als Grafik darzustellen). Dementsprechend erhält der Programmierer also nicht eine einzelne Grafik, sondern mehrere Grafiken, die er dann in seinem HTML-Editor wieder zusammenbauen muss. Zum Glück greift Ihnen (und Ihrem Kollegen) hier Photoshop unter die Arme, denn in Photoshop können Sie größere Grafiken in ihre Einzelteile zerlegen, und Photoshop generiert Ihnen sogar automatisch die dazugehörige HTML-Datei!

Um dies auszuprobieren, öffnen Sie die Datei *Banner.psd* aus dem Beispiele-Verzeichnis von Photoshop. Ihr Bildschirm müsste dann dem in Abbildung 11.1 gezeigten ähneln. Nebenbei sehen Sie hier auch einmal die Oberfläche von ImageReady, sie ähnelt stark der von Photoshop.

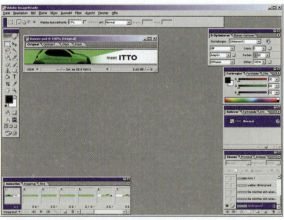

Abbildung 11.1: Die Oberfläche von ImageReady

Wenn Sie sich die Grafik etwas genauer anschauen, werden Sie genau das feststellen, was wir oben erläutert haben: Die Grafik enthält sowohl Textanteile als auch Grafikanteile. Es soll nun Aufgabe sein, die Grafik für das Web zu zerschneiden. Dabei gelten die folgenden Regeln:

- Vollkommen einfarbige Segmente, etwa in der Hintergrundfarbe, müssen nicht unbedingt ausgeschnitten werden, denn dies lässt sich auch durch einen HTML-Befehl lösen.
- Textelemente müssen nicht ausgeschnitten werden.
- Alle Grafikelemente müssen ausgeschnitten werden.

Slices erstellen

In der Werkzeugleiste von ImageReady finden Sie zwei Slice-Werkzeuge (siehe Abbildung 11.2). Kurz zur Begriffsbestimmung: Unter »Slice« versteht man (innerhalb von Photoshop) einen Teil einer Grafik, der ausgeschnitten werden soll.

Abbildung 11.2: Die zwei Slice-Werkzeuge

1 Wählen Sie das Slice-Werkzeug und ziehen Sie einen Slice auf. Sie zerteilen damit die Grafik in einzelne Grafiken. Auch um Textelemente können Sie Slices ziehen. Sie werden später lernen, wie Sie einstellen können, dass diese nicht als Grafik abgespeichert werden.

2 Sie sehen, dass ImageReady automatisch den Rest der Grafik auch in rechteckige Bereiche unterteilt. Sie erkennen einen solchen Bereich daran, dass sich links oben ein Briefumschlag-Symbol sowie die fortlaufende Nummer des Slice befindet.

> **Hinweis**
>
> *Werden bei Ihnen keine Slices angezeigt? Drücken Sie die Taste ⟨Q⟩, um Slices ein- und auszublenden. Bei der richtigen Einstellung sollte Ihre Grafik nun in etwa wie in Abbildung 11.3 aussehen.*

Abbildung 11.3: Der erste Slice (hat hier die Nummer 3) wurde erstellt.

3 Wie Sie Abbildung 11.3 entnehmen können, haben wir den Slice etwas unsauber ausgeschnitten – darunter ist noch Platz, so dass ein neuer Slice (mit Nummer 5) erstellt worden ist. Dies möchten wir korrigieren. Wählen Sie das Slice-Auswahlwerkzeug aus der Werkzeug-Palette.

4 Bewegen Sie den Mauszeiger zum Quadrat am unteren Rand von Slice 3. Der Mauszeiger ändert sich zu einem Doppelpfeil.

5 Machen Sie den Slice höher, indem Sie den unteren Rand des Slice an den unteren Rand der Grafik ziehen. Sie sollten nun nur noch vier Slices haben, ungefähr wie in Abbildung 11.4 zu sehen.

Abbildung 11.4: Jetzt sind's nur noch vier Slices.

6 Erstellen Sie weitere Slices. Sie sollten etwas wie in Abbildung 11.5 vor sich sehen. Et voilà, die Grafik ist (theoretisch) zerschnitten!

Abbildung 11.5: Die Grafik ist nun vollständig aufgeteilt.

Einstellungen für Slices

In der Slice-Palette können Sie nun die Eigenschaften des Slice festlegen. Wenn Sie diese Palette nicht sehen, können Sie sie über FENSTER/SLICE sichtbar machen.

Grafiken zerschneiden

Abbildung 11.6: Die Slice-Palette

> **Tipp**
>
> *Sie sehen an der linken Seite der Palette eine Miniaturansicht des gewählten Slice!*

Gehen Sie nun wie folgt vor, um den HTML-Export der zerschnittenen Grafik vorzubereiten:

1 Aktivieren Sie das Slice-Auswahlwerkzeug.

2 Klicken Sie einmal auf das Slice, das Sie bearbeiten möchten.

3 Wählen Sie im Pulldown-Menü TYP in der Slice-Palette, ob Sie das Slice als Grafik speichern möchten (BILD) oder nicht (KEIN BILD).

4 Wenn Sie sich für KEIN BILD entschieden haben, ändert sich die Palette wie in Abbildung 11.7 gezeigt. In das Texteingabefeld TEXT können Sie einen Text eingeben, der anstelle der Grafik angezeigt wird. Wenn Sie die Checkbox TEXT IST HTML ankreuzen, können Sie in das Feld auch HTML-Kommandos eingeben.

5 Im Auswahlmenü HG (HINTERGRUND) können Sie angeben, welche Hintergrundfarbe das Slice haben soll (nur sinnvoll bei Text sowie bei teilweise transparenten Slices). Eine empfehlenswerte Option bei den Slices mit Text oder den einfarbigen ist HINTERGRUNDFARBE.

6 Im Texteingabefeld NAME (nur, wenn Sie bei TYP den Wert BILD eingestellt haben) können Sie den HTML-Namen der Grafik angeben. Wir empfehlen, den voreingestellten Wert unverändert zu lassen.

7 Im Feld URL können Sie den Teil der Grafik zu einem Link machen und hier den Ziel-URL eingeben (z. B. http://www.mut.de).

8 Im Feld ZIEL (nur aktivierbar, wenn URL ausgefüllt) können Sie den Namen des Fensters oder Frames angeben, in dem sich der Link öffnen soll. Ohne hier allzu sehr in die Untiefen von HTML einzusteigen: Mit dem Wert _blank öffnen Sie den Link in einem neuen Fenster, ansonsten sollten Sie das Feld frei lassen.

Abbildung 11.7: Wenn Sie KEIN BILD wählen, können Sie Text eingeben.

Nachdem Sie Ihre Einstellungen getätigt haben, können Sie die Grafik zerschnitten als HTML exportieren:

1 Wählen Sie den Menübefehl DATEI/OPTIMIERT-VERSION SPEICHERN UNTER oder drücken Sie die Tastenkombination [Strg] + [Alt] + [⇧] + [S]. Es öffnet sich das Dialogfenster zum Speichern (siehe Abbildung 11.8).

2 Stellen Sie sicher, dass im Pulldown-Menü DATEITYP die Option HTML UND BILDER (*.HTML) ausgewählt ist.

3 Klicken Sie auf die Schaltfläche SPEICHERN.

Abbildung 11.8: Das Dialogfenster zum Speichern der Dateien

> **Tipp**
>
> *Erstellen Sie zum Speichern am besten ein neues Verzeichnis!*

Photoshop erstellt jetzt im angegebenen Verzeichnis unter dem angegebenen Namen eine HTML-Datei sowie die einzelnen Grafiken. Öffnen Sie diese HTML-Datei in Ihrem Webbrowser und begutachten Sie das Ergebnis.

Abbildung 11.9: Die erzeugte HTML-Seite im Webbrowser

Imagemaps

Wie Sie gesehen haben, können Sie bei der Verwendung von Slices einzelne Bereiche der Grafik mit einer anderen Seite verlinken. Der Nachteil hierbei ist jedoch, dass Ihnen als Form für diese Bereiche nur Rechtecke zur Verfügung stehen. Zwar können Sie jede zweidimensionale Form durch Rechtecke annähern (auch einen Kreis), aber ein wenig mehr Flexibilität an dieser Stelle wäre schon ganz nett. Die Lösung lautet: Imagemaps. Es handelt sich hierbei um ein HTML-Gerüst, mit dem Sie über eine Grafik eine so genannte Imagemap, eine Karte also, legen können. In dieser Karte sind einzelne Bereiche der Grafik verlinkt.

> **Hinweis**
>
> *In der Fachliteratur wird Imagemap meistens für die gesamte Aufteilung einer Grafik in die einzelnen Bereiche verwendet; Photoshop betrachtet schon einen einzelnen Bereich als Imagemap.*

Früher musste ein HTML-Programmierer diese Imagemaps von Hand erstellen. Im Grafikprogramm mussten dazu die Koordinaten der einzelnen Bereiche ausgemessen und diese dann von Hand in den HTML-Code eingefügt werden.

Vom Prinzip her funktionieren Imagemaps wie Slices, nur dass Sie jetzt mehrere Formen zur Verfügung haben.

Abbildung 11.10: Die Werkzeuge für Imagemaps

Wie Sie sehen, stehen – neben dem Auswahlwerkzeug – drei verschiedene Formen zur Verfügung:

- Rechteck
- Kreis
- Polygon

Öffnen Sie eine Datei, über die Sie eine Imagemap legen möchten. Für unser Beispiel haben wir *Piccolo-Website.psd* gewählt, die sich im Beispiele-Verzeichnis von Photoshop befindet.

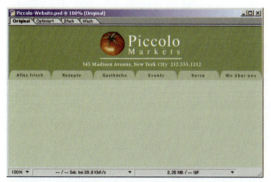

Abbildung 11.11: Die Datei Piccolo-Website.psd

Rechtecke

Die Datei ist geradezu auf Websites ausgerichtet. Beachten Sie zunächst die sechs Navigationsbuttons in der Mitte der Grafik. Legen Sie um jede einzelne dieser Schaltflächen eine rechteckige Imagemap. Wählen Sie dazu das entsprechende Werkzeug aus und ziehen Sie die einzelnen rechteckigen Bereiche auf.

Abbildung 11.12: Die sechs Navigationspunkte sind »erfasst«.

In Abbildung 11.12 sehen Sie einen Zwischenstand. Alle sechs Navigationspunkte sind als Teil der Imagemap definiert, der Punkt GASTKÖCHE ist dabei ausgewählt (mit dem Imagemap-Auswahlwerkzeug). Sie können nun den Bereich wie gehabt mit dem Auswahlwerkzeug skalieren oder verschieben. Ziehen Sie dazu an den Anfasserquadraten an den Rändern des Rechtecks.

Kreise

Als Nächstes wollen wir uns um das Logo kümmern (genauer gesagt: die Tomate). Auch dieses soll als Teil der Imagemap verlinkt werden, aber mit Rechtecken würden wir uns hier schwer tun, das Logo exakt zu erfassen. Das ist schon prädestiniert für eine kreisförmige Imagemap. Wählen Sie also das entsprechende Werkzeug und ziehen Sie den entsprechenden Bereich auf.

> **Tipp**
>
> *Wenn Sie die* Alt *-Taste gedrückt halten, wird der Kreis vom Mittelpunkt aus aufgezogen. Gerade bei diesem Werkzeug tun Sie sich so viel leichter.*

Sie sehen in Abbildung 11.13, dass der Bereich, wenn er ausgewählt ist, durch ein Rechteck umgeben ist. Die Form der Imagemap ist hier aber definitiv ein Kreis.

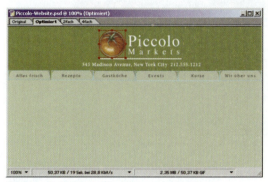

Abbildung 11.13: Die kreisförmige Imagemap im Einsatz

Polygone

Als Letztes soll noch der Schriftzug im Logo durch einen Bereich überdeckt werden. Hierzu bietet sich eine polygonförmige Imagemap an:

1 Wählen Sie das Werkzeug für eine polygonförmige Imagemap.

2 Klicken Sie einmal auf einen Eckpunkt des zu erstellenden Polygons.

3 Lassen Sie die Maustaste los und klicken Sie auf den nächsten Eckpunkt des Polygons. ImageReady fügt automatisch eine Linie zwischen den beiden Punkten ein.

4 Wiederholen Sie Schritt 2 und 3, bis Sie alle Ecken des Polygons erfasst haben.

5 Klicken Sie in die Nähe des zuerst gewählten Eckpunkts. Der Mauszeiger verwandelt sich in ein kleines Kreuz mit Kreis. Wenn Sie jetzt klicken, wird der Polygonzug geschlossen: Der Bereich ist fertig definiert.

Abbildung 11.14: Das Polygon ist um den Schriftzug gelegt worden.

Bereiche verlinken

Nachdem Sie alle gewünschten Bereiche erstellt haben, müssen Sie nur noch die dazugehörigen Linkziele angeben. Dazu müssen Sie die Palette einblenden, von der Sie bereits das Register für Slices kennen. Sie erhalten diese Palette – falls noch nicht sichtbar – über den Menübefehl FENSTER/IMAGEMAP.

Wenn Sie (mit dem Imagemap-Auswahlwerkzeug) einen Bereich der Imagemap auswählen, können Sie für den entsprechenden Bereich in der Imagemap-Palette Einstellungen tätigen. Je nach Typ des Bereichs sieht die Palette immer ein wenig anders aus. In Abbildung 11.15 sehen Sie die Palette für rechteckige Bereiche, in Abbildung 11.16 für kreisförmige Bereiche und in Abbildung 11.17 für polygonförmige Bereiche.

Abbildung 11.15: Die Palette für rechteckige Bereiche

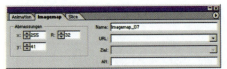

Abbildung 11.16: Die Palette für kreisförmige Bereiche

Abbildung 11.17: Die Palette für polygonförmige Bereiche

Allen Paletten gemeinsam sind die folgenden vier Eingabefelder:

- In das Feld NAME können Sie den HTML-Namen des Bereichs eintragen; Sie sollten hier nichts verändern.

- In das Feld URL kommt der Ziel des Links, also beispielsweise *download.html* oder *http://www.mut.de*.

- Ins Feld ZIEL können Sie den Zielframe für den Link eintragen. Auch hier gilt, dass Sie das Feld in der Regel freilassen oder *_blank* für ein neues Fenster eintragen.

- Im Feld ALT können Sie einen Alternativtext für den Bereich angeben. Wenn Sie mit der Maus über den Bereich fahren, zeigen die meisten Browser nach kurzer Zeit diesen Text in einem kleinen gelben Popup-Kasten an bzw. der eingegebene Text erscheint, solange die Grafik noch nicht vollständig geladen ist.

Bei Rechtecken können Sie noch die Koordinaten der linken oberen Ecke einstellen (X, Y), sowie Breite (B) und Höhe (H) des Bereichs. Wenn Sie einen kreisförmigen Bereich haben, können Sie die Koordinaten des Mittelpunkts (X, Y) sowie den Radius (R) verändern.

Nachdem Sie alles verlinkt haben, können Sie die Imagemap wie gehabt exportieren. Wählen Sie dazu den Menübefehl DATEI/OPTIMIERT-VERSION SPEICHERN UNTER oder verwenden Sie die Tastenkombination Strg + Alt + ⇧ + S. Stellen Sie auch hier sicher, dass Sie als Dateityp HTML UND BILDER (*.HTML) gewählt haben. Nach einem Klick auf SPEICHERN erzeugt Photoshop die HTML-Datei sowie die dazugehörigen Einzelgrafiken.

Wenn Sie die HTML-Datei in Ihrem Webbrowser öffnen und mit der Maus über einen der sechs rechteckigen Menüpunkte fahren oder auch mit der Maus darauf klicken, werden Sie feststellen, dass diese ihr Aussehen ändern (siehe auch Abbildung 11.18). Wie das geht, zeigen wir Ihnen (an einem etwas einfacheren Beispiel) im folgenden Abschnitt. Nur noch ein Hinweis, wenn Sie sich fragen, woher dieser Effekt nun im vorherigen Beispiel herkommt: Dieser war in der PSD-Datei bereits vorhanden.

Abbildung 11.18: Die Imagemap im Webbrowser; der Mauszeiger ist über Rezepte.

Rollover-Effekte

Zum Abschluss dieses Kapitels noch wie versprochen der Effekt, dass sich Bereiche einer Grafik beim Darüberfahren ändern. In Wirklichkeit wird eine Grafik durch eine andere Grafik ausgetauscht. Die Erzeugung der einzelnen Grafiken erledigt Photoshop fast automatisch, Sie müssen nur wenige Einstellungen tätigen.

Ganze Grafiken

1 Öffnen Sie in ImageReady die schon wohlbekannte Ente. Ziel ist es, den Schnabel beim Darüberfahren mit der Maus schwarz einzufärben.

2 Blenden Sie nun die Rollover-Palette ein. Dies geht, falls noch nicht sichtbar, mit dem Kommando FENSTER/ROLLOVER.

3 Klicken Sie in der Rollover-Palette auf die Schaltfläche mit dem Pfeil und wählen Sie im aufklappenden Menü den Eintrag NEUER ROLLOVER-STATUS.

Abbildung 11.19: Die Rollover-Palette; unten der neue Status

Wie Sie sehen, ist das neue Status-Bild mit OVER beschriftet. Wenn Sie mit der rechten Maustaste auf den Status klicken (Mac: länger auf die Maustaste drücken) und im aufklappenden Menü STATUS EINSTELLEN wählen, können Sie den Status ändern. Die wichtigsten Einstellungsmöglichkeiten sind hierbei die folgenden:

- OVER – Wenn der Mauszeiger über die Grafik fährt.
- DOWN – Wenn der Mauszeiger über der Grafik ist und die Maustaste gedrückt wird.
- OUT – Wenn sich der Mauszeiger über der Grafik befand und sie wieder verlassen hat.
- UP – Wenn die Maustaste losgelassen wird, nachdem sie gedrückt worden ist.
- CLICK – Wenn der Mauszeiger über der Grafik ist, die Maustaste gedrückt und wieder losgelassen wird.

Abbildung 11.20: Die verschiedenen Status-Möglichkeiten

Der für unser Beispiel interessante Status ist OVER. Ändern Sie also am Pulldown-Menü nichts. So stellen Sie den Effekt endgültig ein:

1 Duplizieren Sie die aktuelle Ebene mit der Ente (Menükommando EBENE/EBENE DUPLIZIEREN).

2 Wählen Sie das Füllwerkzeug aus und füllen Sie den Schnabel der Ente mit schwarzer Farbe.

3 Stellen Sie nun sicher, dass in der Rollover-Palette der Status NORMAL aktiviert ist (klicken Sie auf die kleine Abbildung der Ente unter NORMAL).

4 Machen Sie die duplizierte Ebene (mit dem schwarzen Schnabel) in der Ebenen-Palette unsichtbar (siehe Abbildung 11.21), indem Sie das Auge wegklicken.

Abbildung 11.21: Die neue Ebene ist nun nicht mehr sichtbar.

5 Wählen Sie den Menübefehl DATEI/OPTIMIERT-VERSION SPEICHERN UNTER.

6 Im sich automatisch öffnenden Dialogfenster können Sie einen Dateinamen angeben. Achten Sie darauf, dass unter DATEITYP der Eintrag HTML UND BILDER (*.HTML) ausgewählt ist.

7 Betrachten Sie das Ergebnis im Browser. Sobald Sie mit der Maus über die Ente fahren, ändert sich die Farbe des Schnabels.

Rechteckige Bereiche

Das bisherige Ergebnis hat leider einen größeren Nachteil. Es wird jeweils die ganze Grafik ausgetauscht, was zu einiger zusätzlicher Ladezeit beim Benutzer führt. Da Sie nur den Schnabel austauschen möchten und dieser vermutlich nur dann die Farbe ändern soll, wenn Sie mit der Maus direkt darüber fahren, lohnt es sich, die Grafik zunächst in einzelne Slices aufzuteilen und dann nur einen einzelnen Slice auszutauschen. Gehen Sie dazu wie folgt vor:

1 Erstellen Sie eine neue Datei, indem Sie die Ente laden.

2 Zerteilen Sie die Ente in Slices, indem Sie einen rechteckigen Rahmen um den Schnabel ziehen (siehe Abbildung 11.22).

Abbildung 11.22: Die Ente, in Slices aufgeteilt

3 Duplizieren Sie nun die Ebene, indem Sie den Menübefehl EBENE/EBENE DUPLIZIEREN wählen.

4 Gehen Sie nun wie in Abschnitt *Ganze Grafiken* gezeigt vor: Erstellen Sie in der Rollover-Palette einen neuen Status OVER.

5 Färben Sie in der neu erstellten Ebene den Schnabel schwarz.

6 Aktivieren Sie in der Rollover-Palette den Status NORMAL.

7 Machen Sie die neu erstellte Ebene unsichtbar.

8 Speichern Sie die Grafik mit DATEI/OPTIMIERT-VERSION SPEICHERN UNTER.

9 ImageReady erstellt nun automatisch einzelne Grafiken und fügt der HTML-Datei auch den Code für den Rollover-Effekt bei. Da nur noch eine kleinere Grafik ausgetauscht wird (und geladen werden muss), funktioniert das Ganze bei Betrachtung im Internet (also nicht direkt von der lokalen Festplatte kommend) schon ein ganzes Stückchen schneller.

Beliebige Bereiche

Und immer noch gibt es die Möglichkeit der Optimierung. Schön wäre es, wenn der Schnabel nur dann seine Farbe ändert, wenn sich die Maus direkt über ihm befindet – denn momentan ist der Bereich, der den Rollover-Effekt aktiviert, nur rechteckig. Sie ahnen vermutlich bereits, worauf wir hinaus wollen: Es geht um Imagemaps. Und hier die dazugehörige Anleitung:

1 Schließen Sie alle offenen Grafiken.

2 Öffnen Sie in ImageReady die Ente.

3 Zerschneiden Sie die Ente, wie in Abschnitt *Rechteckige Bereiche* gezeigt, in einzelne Slices.

4 Wählen Sie das Imagemap-Werkzeug und erstellen Sie einen polygonförmigen Bereich um den Schnabel herum.

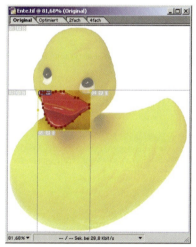

Abbildung 11.23: Die Imagemap ist um den Schnabel gelegt.

5 Wählen Sie in der Rollover-Palette den Eintrag IMAGEMAP_01 aus.

6 Erstellen Sie wie gehabt einen neuen Status ÜBER. Ihre Rollover-Palette sollte nun so aussehen wie in Abbildung 11.24: IMAGEMAP_01 ist aktiv und Sie haben einen neuen Status.

Abbildung 11.24: So ungefähr soll die Rollover-Palette aussehen.

7 Erstellen Sie einen weiteren Status, OUT.

8 Fahren Sie nun wie bereits in den vorhergehenden Abschnitten beschrieben fort: Duplizieren Sie zunächst die Ebene.

9 Färben Sie den Schnabel schwarz ein (in der neuen Ebene).

10 Wählen Sie den NORMAL-Status aus und machen Sie für ihn die neue Ebene unsichtbar.

11 Verfahren Sie analog für den OUT-Status. Rollover- und Ebenen-Palette sollten nun in etwa wie in Abbildung 11.25 aussehen: Bei OVER muss der Schnabel schwarz sein, bei OUT rot.

12 Speichern Sie Ihr Ergebnis und betrachten Sie die HTML-Seite im Webbrowser. Der Schnabel wird nur dann schwarz, wenn Sie den Mauszeiger exakt über den Schnabel bewegen. Und sobald Sie den Mauszeiger wieder wegfahren, nimmt der Schnabel seinen ursprünglichen Zustand wieder an.

Rollover-Effekte

Abbildung 11.25: Die Rollover- und die Ebenen-Palette

Abbildung 11.26: Der Schnabel wechselt zwischen Rot und Schwarz.

Stichwortverzeichnis

Symbols
.BMP 59
.EPS 62
.GIF 276
.JPEG 284
.PNG 287
.PSD 50, 251
.TIFF 60

A
Absatz-Palette 25
Absoften 113
Abwedler 30
Adobe Online 35
Airbrush 29, 129
Aktion
    anwenden 265
    aufzeichnen 263
    Set anlegen 263
Aktionenpalette 262
Anmerkungen 31
Arbeitsfläche 71, 76
    ändern 71
    drehen 77
Auflösung 46, 65, 67, 271
Ausbessern-Werkzeug 29, 149
Auswahl 154
    als Werkzeugspitze 135
    Farbbereich 156, 163
    Form 166
    malen 218
    Rand erstellen 175
    transformieren 174
    verkleinern/vergrößern 175
    verschieben 172, 174
Auto-Farbe 109
Auto-Kontrast 108
Automatische Bildkorrektur 108
Auto-Tonwertkorrektur 108

B
Beschneidungspfad 213
Bildgröße 65, 66
Bildschirm-Ansichten 39
Bitmap 59
Buntstift 29, 129

C
CMYK 37, 48, 64, 83, 261

D
Datei
    einscannen 56
    erstellen 44
    für Web speichern 53, 90, 275, 291
    importieren 56
    öffnen 54
    Optimiert-Version speichern 300, 306
    speichern 50, 53
    speichern unter 51
Dateibrowser 48
Dateiformat 58
    Bitmap 59
    EPS 62
    GIF 90, 274, 276
    JPEG 274, 284
    PNG-24 274, 287
    PSD 50, 58, 251
    TIFF 60
Dateigröße
    aus Auflösung und Bildgröße 65
DCS 64
Digitalisieren 97
Digitalkamera 57, 82
Dithering 88, 93, 281
dpi 46, 65, 271
Drag & Drop 55, 237, 242, 244

E
Ebene 176
    Arten 180
    auf eine reduzieren 195
    bewegen 191
    Ebenensatz 188

Effekte 199
Einstellungsebene 186
fixieren 190
Formebene 185
Füllebene 183
Fülloptionen 196
gruppieren 207
Hintergrundebene 180
in anderes Dokument kopieren 195
Modus 201
Name 178
Stile 197
Textebene 182
transformieren 191
Zeichenebene 180
Ebenen
   Zeichenebene 180
Ebeneneffekte 199
   Abgeflachte Kante und Relief 200
   Farbüberlagerung 200
   Glanz 200
   Kontur 200, 201
   Musterüberlagerung 200
   Schatten nach innen 200
   Schein nach außen 200
   Schein nach innen 200
   Schlagschatten 200
   Struktur 200
   Verlaufsüberlagerung 200
Ebenenmaske 208
Ebenenpalette 22, 178
Ebenensatz
   neue Ebene 189
einfärben 119
Einstellungsebene 186
EPS 62

F

Farbaufnehmer 32
Farbbalance 108, 116
Farbe ersetzen 120
Farbeinstellungen 100
   Bild einfärben 119
   Farbe ersetzen 120
   Farben ändern 116
   Farbton/Sättigung 118
   Gradationskurven 103
   Helligkeit/Kontrast 102
   Helligkeit/Sättigung 151
   Sättigung verringern 120
   Schwellenwert 124
   selektive Farbkorrektur 121
   Tontrennung 125
   Tonwertangleichung 124
   Tonwertkorrektur 109
   umkehren 124
Farben ändern 116
Farbfelder-Palette 25
Farbkanal 80
Farbmischung
   additiv 82
   subtraktiv 83
Farbmodus 47, 80
   Bitmap 86
   CMYK 80, 83
   Duplex 94
   Graustufen 80
   Lab 86
   Mehrkanal 97
   RGB 80, 82
   Übersicht 81
   umwandeln 85
Farbpalette
   Adaptiv 280
   Eigene 280
   Graustufen 280
   Mac OS 281
   Perzeptiv 280
   Schwarzweiß 281
   Selektiv 280
   Web-sichere 280
   Windows 281
Farbregler 24
Farbton 118
Farbwähler 37, 85
Filter 254
   Beleuchtungseffekte 261
   Digimarc 256
   Gaußscher Weichzeichner 257
   Kunstfilter 254
   Malfilter 255
   Rendering-Filter 255

Stichwortverzeichnis

Scharfzeichnungsfilter 255
Sonstige Filter 256
Staub & Kratzer entfernen 259
Stilisierungsfilter 255
Störungsfilter 255
Strukturierungsfilter 255
Vergröberungsfilter 255
Verzerrungsfilter 255, 256
Videofilter 255
Weichzeichner 256
Weichzeichnungsfilter 255
Zeichenfilter 255
Formauswahl 28
Formebene 185
Freiform-Werkzeug 169
Freihand-Auswahlwerkzeug 28
Freisteller 28, 72
Füllebene 183
Füllen 138
   Ebene 196
   Methoden 138
   Muster 140
Füllwerkzeug 29

G
Gaußscher Weichzeichner 257
GIF 90, 276
Gradationskurven 103
Grafik-Tablett 17
Graustufen 80, 89, 264

H
Hand-Werkzeug 34
Hardware-Voraussetzungen 16
Helligkeit 102, 151
Hilfe 40
Hilfslinie 193
   Objekte ausrichten 194
Hintergrundebene 180
Histogramm 110
HKS 96
HSB 37
HTML 291

I
Imagemaps 301
   Bereiche verlinken 305
   Rollover 311
   Werkzeuge 302
      Kreis 303
      Polygon 304
      Rechteck 303
ImageReady 14, 40, 294
   Imagemaps 301
   Oberfläche 296
   Rollover 307
   Slices 297
Inch 45
indizierte Farben 90
Info-Palette 23

J
JPEG 284

K
Kanäle-Palette 23, 162
Kanalmixer 122
Kontextmenü 40
Kontrast 102
Kopierstempel 29
Kunstprotokoll-Pinsel 29

L
Lab 86
Lasso 161, 169, 256
lpi 65
Lupe 34
LZW-Algorithmus 61

M
Mac OS 15
Mac OS X 15
Malen 128
Maskierungsmodus 39, 218
Menüleiste 19
Messwerkzeug 32, 33
Muster 140
Musterstempel 29

317

N
Nachbelichter 30
Navigator 23

O
Oberfläche 17, 296

P
Palettenraum 130
Pantone 96
Pfad 223
   Vektormaske 231
   verwalten 229
Pfad-Auswahl-Werkzeug 30
Pfad-Palette 22, 229
Pfad-Werkzeug 31, 223
Photoshop 12
   Aktualisierungen 35
   Dateiformat 50
   für Mac OS 15
   für Mac OS X 15
   für Windows 15
   Hardware-Voraussetzungen 16
   Neuerungen in Version 7 14
   Oberfläche 17
   Werkzeuge 28
Pica 45
Pinsel 29, 128
   Protokoll-Pinsel 137
Pipette 32
Pixel 15, 45
PNG-24 287
PNG-8 90, 287
PostScript 62, 64
ppi 46, 65
Protokoll-Palette 22
Protokoll-Pinsel 29, 137
PSD 58

R
Radiergummi 29, 145
Raster 195
Rastern 182
Reparatur-Pinsel 29, 149
Retusche-Werkzeug 30
Retuschieren 144
RGB 37, 48, 80, 82
Rollover 307
   Imagemaps 311
   rechteckige Bereiche 309

S
Sättigung 118, 120, 151
Scanner 57
Scharfzeichner 30, 152
Schriften 240
Schwamm 30
Schwellenwert 124
selektive Farbkorrektur 121
Silbentrennung 245
Slices 297
   Einstellungen 298
   erstellen 297
   Imagemaps 301
Slice-Werkzeug 28
Stempel 29, 147
Stile-Palette 25

T
Text
   Absatz ausrichten 245, 246
   ausrichten 242
   auswählen 237
   erstellen 235
   formatieren 238
   hinzufügen 235
   krümmen 247
   rastern 250
   rotieren 244
   Schriften 240
   Silbentrennung 245
Textebene 182
   Rastern 182
Textpalette 239
Text-Werkzeug 30, 235
TIFF 60
Tontrennung 125
Tonwertangleichung 124
Tonwertkorrektur 109
Transparenz 190
TWAIN 97

Stichwortverzeichnis

U
Überblendmodi
  Abdunkeln 202
  Aufhellen 203
  Ausschluss 206
  Differenz 205
  Farbe 206
  Farbig abwedeln 203
  Farbig nachbelichten 203
  Farbton 206
  Hartes Licht 204
  Ineinanderkopieren 204
  Lichtpunkte 205
  Linear abwedeln 204
  Linear nachbelichten 203
  Lineares Licht 205
  Luminanz 206
  Multiplizieren 202
  Negativ multiplizieren 203
  Normal 202
  Sättigung 206
  Sprenkeln 202
  Strahlendes Licht 205
  Weiches Licht 204
umkehren 124

V
Variationen 117
Vektorform
  Arten 222
  Werkzeuge 221
Vektorform-Werkzeug 31, 221
Vektormaske 213, 231
Verläufe 142
  Linear 144
  Radial 144
  Rauteverlauf 144
  Reflektierter Verlauf 144
  Verlaufswinkel 144
Verläufe-Palette 143
Verlaufswerkzeug 30, 142
Verschieben-Werkzeug 28
Voreinstellungen 27, 38, 56, 69, 85
Vorgaben-Manager 133, 153

W
Web
  Auflösung 271
  Bildschirmgröße 272
  Dateigröße 270
  goldene Regeln 270
  HTML erzeugen 291
  Imagemaps 301
  Optimiert-Version speichern 300, 306
  Rollover 307
  Webfarben 273
Webfarben 37, 273
Weichzeichner 30, 152, 256
Werkzeuge
  Abwedler 30
  Airbrush 29, 129
  Anmerkungen 31
  Ausbessern 149
  Ausbessern-Werkzeug 29
  Buntstift 29, 129
  Farbaufnehmer 32
  Farbwähler 37, 85
  Formauswahl 28
  Freiform-Werkzeug 169
  Freihand-Auswahlwerkzeug 28
  Freisteller 28, 72
  Füllwerkzeug 29
  Hand-Werkzeug 34
  Imagemap-Werkzeug 302
  Kopierstempel 29
  Kunstprotokoll-Pinsel 29
  Lasso 161, 169, 256
  Lupe 34
  Messwerkzeug 32, 33
  Musterstempel 29
  Nachbelichter 30
  Pfad-Auswahl-Werkzeug 30
  Pfad-Werkzeug 31, 223
  Pinsel 29, 128
  Pipette 32
  Protokoll-Pinsel 29, 137
  Radiergummi 29, 145
  Reparatur-Pinsel 29, 149
  Retusche-Werkzeug 30
  Scharfzeichner 30, 152

Schwamm 30
  Slice-Werkzeug 28
  Stempel 29, 147
  Text-Werkzeug 30, 235
  Vektorform-Werkzeug 31, 221
  Verlaufswerkzeug 30, 142
  Verschieben-Werkzeug 28
  Vorder- und Hintergrundfarbe 36
  Weichzeichner 30, 152
  Werkzeugvoreinstellungen 152
  Wischfinger 30, 152
  Zauberstab 28, 156
  Zeichenstift 224
Werkzeugleiste 20, 26
Werkzeugspitze 130
  verwalten 133
  Werkzeugspitzen-Palette 131
Werkzeugspitzen-Palette 131
Werkzeugvoreinstellungen 24, 152
Windows 15
Wischfinger 30, 152

Z

Zauberstab 28, 156
Zeichenebene 180
Zeichen-Palette 25
Zeichenstift 224
Zoomgrad 34